あこがれ仕事百科

NHKラジオ第1
「きらり10代!」制作班・編

AKOGARE
SHIGOTO
HYAKKA

実業之日本社

あこがれ仕事百科

NHKラジオ第1
「きらり10代!」制作班・編

10代の皆さんへ

もしこの本を手に取り、読んでくれたなら、あとで君は、「本当にラッキーだった」と思うようになるかもしれません。

なぜか？　この本が、君の「素敵な未来」へのきっかけになるかもしれないからです。

「将来、何になりたいの？」と聞かれて、困ったことはありませんか？

「自分に、どんな仕事が向いているかわからない」

「何で働かなきゃならないの」

「自分の夢は夢……それを仕事と結びつけたくない！」

そんな思いを持っている人が、多いと思います。

それは、仕事をしている人の「本当の声」が君たちに届いていないからではないでしょうか。単にいろいろな職業を紹介するだけの本は、たくさん出版されています。しかし、仕事をしている人の「本当の声」を伝えている本は、少ないようです。

仕事に取り組む人たちの情熱や真剣さ、苦しさ、そして目指している夢や感動を聞いてほしい！

そうした声に応えて生まれたのが、ＮＨＫラジオ第１放送の『きらり10代！　あこがれ仕事百科』という番組です（２００４年４月９月に放送がスタート。毎週土曜日、午前９時からの放送でした。２００６年４月からは、毎週日曜日の午後８時10分からの放送になりました)。

この番組の中で、君たちのちょっと先輩である20代、30代の仕事人が、熱く「本音」を話してくれました。

ラジオは、声で伝わるメディア、テレビよりも感情や心を伝えるのが得意なメディアだと言われます。ラジオだからこそ、「本当の声」「本音」をストレートに話してくれたのです。

番組には毎回、中学生や高校生が参加しました。狭いラジオのスタジオで、中高校生の真剣な目を見て話すうちに、仕事人たちの話に段々熱が入っていきました。

放送終了後、仕事人たちからは、

「正直に話しすぎちゃったけど、大丈夫ですか?」

「改めて、自分の仕事に誇りが持てました」

といった感想を言っていただきました。

仕事人たちの本音を、さらにもっと多くの人に伝えたい……。

その願いを込めて、1冊の「本」にしました。この本では、2年間に出演した、北海道から九州までの79人の方の職業を紹介しています。

仕事人たちは、次のようにも言っていました。

「正直、大学を卒業しても、何になりたいかわからなかった……」

「家を継ぐのは嫌だった。でも継いでみて、自分にしかできないことがあることに気がついた」

「親とは違う道に進みたかった」

「勉強はキライ、でもこの仕事についた……」

皆さん、それぞれの方法で考え、悩みながら、今の仕事にたどり着いています。そして今は、楽しみ、苦しみ、感動しながら、仕事をしています。

もし君が、「何かおもしろい仕事はないかな」と思っていたら、この本を読んだあと、さらに悩むかもしれません。それは、あこがれる仕事がいくつもあるからです。

でも、悩むことは悪いことではありません。それだけ君の選択肢が広がったということですから……。

また君が、「何になりたいか、まだ決められない……」と思っているなら、何も無理に決めなくてもいいのではないでしょうか？　この本で紹介した仕事人の多くも、君たちと同じように、10代のころは迷っていました。この本には、迷っていた先輩たちからのメッセージが載っています。

ぜひ、そこを読んでください。これから何をすればいいのか、そのヒントに出あえると思います。

君が、「この本の中に、なりたいと思う職業がある」と思っているなら、ぜひ仕事の先輩たちの情熱や真剣さに触れてください。必ず希望と勇気がわいてきます。

この本が、君の「素敵な未来」へつながる、運命の一冊になることを祈っています。

NHKラジオ『きらり10代！　あこがれ仕事百科』制作班

NHK「きらり10代!」制作班

プロデューサー

高橋佳久
嶋村由紀夫

ディレクター

石井尚人
下郡尚之
大沼ひろみ
河島康一
安斉宗紘
松島志央里(オフィスカノン)

MC

鎌田正幸
浜口順子(ホリプロ)

構成作家

山田順子(スペースエムワイ)
吉田真也(スペースエムワイ)
上前洋子(スペースエムワイ)

あこがれ仕事百科 もくじ

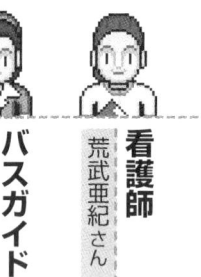

第3章 食べものをつくる 飲食系のお仕事

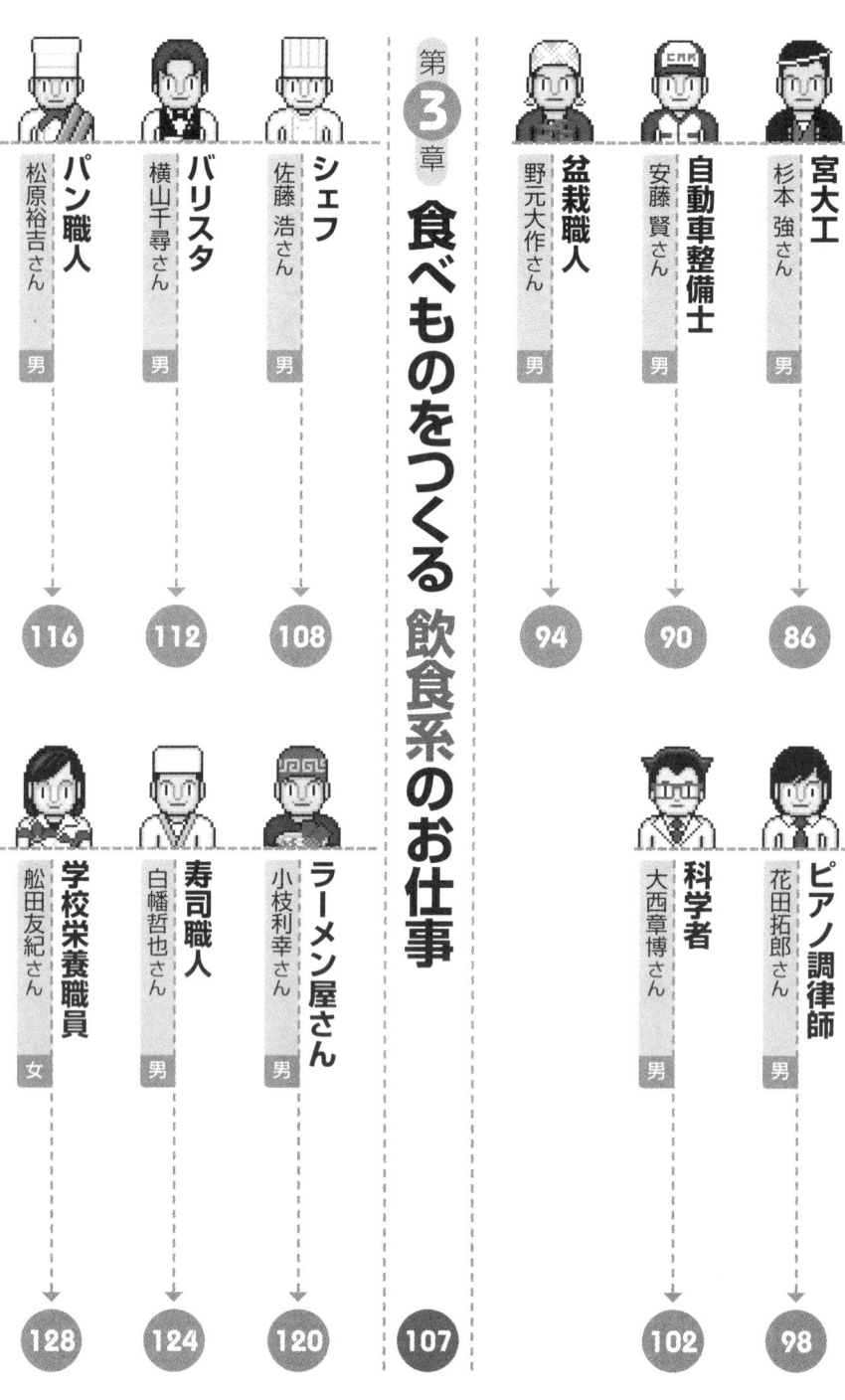

第6章 美をつくり出す アート＆美容系のお仕事

デザイン●吉原敏文（デザイン軒）
イラスト●友利琢也（studio tomorix）
編集協力●山田順子・吉田真也・上前洋子・平 和紘（スペースエムワイ）

この本では、79個の職業を8章に分けて紹介していますが、その職種ごとにアイコンをつけて、さらに細かく示しています。

アイコンの見方は下記の通りです。自分が興味を持っているアイコンがついているページから読み進めるといいでしょう。

あなたの「これから」の参考にしてくださいね。

計画を立てることが好き

人と接するのが好き

人の前で話すのが得意

勉強が好き・資格に興味あり

体を動かすのが好き

子どもが好き

音楽が好き

食べることが好き

ものを作ることが好き

山・川・海などの自然が好き

美しいものが好き

人や動物の役に立ちたい

機械・科学が好き電化製品が好き

つきつめて研究することが好き

ワクワク・ドキドキすることが好き

※インタビューの収録は2004年から2006年にかけて行なわれたものです。
現在とは、内容が異なっている場合もありますが、ご了承ください。

第1章

人と触れ合う

接客・サービス系のお仕事

職業▶

ホテルフロント

概要▶ ホテルの仕事は宿泊部門、レストラン部門、宴会部門と細かく分業化されています。そのうちロビーの受付で働くのが、ホテルフロントです。予約の確認や宿泊の手続き、館内の案内をする他、お客様からのいろいろなリクエストにも応えます。ホテルに来たお客様と最初に接し、お客様にとって一番身近な存在であるホテルフロントは、ホテルの顔とも言われています。

情報▶

INTERVIEW

氏名▶ 小川《おがわ》由香《ゆか》さん

経歴▶ 小川さんは1975年、新潟県生まれ。大学を卒業後、23歳のときに東京・池袋のホテルメトロポリタンに入社。はじめは結婚式の企画を担当し、3年後に念願だったフロントへ異動しました。

ホテルフロントの仕事とは？

良い接客ができることが喜び

私の勤めるホテルは客室が８１５室あり、一度に最大１３００人が宿泊できます。スタッフは総勢５００人。この人数で１３００人のお客様をおもてなししています。ホテルには、お客様が快適に宿泊できるようにサービスをする「宿泊の仕事」、ホテルのレストランで働く「レストランの仕事」、ホテルで行なう結婚式や宴会を担当する「宴会の仕事」と、大きく3つの仕事があります。フロントは「宿泊の仕事」のひとつで、到着したお客様の予約を確認し、宿泊の手続きをする「チエックイン」や、お客様のリクエストに応《こた》え、外貨の両替、観光案内、お帰りになるときの会計「チェックアウト」なども担当します。

フロントの印象がそのままホテルの評価につながるので、いつでもお客様に見られているという意識を持って接客しています。

当ホテルにはフロント係が30人ほどいますが、ホテルは24時間開いているので、早番、遅番、夜勤と3交代で勤務します。チェックアウトの午前11時が一番忙しい時間ですね。しかし、どんなに忙しくても、おざなりの接客はできません。時間があるときは、お客様に積極的に話しかけるようにもしています。

日本人の接客は丁寧《ていねい》だけれど堅苦しい、という印象がありますが、ちょっとした雑談でフレンドリーな印象を持ってもらえます。

以前、新潟から来たお客様が、チェックインで住所を書くとき、「何度も来ているのに……」と不機嫌な顔になりました。そこで、「私も新潟出身なんですよ」と話しかけたところ、「うちの会社は駅前にあるんだ」と笑顔になっていただき、その後も度々《たびたび》利用してくださるようになりました。小さな気配《きくば》りが、その場の雰囲気を和《なご》ませるんですね。

私たちは、フロントに立って仕事をする以外にも、フロントの奥でいろいろな仕事をしています。たとえば、当ホテルの鍵はカードキーですが、カードの中には、お客様のルームナンバーやチェックアウトの時間などの情報が入っています。その情報は夜勤の担当が、翌日のお客様の部屋割りをして、カードに入力しています。お客様の情報を管理するのも、フロントの大事な仕事のひとつなのです。

フロントの仕事で難しいと思うのは、お客様全員が同じサービスを要求しているわけではないので、お客様によって接客方法を変えなければならないこと。

たとえば、ホテルの説明を聞くより、疲れているから早く部屋で休みたいという人もいれば、ホテルのシステムがわからないので、くわしく説明して欲しいという人もいます。お客様に言われる前に雰囲気で察知し、それぞれに合った対応をするのが良い接客です。

　お客様のリクエストに応えるのも、大切なフロントの仕事です。「毛布やお湯を持ってきて欲しい」「電車の路線や時間が知りたい」「おもしろい観光スポットを教えて欲しい」など、いろいろなリクエストがあります。観光スポットを聞かれたときに自信を持っておすすめできるよう、休日は流行の場所や、おいしいと評判のお店に足を運んで、勉強しています。

　フロントは少ない人数で、大勢のお客様と接するので、リクエストに応え切れないこともあります。そんなときフロントの代わりに対応するのが、ゲストリレーションズ（コンシェルジュ）です。ゲストリレーションズは航空チケットの手配、旅のプラン作り、ＶＩＰの接客、苦情への対応といったフロント以上にきめ細かなサービスを提供します。そのためゲストリレーションズは、フロントなどの宿泊部で経験を積んだ人が担当することが多いのです。

　私はフロントだけでなく、ゲストリレーションズの業務もやっています。

ホテルフロントになったきっかけ

英語と接客、2つの希望を叶えたい

　学生時代から英語が大好きで、将来は英語を使った仕事に就《つ》きたいと思っていました。そのために、高校を卒業したらアメリカで英語の勉強をしようと考えていましたが、両親の反対を受け断念。留学制度が整った日本の大学へ進学し、大学で勉強しながら留学できるチャンスを待ちました。そして3年生のとき、やっと両親にも賛成してもらい、アメリカの大学へ1年間留学することができました。アメリカでは英語だけでなく、アメリカの歴史や文学なども学びました。

　帰国後、就職活動を始めましたが、大学時代にアルバイトでしていたレストランのウエイトレスの仕事が楽しかったので、英語を活《い》かせる接客の仕事に就きたいと思いました。その中に、サービス業の中でも高いレベルが求められるホテルの仕事があったのです。ホテルへの就職が決まり、お客様と接する機会の多いフロントを希望したのですが、最初は宴会部に配属され、結婚式の企画を担当しました。希望と違う仕事に配属されて少しガッカリしたのですが、結婚を控えたカップルと一緒に大切な式を作り上げる仕事にはやりがいがあり、頑張ることができました。そして3年後、ついにフロントへの異動を命じられたのです。

念願のフロントでしたが、同じホテルの仕事なのに、中身が違うことに愕然《がくぜん》としました。それまでは、1組のカップルと2時間くらいじっくり話し合うのが当たり前でしたが、フロントは大勢の人と接する仕事で、1人のお客様と話すのは2～3分程度。同じ接客でも、まったく違うのです。

当ホテルには、より良い接客サービスを身につけるための研修制度があり、私は1年間アメリカのディズニーワールドで研修を受けました。アメリカの接客を見て学んだのは、フロントにもフレンドリーな接客が必要だということ。研修に行く前は、フロントの仕事は忙しいということもあり、お客様とあまり必要のないことは話さなかったのですが、帰ってきてからは、積極的にコミュニケーションを取り、身近で話しかけやすい雰囲気作りを心がけています。もっとお客様に安心と幸福を与えられるよう、頑張りたいと思っています。

POINT

この仕事につきたい！

ホテルで働くのに、特別な資格は必要ありません。ただし、ホテルで働きたい人のための専門学校で学んでから、就職する人も多いです。ホテルには外国人のお客様もたくさん来るので、特にフロントで働くなら英語が必要となります。

たくさんの人と接する仕事なので、コミュニケーション能力も重要。普段から家族や友人とのコミュニケーションを大事にしましょう。

POINT

10代へのメッセージ

好奇心を大切にして、失敗を恐れず好きなことにチャレンジしてください。私もそうやってきましたよ。

職業▶ 看護師《かんごし》

概要▶ 看護師は病院や福祉施設などで、患者さんの健康状態をチェックし、検査や手術で医師が行なう診療の補助もします。また、病人やケガ人の精神的なケアに当たり、生活の手助けをするのも看護師の仕事です。看護師になるには、看護師国家試験に合格する必要があります。交代制で昼夜を問わず、入院患者の看護もするので、肉体的に大変体力が要る仕事です。

情報▶ 

INTERVIEW

氏名▶ 荒武亜紀《あらたけあき》さん

経歴▶ 荒武さんは1975年、宮崎県生まれ。高校を卒業後、専門学校で学び、22歳で看護師になりました。現在は、東京都・世田谷区にある国立成育医療センターで、小児科の副看護師長として勤務しています。

看護師の仕事とは?

多種多様な看護で、患者さんと病気に立ち向かう

私は今、国立成育医療センターという病院で、小児科の看護師をしています。この病院は、ベッド数が４６０。小児科だけで６つの病棟《びょうとう》を持つ総合病院です。

看護師の仕事は専門性が高いので、分業化されています。通院してくる患者さんを診療する外来の担当、入院患者の看護をする担当、手術室の担当、ＩＣＵなどの集中治療室で働く担当など、いろいろです。勤務する部署によって、仕事の中身はまったく違います。その中で私は、小児科に入院している子どもたちの看護をしています。

入院患者の看護には、まず体調管理があります。毎日、患者さんの体温や呼吸、脈拍《みゃくはく》、尿の量などを記録し、異常があれば医師に報告。また、必要に応じて、医師の指示を受けて注射や点滴などの医療行為を行ないます。

看護師の最も基本的な仕事と言えるのが、入院している患者さんの日常生活の手助けです。病気になると食事や入浴、排泄《はいせつ》など、日常生活で当たり前にできていたことができなくなってしまうのです。それを手助けすることが、看護師の大事な仕事になります。

医師が診療や薬を処方《しょほう》するなどして、医学的に病気に立ち向かうのに対し、私たち看護師は医師をサポートしながら、患者さんの生活を助ける看護を通して、病気に立ち向かいます。医療と看護、両方を合わせることで、患者さんの症状が1日でも早くよくなるようにと努《つと》めているのです。

患者さんの回復を願っているのは、医師や看護師だけではありません。病院には他にも、ケースワーカー、栄養士、検査技師、薬剤師などがいて、お互いに協力し合っています。医療は患者さんを中心に行なうので、常に患者さんのそばにいる看護師が各部署とのコミュニケーションを取って、医療が円滑《えんかつ》に行なわれるよう心がけます。

私が勤める病院では、看護師が3交代で勤務し、24時間体制で、常に患者さんの看護をしています。1人の看護師が担当する患者さんの人数は、患者さんが起きている昼間は4～5人くらい。寝ている夜だと、16人くらいです。日勤の日もあれば、夜勤の日もあり、生活のリズムはバラバラ。体力がないと続けられない仕事です。

小児科だと一般の看護以外に、泣いている子どもをなだめたり、赤ちゃんにミルクを飲ませて寝かしつけたりなどの仕事もあります。また入院生活が子どもの発育の妨げにならないよう、一緒に遊ぶことも大事です。

またお母さんの代わりに、家でしていたしつけを引き継いで行ないます。たとえば、トイレトレーニング中の子どもには、できるだけオムツを使わず自分でトイレに行かせますし、歯磨きを覚える最中の子どもなら、家でしていたように自分で歯磨きをさせます。それだけに、入院時に、お母さんとよくコミュニケーションをはかり、子どものいろいろな情報を入手しておくことが大切です。

このように、医学的な知識や技術はもちろん、小児科の場合には保育の知識も必要になります。自分で医学や保育の専門書を読んで勉強するだけではなく、看護師仲間で集まって勉強会もしています。医療技術は日々進歩しているので、毎日の勉強が、どうしても必要なのです。

看護師になったきっかけ

母の背中を追うように看護師に

私の場合、母親が看護師をしていて、夜勤などで家にいないことが多く、子どものころは寂しくて、看護師という仕事が嫌いでたまりませんでした。ところが高校時代、自分の進路に悩んでいたとき、はじめて母の仕事場を見学に行って考えを改めたのです。患者さんのために一生懸命に働く母の姿を見て、「カッコいいな」と心底思い、看護師になるために、地元宮崎県の看護学校に入りました。

看護学校では、3年間で医学や看護学の基礎を学び、実習も行ないました。実習に入る前に、戴帽式《たいぼうしき》と言って、ナースキャップを受け取る儀式があるのですが、教官に「ナイチンゲールのように患者の心が診《み》られる看護師になるように」と言われ、気持ちが引き締まったことを、今でも覚えています。

実習では先生の指導のもと、実際に1人の患者さんを担当し、病状や経過を細かく分析してレポートを提出しました。

看護学生は、実習でいろいろな科をまわります。私はその中で、子どもの成長発達にかかわり、子どもの権利を守り、また自己決定を促すようなかかわりができる小児科の仕事に魅力を感じました。やるからには、多くの子どもたちの看護をしたいと、東京の国立小児病院に就職したのです。

病院で働くには、看護師国家試験だけでなく、それぞれの病院の採用試験にも合格しないといけません。そして病院に入ると、すぐに患者さんを担当することになります。

最初は、先輩にフォローしてもらいながら、3～4人の子どもの看護をしました。しばらくすると、担当する子どもの人数が増えたり、手術後の子どもを担当するようになります。初めはやらないといけないことがたくさんあって、何を先にやるべきかわからず混乱してしまい、反省する毎日でした。先輩にフォローしてもらいもらいながら取り組んでいきました。

担当していた子どもが亡くなったときは、本当に落ち込んで、もうこんな思いをしたくないからやめようか、と思ったことが何度もあります。

でも、子どもたちが元気になって笑顔で退院していくと、「看護師をやっていてよかった、私も頑張ろう」と元気づけられます。退院して、元気になった子どもが病棟に遊びに来てくれると、最高にうれしいですね。少し見ない間に、すごく成長していて驚かされることも度々《たびたび》です。

スクスクと成長して、元気に遊びまわる子どもたちの姿を見ると、この仕事をやっていて本当によかったと実感できます。これからも、1人でも多くの患者さんが回復できるように、全力で看護にあたりたいですね。

POINT

この仕事につきたい！

看護や医療に関する専門的な知識が必要なので、看護師になるためには看護師国家試験に合格しないとなることができません。高校を卒業後、看護専門学校や看護短期大学で3年間学び、国家試験を受けるのが一般的ですが、看護系の4年制大学を卒業してから受ける人もいます。

人のお世話が大好きな、協調性を持っている人が向いています。

POINT

10代へのメッセージ

10代には、大人にないパワーがあります。何にでも挑戦できるときなので、いろいろなことに挑戦して、キラキラと輝いてください！

職業▶ **バスガイド**

概要▶ バスガイドは、観光バスに乗車して観光地を案内するほか、クイズやゲームで雰囲気を盛り上げるなど、楽しい旅をサポートする仕事。また、体調が悪くなったお客様への対応や、バスの運転を誘導するといった、いざというときの安全管理も行ないます。車内でのガイド中はずっと立ちっ放しなので、足腰が強くないと厳しく、体力が必要な仕事です。

情報▶ 

INTERVIEW

氏名▶ 高《たか》橋《はし》美《み》貴《き》さん

経歴▶ 高橋さんは1978年、山形県生まれ。旅行の専門学校を卒業後、はとバスに入社し、バスガイドになって8年目。東京都内だけでなく、日光や山梨、房総など東京近郊の観光ガイドも担当しています。

バスガイドの仕事とは?

流暢なガイドは猛勉強のたまもの

バスガイドと聞いてすぐ思い浮かぶのが、「右手をご覧ください」という観光案内ですよね。バスガイドはみんなスラスラと案内していますが、実は教本を暗記しているんです。東京都内、山梨コース、房総コースなど、街ごとに教本があり、ガイド内容を覚えます。東京都内の教本は、約250ページもあります。

しかし、教本のセリフだけでは時間が余ってしまうので、自分たちで観光地の情報を調べ、話す内容をプラスしています。目的地の歴史、食べもの、名所、気候、伝説、花、温泉の情報や、たとえば果物狩りならその果物の雑学など、ツアー参加者に「自分も見てみたい、味わってみたい」と期待感を待たせるような情報を集め、バスで紹介します。ここにバスガイドの個性が現れるのです。

私はお客様に、よりわかりやすいガイドができるよう、スケッチブックを使って案内しています。田んぼが多い場所に行くときは田園風景を描き、実は田んぼには洪水《こうずい》を防ぐ働きもあるという話をしたり、子どものお客様なら目的地に縁のある伝説を、紙芝居にして見せたりと、工夫しています。

バスガイドの仕事は、お客様への案内業務だけではありません。バスを駐車場に停《と》めるときの後方確認や、左折するときの左側安全確認などの車掌業務、お客様のお出迎え、お見送り、人数確認、体調が悪くなった方への対応など、接遇《せつぐう》業務もバスガイドの仕事。バスの中では、ほとんど立ちっ放しなので、体力も必要です。

よく、「バスガイドは仕事で温泉に入れたり、おいしいものを食べられたりするから、うらやましい」と言われたりしますが、どのツアーに行くかは会社が割り振るので自分では選べません。特に新人のころは、都内のガイドばかり。経験を積むにしたがって、横浜や箱根、鎌倉などを任《まか》されるようになります。それぞれ得意なコース、苦手なコースがありますが、どこを割り振られてもいいように、必死で勉強しています。

勤務時間は、その日のコースによって違います。都内の場合は1日に3本のコースに乗車することがありますし、遠方の場合は泊り込みになることもあります。そのため、生活は不規則で体調管理が大変です。ツアーの出発が早い日は、朝5時頃に出勤して車内の掃除もします。

バスガイドになったきっかけ

母の背を見て あこがれに一直線

私の母親は若いころ、地元の山形で観光バスのガイドをしていました。それで、当時の写真を子どもの私に見せながら、「あそこの温泉はよかった」とか「あの景色は最高だった」と話してくれたものです。私はその話を聞きながら、バスガイドはいろいろな所に行けていいなあと、うらやましく思い、バスガイドという仕事に興味を持つようになったのです。

そして、小学校の遠足でお世話になったバスガイドさんに、「お仕事楽しいですか？」と聞いた時、「うん、楽しいよ」と答えてくれたのがきっかけで、将来はバスガイドになろうと決めました。また、修学旅行で沖縄に行ったときは、沖縄独特の言葉を現地のガイドさんに教えていただいたおかげで、地元の人と楽しく触れ合うことができました。

バスガイドの仕事は人と人とを結びつける仕事なんだと実感し、ますますあこがれました。そして高校を卒業後、バスガイドになるために旅行の専門学校で必死に勉強しました。

私の会社のバスガイド採用試験は、1次試験が筆記テストで一般常識や地理、観光地に関する問題が出ました。2次試験は面接と適性検査。適性検査はいきなりバスの中でマイクを持たされ、自己紹介と朗読《ろうどく》をさせられました。これは「滑舌《かつぜつ》がいいか」「棒読みでなく、抑揚《よくよう》があって聞き取りやすい声か」「マイクを通したときの声の質がいいか」などを見るようです。最近は歌を歌わせるテストもあるそうなので、バスガイドを目指す人は歌の練習をするといいかもしれませんね。

入社後は研修です。バスガイドとして、一番忙しい4月末～5月の大型連休にデビューできるよう、1カ月半、みっちりと研修を受けます。

バスで都内観光のコースを走りながらの、実戦的研修です。基本は、ガイドの内容が書いてある教本の丸暗記。それと同時に、どのタイミングでしゃべり出すかも覚えないといけないので、大変でした。特に、バスガイドは後ろ向きに立つので前方が見えず、目印になる建物や時間を覚えるのが難しいのです。

初めは人前で話すことに慣れていないので、とても緊張しました。これは何度も繰り返して、度胸をつけるしかありません。また、東京の地理に詳しくないので、よく道を間違って教官に怒られました。さらに、山形出身の私は言葉のイントネーションでも、とても苦労しました。研修中は全員寮生活ですが、運よく相部屋の人が東京出身だったので、一緒に練習しながら、イントネーションがおかしいところを直してもらいました。

そして、バスガイドデビューの日。初めての仕事は、東京タワー・浅草・隅田川下りのコースです。浅草で降りて散策してから、バスではなく水上バス乗り場に集合してもらうコースだったので、そのことをちゃんとお客様に伝えないといけません。ベテランの運転士さんが心配してくれて、「お客様を乗せる前に、1回やってみろ」と練習させてくれました。すごく緊張しましたが、うまくいきました。

失敗もあって落ち込むこともありますが、ガイドを担当したお客様から感謝の手紙をもらうと、そんな気分はどこかに吹き飛んでしまいます。

「楽しかった」「すごく勉強になって良かった」とか、「バスガイドって、いい仕事ですね」なんて書いてある手紙を読むと、最高にうれしくて、やる気が湧《わ》いてきます。これから、もっともっと勉強して、「ガイドは高橋さんで」とお客様に指名されるようなバスガイドになりたいですね。

POINT

この仕事につきたい！

バスガイドになるには、特に資格は必要ありません。高校や観光業で働くための専門学校、大学などを卒業して、各観光バス会社に就職します。就職試験には歌のテストが出る会社もありますから、練習しておくといいでしょう。入社後は教本の暗記、日本語の訓練、接客マナーなどを学ぶ大変厳しい研修があるので、忍耐力があって、前向きな性格の人が向いているかもしれません。

POINT

10代へのメッセージ

自分の枠にとらわれることなく、いろいろな所に行ってたくさんの人に出会ってください。そうすると考えさせられることがあります。夢が見つからない人、自分に自信が持てない人は、ぜひやってみてください。自分が役立てる場所が見つかるはずです。

職業▶

ツアーコンダクター

概要▶ ツアーコンダクターとは、団体旅行に同行する添乗員のことです。スケジュール通りに旅を進めるとともに、ツアー参加者のいろいろなお世話もします。旅行中に起こるハプニングにも、臨機応変に対応しなくてはいけません。海外旅行を担当するには、その国の言葉を話す、「語学力」が必要ですし、何より参加者を楽しませる「サービス精神」が大切です。

情報▶

ツアーコンダクターの仕事とは？

楽しい旅行の裏にある、責任の重さと判断力

私は1年の約半分に当たる180日以上、何らかのツアーに添乗《てんじょう》しています。会社の規定で、年間180日以上ツアーに行くというノルマがあるんです。特に、5月の大型連休や年末年始が忙しいですね。仕事のスケジュールはかなりハードで、海外から日本に帰ってきて、すぐ翌日からまた海外へ、ということもあります。これを私たちの業界では、「中なしツアー」と言いますが、このようなスケジュールのときは、時差ボケに悩むことがしばしばあります。私はのん気な性格なのか、

INTERVIEW

氏名▶ 菊池《きくち》　香《かおり》さん

経歴▶ 菊池さんは1970年、東京都生まれ。アメリカの大学を卒業後、英語が活《い》かせる仕事を目指して、ツアーコンダクターになりました。仕事を始めて8年、英語以外にもイタリア語やスペイン語などを勉強し、今では世界各国を飛びまわっています。

時差ボケになったことはありません。私のようにどこでも寝られるタイプが、この仕事には向いているかもしれませんね。

ツアーコンダクターの仕事は、出発前にお客様の予約を確認することから始まります。プリントアウトされた予約確認書とにらめっこしながら確認をし、ツアーによってはお客様一人ひとりに、直接電話をして出発前にご挨拶します。

ツアーコンダクターというと、観光案内のガイドさんを思い浮かべる人が多いかもしれません。しかし基本的にツアーコンダクターは、お客様の人数の確認や時間の管理などを担当し、名所などの案内は現地のガイドさんが行ないます。ただし、ガイドさんがいない場合は、私たちが案内することもあるので、ツアーで行く観光スポットについては、事前に勉強しておかなければなりません。

そして、いよいよツアーの添乗です。ツアーに行くときの私の必需品は、「オリーブオイル」「5本指の靴下」「目印棒」「うちわ」です。オリーブオイルはハンドクリームや化粧落としなどに使い、5本指の靴下は、長時間乗る飛行機で足が疲れないために履きます。うちわや目印棒はお客様を誘導するときに、旗の代わりに使います。なぜ旗を使わないのかというと、旗を持って誘導すると、明らかに旅行客だとわかり、スリにあう危険があるからです。お客様の安全を守るのも、ツアーコンダクターの仕事。貴重品は肌身離さず持ってもらい、バッグはファスナーをしっかり閉めて前に抱えてもらうなど、注意を促します。また、トイレに行くにもチップが必要な国や、水道水が飲めない国に行くときは、そのことを事前に説明し、トラブルを未然に防ぐことが大切になってきます。

ツアー中は、いろいろなことが起こるので、臨機応変《りんきおうへん》に対応しないといけません。以前、アラスカ縦断ツアーに同行した時、天候が悪く、旅の目玉であるオーロラを見ることができないことがありました。お客様たちがとてもガッカリしていたので、せっかくアラスカまで来たのに落ち込んでいたらもったいないと思い、みんなで雪合戦をしたところ、すごく楽しんでもらえました。このときのお客様たちとは仲が良くなって、今でも連絡を取り合っています。「いつかオーロラを見よう」と、リベンジツアーの計画もあるんですよ。

　ツアーに添乗していて難しいのは、全員が満足できるツアーにすることです。参加するお客様は一人ひとり旅の目的が違い、名所をたくさん見たい人もいれば、とにかく買い物がしたいという人もいます。そんなお客様のそれぞれの希望を、いかにかなえてあげられるかを、常に考えています。

　ツアーはスケジュール通りに進めないといけないので、全体と個人とのバランスを取るのは難しいですが、できる限りの努力をしています。

ツアーコンダクターになったきっかけ

運命の出会いによって天職に気づいた

　私は子どものころ、あまり旅行をした経験がありません。もちろん、ツアーコンダクターなんて仕事があることも知りませんでした。学生のころは、漫画家や学校の先生など、何にでもあこがれるタイプだったのですが、どうしてもこれになりたいという目標はありませんでした。

　そんな私ですが、高校2年生のとき、ホームステイで英国に行く機会がありました。当時の私は英語がまったく話せず、向こうで悔しい思いをしました。

「英語ができるようになったら、また戻ってくる」と心に誓い、帰国後は英語を必死に勉強。そして、アメリカの大学に進学したのです。大学では、とにかく4年で卒業することを目標に、いろいろと役に立ちそうな経営学を勉強しました。

　卒業後、日本に戻って就職活動を開始。英語を活《い》かせる仕事で、かつ人と触れ合える仕事をしたいと思い、いろいろ探したのですが、「これだ！」と思える仕事は、なかなか見つかりません。そんなとき私は、ずっと行ってみたいと思っていたエジプトへのツアーに参加したのです。そのとき、初めてツアーコンダクターの存在を知りました。女性のツアーコンダクターで、その仕事ぶりを見て、「私が探していた仕事はこれだ！」と確信し、旅行会社に就職したわけです。

　ツアーコンダクターは、お客様の代わりに現地の人と交渉することが多く、その国の言葉が話せないと仕事になりません。ですから、新人のころは、日本語が通じやすいアジアのツアーで経験を積みます。私は、よりたくさんの国で活躍できるように、英語以外にもイタリア語、スペイン語、フランス語、ドイツ語を独学で勉強しています。

新人のころは失敗ばかりです。海外の空港でお客様を見失ってしまい、泣きながら探したこともありました。

仕事で海外に行けるとあって、学生には人気の仕事ですが、ツアー中は常にお客様と一緒に行動するので自由時間はなく、スケジュールもハードで、「思っていたのと違う」と、辞める人も多いです。

それでも私がこの仕事を続けているのは、お客様の「ありがとう」というひとことのおかげです。どんなにつらいスケジュールでも、このひとことを聞くために頑張ることができます。

それに私には、ツアーコンダクターとして世界中、すべての国に行くという目標があります。まだ30カ国しか行っていませんが、必ず達成できるように、頑張っていきます。

POINT この仕事につきたい！

大学を卒業して、旅行会社に就職するのが一般的です。また、専門学校もたくさんあるので、そこで勉強してから会社に入る道もあります。世界中を飛びまわるには体力が必要です。

たくさんの人と接する仕事なので、人を好きになりましょう。日本の文化はもちろん、外国の文化にも興味を持って、それを楽しめる人が向いていると思います。

POINT 10代へのメッセージ

進路や将来のことで悩んでいても、とにかく一歩前に進みましょう！　進んでいるうちに、道は拓《ひら》けてきます！　迷ったら、とにかくやってみること。やらずに後悔すると、あとに引きずってしまいます。10代は前進あるのみ！　です。

職業▶

インテリアコーディネーター

概要▶ 家やお店などのインテリアについて、お客様の要望に沿っていろいろなアイデアを出したりアドバイスするのが、インテリアコーディネーターの仕事。図面を描いて計画を立て、必要な家具やカーテン、壁紙などを発注し、納品にも立ち会います。お客様の暮らし方や好みに合わせて、どうすれば快適にできるのか。それを考えるのが大事です。

情報▶

INTERVIEW

氏名▶ 西《にし》沢《ざわ》聡《さと》美《み》さん

経歴▶ 西沢さんは1973年、東京都生まれ。大学在学中から専門学校に通い、卒業後、インテリアショップに就職。4年前に資格を取って、インテリアコーディネーターになりました。

インテリアコーディネーターの仕事とは？

限られた空間を美しく、快適に変える仕事

インテリアは部屋の天井や壁、床はもちろん、タンス、ソファーなどの「家具」、カーテン、カーペットといった「ファブリック」「照明」など、部屋を彩《いろど》るものすべてが対象になります。これらを使って、部屋という限られた空間をいかに美しく、使いやすくするかを考えて提案するのが、私たちの仕事です。

インテリアコーディネーターには、私のようなショップに所属するケースもあれば、インテリアデザイナーの事務所やハウスメーカーに勤める人もいます。

インテリアを考えるとき、大事なのは「空間」「機能」「感覚」の3つ。部屋の広さに対して、家具のサイズやバランスが適切かどうか。扉や引き出し、イスを引くスペースが確保され、住みやすい配置になっているか。スタイルや色の配色といった見た目の美しさ、照明、音が、五感に効果的か。このようなポイントでインテリアを考えていきます。

私たちの所に相談に来られるのは、引っ越しやリフォームをする人が多いのですが、中には、「今住んでいる家のリビングを変えたい」という人もいます。お客様に応じて、使っているインテリアをアレンジしたり、全部新しいものに買い換えたりと、いろいろです。

相談はまず、お客様の家の間取り図を見せてもらうことから始まります。さらに家族構成、予算、好きな色、希望のイメージ、趣味など、インテリアのヒントになることを、ショップで家具を見ながら聞き出します。お客様の要望を聞いたあと、間取り図に私が考えるインテリアを書き加え、提案します。お客様と打ち合わせを重ねて、何度か書き直していきます。単にデザインだけで選ぶのではなく、お客様の身長によってサイズを決め、ライフスタイルや予算を考慮《こうりょ》してアドバイスします。

さらに、納品日《のうひんび》にはお客様の部屋に行き、インテリアの位置を細かく指示します。そこで、全体のバランス、使い勝手に合わせて、絵画の位置やカーテンを止めるタッセルの高さなどを決めていくのです。

インテリアの例として、「友だちを呼べる楽しい部屋にしたい」というお客様には、配置を変えやすい家具を提案し、広い空間に変えられるようにします。クッションなどの小物を中心に、明るくポップな色を使っていきます。

私は、部屋全体をシンプルな色でまとめ、その中にアクセントとなる色のアイテムを使うというコーディネートが好きです。クッションやランプシェードの色を、アクセントとしてよく使いますね。

一番難しいのは要望がなく、「全部お任《まか》せします」というお客様です。どんな部屋にしたいかという要望がないお客様には、少しでも多くの情報を聞き出そうと努力し、考えられる範囲で提案をし、それをもとに、ご要望を引き出していきます。この仕事ではお客様とうまく話し合い、自分のアイデアをきちんと伝えられるコミュニケーション能力が必要です。

新しいアイデアは、インテリア雑誌や映画に出てくるインテリアをヒントにします。また、普段からホテルやレストランなど、いろいろな場所のインテリアを意識して見ています。

他のお客様と目が合ってしまうようなイスの配置が気になったり、照明の当て方、色使いなども気になります。

インテリアコーディネーターになったきっかけ

興味があることを仕事にする

子どものころから新聞に入っているマンションの広告を見るのが好きでした。間取り図を見てどんな部屋なのかを想像するのが楽しく、親と一緒によくモデルルームに行ったものです。

インテリアに興味を持ったのは、大学生のときです。アルバイトをしたお金で海外旅行にたくさん行きました。イギリス、フランス、モロッコ、チュニジア、東南アジアなどをまわって、特に気になったのが、ホテルやレストランのインテリアだったのです。それから、「インテリアの仕事をしてみたい」と思うようになり、大学在学中にインテリアコーディネーターの専門学校に通い始めました。

専門学校では、社団法人インテリア産業協会が認定するコーディネーターの資格を取るため、コーディネートの基礎知識（イスに必要なスペース、机とイスの高さの関係、キッチンの奥行きなど）や図面の描き方、インテリアの歴史などを学びました。

現在、インテリアコーディネーターは民間資格で、年齢制限なく誰でも受験できますが、当時は通産省認定の試験だったため、受験資格が25歳以上と決められていました。そのため、専門学校を卒業してもすぐには受験できず、インテリア事務所でアルバイトとして働きました。

そして、23歳のときに転機が訪れます。大学時代、イギリスを旅行したときにすごく気に入ったインテリアショップが、東京にオープンしていたのです。そのお店でぜひ働きたいと思い、ショップ店員に転職しました。

初めはオーダーカーテンを担当していましたが、その後インテリア全般を担当させてもらえるようになりました。

ショップのコーディネーターとして初めて担当したお客様は、新しく家を建てるご家庭でした。家族がくつろげて、あたたかい気持ちになれるようなインテリアをと、オレンジ色のソファーを提案したところ、「楽しい色でよかった」と喜んでもらえました。これで、すごく自信を持つことができたと思います。

お客様に喜んでもらえることが、この仕事のやりがいです。

インテリアは生活に密着しているので、今後とも日々の生活の中にあるいろいろなものに興味を持って知識を吸収し、自分の引き出しをもっと増やしていきたい。そして、もっと仕事を楽しみたいですね。

POINT

この仕事につきたい！

専門学校や美術大学でインテリアについて勉強し、ハウスメーカーやインテリアデザイナーの事務所に就職します。ショップはあまり新卒を採用しないので、経験を積んでから転職する人が多いようです。

インテリアコーディネーターの資格を持っていなくても、コーディネーターの仕事はできますが、資格を持っていると就職に有利なので、取っておいたほうがいいでしょう。

POINT

10代へのメッセージ

いろいろなものを見て、経験してください！そうすることで、将来つきたい仕事が見つかると思います。

職業▶ 鍼《しん》灸《きゅう》師《し》

鍼灸師

概要▶ 鍼灸師の「鍼《はり》」は、非常に細いはりを体に刺す鍼療法、「灸《きゅう》」は薬草を燃やして体の上に置く灸療法のことです。肩凝《こ》りや頭痛、目の疲れなどに効果があると言われます。この鍼やお灸をする人を鍼灸師と言います。鍼をするには「鍼師」、お灸をするには「灸師」の国家資格が必要で、両方の資格を取って初めて、鍼灸師になれます。スポーツ選手にも、鍼灸を愛好する人が増えています。

情報▶ 

INTERVIEW

氏名▶ 高《たか》橋《はし》美《み》穂《ほ》さん

経歴▶ 高橋さんは1975年、神奈川県生まれ。大学を卒業後、鍼灸の専門学校に3年間通い、鍼灸師になりました。現在、横浜市内の鍼灸院で働く一方、陸上選手のトレーナーとしても活躍。アテネ五輪では、女子マラソンで金メダルを獲得した野口みずき選手のトレーナーを務めました。

鍼灸師の仕事とは?

人の体を傷つけて治す熟練の技術と集中力

鍼灸には体の疲れ、筋肉の凝《こ》り、ケガの痛みをやわらげるなど、いろいろな効果があり、お年寄りやケガをした人、スポーツ選手などから幅広く利用されています。

鍼は細いものだと直径0・14ミリ、だいたい髪の毛1~2本分の太さです。血管よりも柔らかいので、血管に刺さることはありません。症状や場所、患者さんの慣れ具合で、鍼の太さを決めます。太いほうが刺激は強いです。

鍼は、鍼管というストロー状の管を通して、まっすぐに刺します。刺す深さは筋肉の位置によりますが、背中だと1〜2センチ、足は3センチくらいです。そもそも肩凝りなど筋肉の凝りは、筋肉が疲労して老廃物がたまることで起こります。凝っている筋肉組織を鍼でわざと傷つけることによって、それを治そうと血流が増えます。血流が増えると、たまっていた老廃物が流れるので、凝りを改善できるのです。

凝った部分だけでなく、ツボにも直接、鍼を刺します。ツボとは、全身を流れる「気」が滞《とどこお》りやすい場所のこと。鍼でツボを刺激することで気の流れを促し、痛みが取れると考えられています。ねん挫や打ち身など炎症を起こして腫《は》れた場合は、腫れた場所の周りに鍼を刺します。すると、患部のまわりの血行がよくなり、よくなった血の流れで炎症の熱が分散され、腫れがひいて楽《らく》になるのです。筋肉が硬く張っているところに鍼を刺すとすごく痛いですが、一瞬だけ、「ジーン」と響く痛みが、クセになりますよ。

お灸はヨモギの葉を乾燥させた「モグサ」を丸めたものを、体の上に置いて火をつけます。これで体を温めて血行をよくし、たまった老廃物を取り除くのです。

特に、冷え性からくる肩凝りなど、冷えが原因の場合にお灸を使います。お灸で難しいのは、モグサの丸め方です。症状によって、微妙に調節しなくてはいけません。少しでも大きいと、その分長く燃えるので、患者さんへの負担が大きくなってしまいますし、逆に小さいと効き目が少なくなってしまいます。うまく調節するには、実際に何度も丸めてみて、ちょうどいい大きさの感覚をつかんでいくしかないですね。

鍼灸を受けるのが初めてで、不安がっている患者さんには、できるだけ細い鍼を使うなど気をつけています。また、患者さんが緊張していたら、治療をやめることもあります。

鍼灸師になったきっかけ

陸上好きが鍼灸への道を拓く

私は中学、高校と陸上部に所属し、練習漬《づ》けの毎日を送っていました。実は、選手時代に1度、ケガで鍼を打ってもらったことがあったのですが、すごく痛くて「もう2度とやらない」と思っていました。

そんな私が今、鍼灸師をしているのですから、不思議なものですよね。

学生時代は、大好きな陸上を仕事にできないかと考えていました。陸上は走るだけの非常に単純な競技ですが、単純だからこそ、自分が走っても、走る人を見ても素直に感動できます。しかし、自分が選手でやっていくのは記録的に無理だとあきらめていました。そこで、選手の疲れをマッサージなどでやわらげる「陸上トレーナー」になろうと思い、大学の陸上部に、トレーナーとして入部しました。

２００人の部員に、トレーナーは10人。腕や指が筋肉痛になるほど、マッサージをしたものです。しかし、陸上部のトレーナーとして活動する中で、悔しい出来事がありました。私がマッサージしても凝りが取れず、鍼灸院に通う選手がいたのです。正直なところショックでしたが、選手たちの状態が鍼灸院に通うことでよくなっていくのを見て、鍼灸のすごさを実感しました。

それがきっかけで鍼灸師に興味を持ち、大学卒業後、鍼灸の専門学校に通いはじめたのです。専門学校では解剖《かいぼう》学、生理学、衛生学など医学の基礎から学んでいきました。

鍼灸が目に見えないツボを刺激することで臓器の働きを助けたり、筋肉や神経の痛みをやわらげたりできる仕組みを不思議に思い、夢中で勉強しましたね。練習台には自分の手を使いました。今も手に火傷《やけど》の跡が残っています。腰などの練習は自分の体ではできないので、両親に協力してもらい、練習台になってもらいました。痛かったはずですが、黙って練習に付き合ってくれて、すごく感謝しています。

私は現在、日本陸上連盟にトレーナーの登録をしています。アテネオリンピックで女子マラソンの金メダルを取った野口みずき選手とは、２００３年の世界選手権からの付き合いです。

オリンピックでは、２カ月前の合宿から付きっ切りでした。合宿中、脚の張りがひどくて不安になっていた野口選手に、「治りますか？」と聞かれたので、「大丈夫よ」と励ましました。一般の患者さんの場合もそうですが、心のケアをするのも私たちの大事な仕事です。レース当日も野口選手は、「脚の張りが不安」というので、「自信を持って」と声をかけました。実力があることはわかっていたので、不安のないベストな体調でスタート地点に立たせてあげることが、私の役目だと思っていました。

　レース中、私は交通渋滞につかまってしまい、残念ながらゴールの瞬間は見られませんでしたが、応援団を乗せたバスの中で金メダルの知らせを聞き、みんなで喜びを分かち合いました。レース直後、野口選手は倒れて点滴を打っていたので話もできませんでしたが、夜中になって、宿舎で抱き合って泣きましたね。

　それでも私は陸上選手のためだけでなく、1人でもたくさんの人たちを鍼灸で助けたいと思い、専門の陸上トレーナーにはならず、鍼灸師として働いています。

　体だけでなく、精神的にも患者さんを癒《いや》せるようになっていきたいと思います。

POINT この仕事につきたい！

　国家試験を受けるために、大学、短期大学、専門学校、盲学校などで「鍼理論」や「灸理論」を勉強し、卒業しなければなりません。

　国家試験を受けて合格すれば、「鍼師」「灸師」の資格を取得できます。その後、鍼灸院に就職するか、自分の鍼灸院を開業します。活躍の場は接骨院やプロスポーツの現場など、他にもいろいろとあるので、どんな人を癒したいのかを考えておきましょう。

POINT 10代へのメッセージ

真剣になって取り組めるものに、いつ出あえるかわかりません。だからこそ、いろいろなことに手を出して、たくさんの経験をしてください。「自分にはコレ！」が見つかるはずです。「10代よ！　冒険しよう！」

職業▶

キャビンアテンダント

概要▶ キャビンアテンダントとは、以前はスチュワーデスと呼ばれていた飛行機の客室乗務員のことです。乗客に飲み物や機内食のサービスをしたり、緊急のときには、乗客の安全を確保する保安の仕事などをします。機内ではどんなトラブルが起るかわからないので、万が一に備えたトレーニングを積んでおくことも大事な仕事です。

情報▶ 

INTERVIEW

氏名▶ 関《せき》田《た》仁《ひと》美《み》さん

経歴▶ 関田さんは1976年、東京都生まれ。大学を卒業後、キャビンアテンダントとして日本航空に入社。現在は国内線と国際線、両方のフライトを担当しています。

キャビンアテンダントの仕事とは？

挽回のチャンスがない一期一会の接客

キャビンアテンダントは、学校のようにクラス分けされています。1クラスには、学級委員に当たる「キャビンスーパーバイザー」が1人いて、その下の班長に当たる「キャビンコーディネーター」が4人、そして、生徒に当たる「フライトアテンダント」が10人の、計15人がローテーションを組んで仕事をします。

かつては、キャビンアテンダントは30歳で定年という時代もありましたが、現在の定年は60歳。そのため結婚後も仕事を続ける人や、出産して子育てを終えてから復職する人も増えました。女性が一生続けられる仕事になったのです。

キャビンアテンダントはお客様を機内で出迎え、飛行中、いろいろなサービスを行ないます。飲食物や毛布などを配《くば》ったり、お母さんがトイレに行く間、子どもの遊び相手になったり、トイレの掃除もします。座りっ放しで体調を崩すお客様もいるので、体調管理にも常に気を配っています。

お客様の安全を守るのも、大事な仕事です。事前に消火器や酸素吸入器、メガホン、懐中《かいちゅう》電灯など、緊急時に使うものが揃っているかをチェックし、機内に怪《あや》しいものがないかどうかを確認。救命用具の使い方の説明や、飛行機が揺れたときにはシートベルトのご案内もします。急病人が出たときは即座に対応し、緊急時にはお客様を出口に誘導し脱出させるなど、機内のあらゆることに対応しなくてはなりません。

キャビンアテンダントは、1カ月に大体70時間ほど飛行機に乗りますが、スケジュールはその日によってバラバラです。国内線のフライトが続くときもあれば、国際線が続くこともあります。国内線でも羽田から名古屋、福岡へと飛んで福岡で1泊することもありますし、国際線でも上海など近場の場合は日帰りもあります。時差ボケは職業病みたいなもので、体力的には相当ハードな仕事です。

キャビンアテンダントは、３３０人乗りのジャンボ機の場合、16人体制になります。大体、飛行機のドアの数より多く乗るのが基本です。これは離着陸のとき、ドアの前にキャビンアテンダントが座り、非常時にお客様がパニックになってドアに殺到しないようにするためです。仕事はファースト、ビジネス、エコノミーというクラスごとに分担を決め、新人は国内線から始めます。国際線は、本格的な食事やお酒のサービスがあるので、ある程度の経験が必要です。そのため、ソムリエの資格を取る人も多いですね。

キャビンアテンダントの仕事で難しいのは、お客様によって求めるサービスが違うこと。ゆっくり休みたいお客様もいれば、こまめにサービスして欲しいお客様もいます。それぞれ求めるサービスが違うので、お客様一人ひとりに合ったサービスをするのが難しいのです。また、国際線にはいろいろな国のお客様が乗っているため、食べ物や習慣の違いが頭に入っていないといけません。

フライトでご一緒したお客様と、次に再会することはごく稀《まれ》なので、一度のミスを挽回《ばんかい》するチャンスは、まずありません。それだけに、キャビンアテンダントは、常にプレッシャーがかかる仕事でもあります。

キャビンアテンダントになったきっかけ

責任ある仕事をするために厳しい訓練に耐えた

小さいころ、母の実家の山形に行くときや、家族で海外旅行に行くときに飛行機に乗るたび、「カッコいいな」と思っていました。また、私は小学生のころから、将来は英語を話せるようになって、海外で働きたいという夢を持っていました。

それで大学の英文学科で、英語を勉強。就職活動のとき、英語を使う仕事のひとつとしてキャビンアテンダントに興味を持ち、なりたい人向けの専門誌を読んだのです。すると、キャビンアテンダントは女性がメインで、ちゃんとステップアップできるし、さらに定年まで働けるとありました。これなら、一生の仕事にできると思ったわけです。

しかし、人気の高い仕事です。私のときは、１万人が受験して３００人が合格という狭き門でした。受験者はほとんどが大卒で、英語検定を持っている人ばかり。試験は３次試験まであり、１次試験が面接、２次が面接と筆記テスト、３次が健康診断と英文を読む面接です。健康診断では、上空は気圧が低いので耳鼻《じび》科の検診や、目隠しして足踏みするなどの平衡《へいこう》感覚を試すものもありました。また、立ちっ放しの仕事なので、腰のレントゲンを撮って検査もされます。健康で体力のある人でなければ、合格は難しいかもしれません。

入社後は１カ月半をかけて、キャビンアテンダントになるための専門的な訓練をします。厚さ５センチもあるマニュアルや参考書があって、それを勉強し、毎週テストです。お客様への食事のサービス、英会話、キャビンアテンダントにふさわしいメイクの仕方、飛行機のドアの操作や消火器などの使い方、歩き方やお辞儀《じぎ》の仕方、トレイの持ち方など、勉強することはたくさんあります。飛行機と同じ大きさの模型の中で、教官をお客様として、シミュレーションもします。機体トラブルや火災、ハイジャックなどを想定した、緊急時のシミュレーションもありました。プールを海に見立てて、乗客をボートで避難させる訓練は、訓練とわかっていても緊張しました。

　訓練は、教官や同僚の目の前で実演したり、その内容をビデオで撮って、あとでみんなと一緒に見てダメなところを指摘し合ったりします。最初は人に見られることが、苦痛で仕方ありませんでした。また教官からは、「声が低い」「表情が硬い」と、アドバイスされ続けてきました。それでも、訓練を続けるうちに、自然と度胸《どきょう》がついて慣れてきましたし、声や表情は鏡の前で何度も練習して、克服することができました。

　訓練は入社直後だけでなく、ベテランになっても年に1回行なわれます。

　今でも早朝3時に出勤するときは、「辛《つら》いなあ」と思いますが、飛行機を降りるお客様のうれしそうな顔を見ると、疲れも吹き飛んでやる気が出てきます。1人でも多くのお客様に、私と飛んでよかったと思ってもらえるキャビンアテンダントになりたいですね。

POINT この仕事につきたい！

　短期大学や四年制大学を卒業して航空会社の「客室乗務員試験」を受けます。資格は要《い》りませんが、語学力は必要です。

　1人ではなく、仲間とともに働くので、協調性も求められます。合格者は全員、最初は契約社員で、日本航空の場合、3年勤めると正社員になることができます。人と接する仕事なので、話すことが好きな人が向いています。

POINT 10代へのメッセージ

自分の中の可能性を信じて頑張ってください。
みんな、それぞれの価値を持っています。

職業▶
言語聴覚士《げんごちょうかくし》

概要▶ 言語聴覚士とは、言語や聴覚に障害があって、言葉のコミュニケーションがうまくできない人をサポートする仕事です。難聴や失語症、言語発達の遅れなどで苦しむ人にリハビリを行ないます。医療や言語の分野で高い専門性が必要とされるため、1997年に国家資格になりました。現在は、全国でおよそ１万人が言語聴覚士として、医療機関や児童福祉施設、老人福祉施設などで活躍しています。

情報▶

INTERVIEW

氏名▶ 原田有紀《はらだゆき》さん

経歴▶ 原田さんは1974年、福岡県生まれ。短期大学を卒業後、専門学校に通い、国家試験に合格して言語聴覚士になりました。現在は福岡県久留米市にある病院のリハビリテーション科に勤務しています。

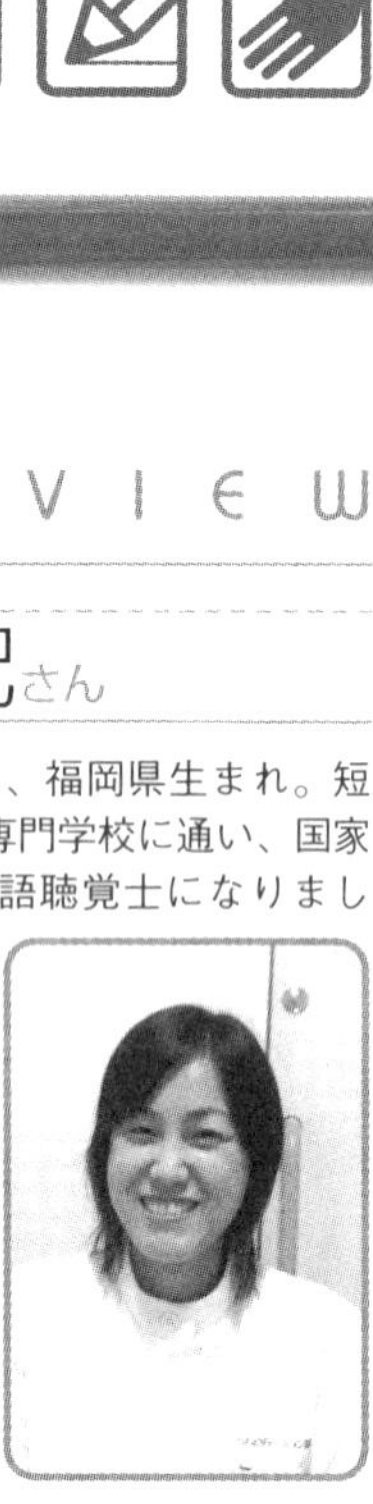

言語聴覚士の仕事とは？

患者さんの気持ちをくみ取ることが第一

私が勤めている病院のリハビリテーション科には理学療法士《りがくりょうほうし》、作業療法士、言語聴覚士がいます。歩く、入浴する、書くなどの身体のリハビリは理学療法士や作業療法士が担当しますが、話したり、聞いたりという言葉に関わるリハビリは、言語聴覚士が行ないます。

言葉のリハビリが必要な人は、聴覚に障害を持つ人、言葉の発達が遅れている子ども、失語症や認知症といった病気でコミュニケーションがうまく取れない人など、乳幼児から高齢者までいろいろな世代の人がいます。

患者さんによって話せない原因もさまざまで、事故や病気、先天性のものもあり、症状や年齢に合わせて、それぞれのリハビリ法を考えます。

リハビリはまず、患者さんとコミュニケーションを取ることから始まります。いろいろと話しかけて、どんな症状なのかを観察するのですが、話す内容は住まいや家族など身近な話題で、答えやすいことから聞いていくのがコツです。このとき、患者さんがちゃんとしゃべれなくても、こちらが聞いたことに対して答えようとしているか、どの言葉の発音がおかしいかなどをチェックします。これによって失語症なのか、認知症なのか、難聴《なんちょう》なのか、発音の障害なのかを診断するのです。

その後、症状に応じて、どういうプログラムでリハビリを行なうのかを考えます。たとえば、物の名前が出てこない患者さんには、鉛筆や傘などの物が描かれた「絵カード」を使って、単語を思い浮かべやすくします。

言葉は理解できても、自分で発することができない患者さんには、50音表を大きくした「コミュニケーションボード」を指で指《さ》しながら会話をし、少しずつ会話ができるようにしていきます。鼻から息がもれて、うまく発音できない患者さんなら、鼻の奥の筋肉を鍛えるために、水を入れたペットボトルに、ストローで息を吹いてブクブクさせるトレーニングをするなど、リハビリのプログラムはいろいろあります。リハビリに使う道具は、患者さんの症状に合わせて、自分で工夫して作っています。

1日に担当する患者さんは10人くらい。リハビリの時間は、最大でも1人1時間くらいです。あまり長くすると、患者さんが疲れてしまい集中力が保てなくなるからです。リハビリは継続することが大事なので、宿題を出すこともあります。

この仕事の難しさはやはり、患者さんとのコミュニケーションです。話したくても話せない患者さんの気持ちを、くみ取ってあげないといけません。

私たちのリハビリ次第で、患者さんのこれからの人生が決まってしまうと思うと責任も重く、いつも悩みながらやっているのが現実です。

言語聴覚士になったきっかけ

自分にしかできない仕事を求めて

私は子どものころからお芝居やアニメが好きで、中学校時代は演劇部でクセのある役柄を好んで演じていました。声優にあこがれて、高校時代は声優の通信教育まで受けていましたが、その添削《てんさく》でアクセントをいろいろ指摘されて、自信喪失。声優をあきらめ、大好きな演劇を勉強するため、演劇放送コースのある短期大学に入学しました。

大学で勉強するうちに私は、「演じることよりも話すことが好きなんだ」とわかってきました。話す仕事ならアナウンサーだと思い、放送局のアナウンサー試験を受けましたが、緊張しすぎて全然ダメ。結局、地元の有線放送会社で、リクエストを受けて曲を流すという仕事に就《つ》いたのです。

就職して3年目、仕事に対して、「自分じゃなくてもできるんじゃないか？」「自分が必要とされる仕事に就きたい」という思いが強くなり、転職を考え始めました。

そんなとき、言語聴覚士が国家資格になったという新聞記事を、目にしたのです。これが言語聴覚士との出あいです。好きな「しゃべること」につながる仕事なので興味を持ち、実際の現場を見てみたいと思いました。そこで雑誌に、「言語聴覚士の仕事について教えてくださる方を募集します」と投稿したところ、佐賀県の言語聴覚士さんが連絡をくれたのです。

仕事を休んで、その人が勤める病院まで行ったところ、患者さんにも紹介してくれました。年配の患者さんに接してみて、自分の気持ちを言葉にできない苦しみの大変さを強く感じ、私も手助けがしたいと思ったのです。

それから、仕事を続けながら専門学校に入るために猛勉強。無事に専門学校に入学でき、3年間で解剖学、生理学、病理学、心理学、言語学、音声学、音響学など、幅広く勉強しました。また、病院や福祉施設に行って、実際に患者さんと接する実習も経験。最初の実習は、緊張とストレスで胃腸炎になってしまったほど、患者さんへの接し方で悩みました。あるとき、「頑張って」と声をかけたら、患者さんが泣き出してしまったのです。そのとき初めて、「頑張れ」はきつい言葉なんだと知りました。励ますつもりが逆に患者さんを傷つけることもあり、本当に難しい仕事です。

学校を卒業後、言語聴覚士の国家資格を取り、病院で働くことになりましたが、その現場は学校の勉強以上にハードでした。病気になってショックで塞《ふさ》ぎ込んでしまった患者さんや、「病気は治るのか？」「いつ死ぬのか？」と聞いてくる患者さんもいます。どう接すればいいのか、患者さん一人ひとりと真剣に向き合わなくてはいけない仕事なんだと、改めて感じました。

時には、私が逆に患者さんから励まされることもあります。すごい努力家のおじいさんで、最初はほとんどしゃべれなかったのが、短い単語を言えるようになったとき、紙に「貴女《あなた》、女神」と書いてくれました。照れくさかったけど、本当に涙が出るほどうれしかったですね。今度は私も患者さんに元気を分けてあげられるように、日々頑張っています。

POINT
この仕事につきたい！

言語聴覚士の養成校といわれる専門学校や大学、短期大学を卒業し、国家資格を取ります。その後、就職先の病院や福祉施設などの試験を受けます。

人に対する優しさや洞察力、そして忍耐強さが必要です。言葉による説明ができないこともあり、言葉以外の方法でアプローチする柔軟な考え方や、創造性も求められます。

POINT
10代へのメッセージ

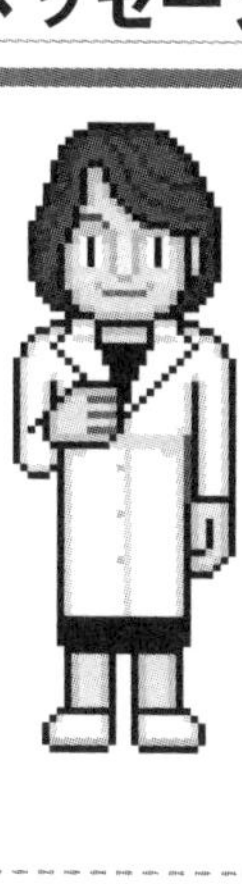

いくつになっても、新しいことを始めるのに遅すぎるということはありません。興味を持ったら、何でもチャレンジしてください。人生にムダなことは何ひとつありません。失敗を恐れて何もしなかったことを後悔するより、失敗してもそこから学んだことで、きっと成長できるはずです。

職業 ▶ 保《ほ》育《いく》士《し》

保育士

概要 ▶ 保育士とは、保育園で働く先生のことです。以前は女性が多く、保母と呼ばれていましたが、最近は男性も増えてきたので、保育士と呼ばれるようになりました。子どもたちが楽しく、安全にすごせるよう手助けをし、時には保護者に、子育てのアドバイスもします。保育士になるには、保育士の国家資格を取らなくてはいけません。

情報 ▶

INTERVIEW

氏名 ▶ 溝《みぞ》口《ぐち》義《よし》朗《あき》さん

経歴 ▶ 溝口さんは1970年、静岡県生まれ。10年前に専門学校を卒業し、保育士の免許を取得。現在は、東京都あきる野市で保育園を経営する園長先生です。

保育士の仕事とは?

子どもの自主性を尊重し、陰で見守る

僕が運営する保育園は学童保育もしており、保育士や調理師など10人のスタッフで、0歳から小学校2年生までの15人を預かっています。僕は園長であると同時に保育士の一人として、子どもたちと一緒に散歩をしたり、遊んだりしています。

最近は男性の保育士が増えていますが、父母と子どもという形が家庭の基本ですから、保育士に男女両方いるほうが、望ましいと言えるでしょう。

保育園は普通、年齢ごとにクラス分けをしますが、うちはみんなが一緒に過ごす「異年齢の保育」

が特徴です。子どもは人のマネをしながら成長するので、モデルになる年上の子と一緒に遊ばせます。また、近所のお年寄りの方が自由に立ち寄れるようにして触れ合う機会を作り、いろいろ学ばせています。

保育士の朝は早いですよ。朝7時には一番早い子どもが来るので、その前には保育園に行って準備をしなければなりません。徐々に子どもたちが集まってきて、朝9時半ごろにお茶の時間で休憩、10時には全員揃って散歩に行きます。散歩の途中では、田んぼを見て四季を感じたり、牛小屋で牛に触れたり、いろいろな体験をさせます。散歩から戻ってきたら昼食です。食事は栄養士さんが用意をします。このとき保育士は子どもの手本となるように、きれいに食べて見せるのが大切です。

午後2時になると昼寝の時間。その間に保育士は、保護者に渡す日誌を書きます。3時半ごろに、おやつの時間。お菓子だけでなく、サンマやシイタケを七輪《しちりん》で焼いて食べることもあります。夕方になると子どもたちが帰宅し始め、最後の子どもが帰るのが夜10時ごろ。片付けが終わって自宅に帰るのは、11時をすぎます。

うちの保育園ではお絵描きやお遊戯《ゆうぎ》、歌の時間などといった時間割は決めていません。「〜しよう」と子どもを誘導するのではなく、子どもの自主性を大切にしているからです。子どもがやりたいと主張したことは、できるだけやらせるようにしています。たとえば、ねじ回しを持って、「窓枠を分解したい」と言った場合、「やっちゃダメ」で終わると何も残りませんが、窓はダメでも、代わりにテーブルなど別のものでやらせてみます。分解できれば、自信にもつながります。

以前、真冬に「釣りをしたい」と言い出した女の子がいました。釣れるわけはないと思いましたが、一緒に何度か川に行って釣りをしました。なかなか釣れませんでしたが、春先に初めて魚が釣れたときは、本当に感動しましたね。

保育士は子どもだけでなく、保護者である親の心をケアすることも大事な仕事です。子育てというのは本当に大変で、親はみんな、人には言えない不安や悩み、ストレスを抱えています。親の笑顔が子どもの幸せにつながるので、親のケアも必要なのです。うちの保育園では、子どもを迎えに来た親がゆっくりできるように、お茶や雑誌を用意して、よく話を聞くようにしています。毎日、2時間もしゃべって帰る人がいるくらいです。

保育士になったきっかけ

平和な世界を作る一生の仕事に出あった

僕は小学生のころからバイオリンを習っていて、中学校では吹奏楽部《すいそうがくぶ》でトロンボーンを吹いていました。将来はバイオリンやトロンボーンを演奏する音楽家になりたいと思っていました。そこで、高校3年生のときに音楽大学に行くためにレッスンを受けたのですが、プロになるのは難しく、あきらめました。

将来をどうしようかと考えていたころ、世界平和について書いてある本を読んで、感動したんですよ。そして、小さな子どもの人間性を育てることが世界平和につながると思い、児童福祉の仕事を志《こころざ》したのです。最初は漠然《ばくぜん》と子どもに関わる仕事がしたいと考え、福祉の大学に入ろうと思いましたが、受験に失敗し、1年間浪人しました。とはいっても、ろくに勉強をせずに遊んでいたので、2年目もダメでした。

そこで、児童福祉学科という名前だけに引かれ、東京にある保育士の専門学校へ入学しました。保育の学校には、卒業と同時に国家資格を取れる養成校と、学校に入って勉強し、その後自分で国家試験を受ける学校があります。僕が入学した学校は後者で、「学校に行っても意味がない」と独学で勉強し、国家試験を受けたところ、ピアノの実技以外は合格できました。保育士の試験は一度にすべての科目に合格しなくても、3年間は合格した科目が免除になります。

たとえ保育士の資格がなくても、保育園でアルバイトはできます。地元静岡の保育園で働いて経験を積みながら、次の年にピアノの試験を受けようと考えました。ところが保育園の仕事を始めると、忙しすぎてピアノの練習どころではありません。そのうえ仕事も難しく、子どもとの接し方について悩む毎日でした。

先輩に相談すると、「保育士は、子どもを安全に預かるだけの仕事じゃない。子どもを育てる仕事だ」と教えられました。このとき、何となく選んだ保育士が、一生をかけてやるべき仕事だと思ったのです。

　結局、ピアノの試験に合格できぬまま、3年がすぎました。今度はまじめに勉強しようと、保育園の仕事を辞めて養成校へ入学。ちゃんと資格を取りました。

　その後、別の保育園に就職。さらに、保育の勉強会で知り合った東京の保育園の園長に誘われて、東京へ来ました。そして4年目に、自分が理想とする保育をするため、今の保育園を始めたのです。お金がなかったので保育園にある机やイスなどは、すべて手作りです。

　保育士をしていて最高にうれしいのは、子どもが初めて何かをできたときです。木登りでもジグソーパズルでも、初めてできてうれしい顔をしている子どもたちを見ると、こっちもうれしくて一緒に感動してしまいます。

　これからも、子どもや保護者の方々から、「ありがとう」と言ってもらえるような仕事を続けていきたいですね。

POINT

この仕事につきたい！

　保育系の大学や短期大学、専門学校などの養成校を卒業し、保育士の資格を取ります。

　保育の学校で勉強しなくても、一般の大学や短期大学を卒業して、国家試験を受ける方法もあります。さらに大学に行かなくても、高校卒業後、児童福祉施設などの現場で実務を一定期間経験すれば、国家試験を受けることができます。

POINT

10代へのメッセージ

　どんなことでも、人がつまらないというようなことでも、目の前のことを自分自身の力で精一杯やってみることが大切だと思います。やりとげなくてもいい。やってみることが大事です。

この本では、79個の職業を8章に分けて紹介していますが、その職種ごとにアイコンをつけて、さらに細かく示しています。

アイコンの見方は下記の通りです。自分が興味を持っているアイコンがついているページから読み進めるといいでしょう。

あなたの「これから」の参考にしてくださいね。

計画を立てることが好き

人と接するのが好き

人の前で話すのが得意

勉強が好き・資格に興味あり

体を動かすのが好き

子どもが好き

音楽が好き

食べることが好き

ものを作ることが好き

山・川・海などの自然が好き

美しいものが好き

人や動物の役に立ちたい

機械・科学が好き電化製品が好き

つきつめて研究することが好き

ワクワク・ドキドキすることが好き

※インタビューの収録は2004年から2006年にかけて行なわれたものです。
現在とは、内容が異なっている場合もありますが、ご了承ください。

第2章

ひとつの道を極める

専門・技術系のお仕事

職業▶

ロボット研《けん》究《きゅう》者《しゃ》

概要▶ ロボットとは、目的を持って自動的に仕事をする機械や、人が操縦して作業をする機械の総称です。たとえば、「マニピュレーター」と呼ばれる、ベルトコンベヤーを使った流れ作業の工場で部品を付ける腕の形をしたロボットや、車輪で動き自動的に掃除をするロボット、そして人型の「ヒューマノイド」など、いろいろあります。このようなロボットを開発するのが、ロボット研究者の仕事です。

情報▶

INTERVIEW

氏名▶ 加《か》賀《が》美《み》聡《さとし》さん

経歴▶ 加賀美さんは1970年、京都府生まれ。東京大学大学院でロボットを研究し、博士号を取得。現在は、独立行政法人・産業技術総合研究所で、主にヒューマノイドの開発に取り組んでいます。

ロボット研究者の仕事とは?

未来を作る仕事
生活に役立つロボットを研究

私が研究しているのは、人型ロボットの「ヒューマノイド」です。これまで、歩くロボットやボールを蹴《け》るロボット、お辞儀《じぎ》をするロボットなどを作ってきました。ヒューマノイドのボディはアルミで出来ていて、手足にはモーターが入っています。頭には目の代わりとなるレンズ、胸には家庭用のパソコンを1台設置し、このパソコンがロボットの動きを制御《せいぎょ》します。私がヒューマノイドにこだわっている理由は、人と同じ形のロボットなら、人間社会で暮らしても、人間が使う道具を同じように使えて、便利だからです。

私は、机の下にある荷物を持ち上げるロボットを世界で初めて開発し、国際的な学会で賞を取りました。

人間なら机の下の荷物を持ち上げるなんて簡単なことですが、人間には簡単にできても、ロボットには難しいことがたくさんあります。ロボットは、物があることを確認する「認識」、何をするか考える「計画」、力加減を変える「制御」、この３つをコンピュータが判断して動きます。しかし、これらを判断するコンピュータの能力が人間の脳よりも低いので、机にぶつからないように腰を曲げたり、物を持ったりすることでさえすごく難しく、ましてや、それを同時に行なうなんて、画期《かっ》的《てき》なことだったのです。

もちろん、人間よりロボットのほうが優《すぐ》れている部分もあります。一度行なった運動を寸分の狂いもなく忠実に再現することは、人間には不可能ですが、ロボットなら簡単です。繰り返しの作業を行なう工場でロボットが有用なのは、同じ作業を忠実に再現できるからなのです。このようなロボットの利点を活《い》かして、人間生活に役立つよう、私は研究を続けています。

ヒューマノイドを作るとき、特に難しいのは、人間らしい動きにすること。人間は非常に効率よく動きます。そこでヒューマノイドを、人間の動きに限りなく近づけたいのです。そのために、人間の体にセンサーをつけてデコボコの地面を歩いたり、荷物を持ち上げたりして人間の力加減を調べ、ヒューマノイドに応用しています。

こうして人間の動きを研究していると、びっくりすることがたくさんあります。特に驚いたのが、人間の反射神経です。たとえばつまずいたとき、人間は転ばないように足を出してバランスを立て直しますが、ロボットだと転んでしまいます。

本来、つまずいたときの情報は、人間は０・３秒で脳に伝わり、さらに足を出すなどの反応に０・５秒もかかるのですが、ヒューマノイドだと数十倍速い０・01秒で反応できます。それなのに反応が遅い人間が転ばず、速いはずのヒューマノイドが転んでしまうのですから、本当に不思議です。人間の反射の仕組みはまだ解明されていませんし、他にも解明されていないことがたくさんあるので、それをもっと研究し、ロボットに応用していきたいと思っています。

ロボット研究者になったきっかけ

映画やマンガで描かれたすごい未来を実現したい

　私は小学生のころ、体が弱く、いつも父親のコンピュータを借りて遊んでいました。趣味も読書、料理、編《あ》み物、ピアノなど、インドアなものが多かったのですが、扁桃腺《へんとうせん》を取ってから元気になり、中学校から大学まで、サイクリングや登山など、アウトドア派に〝転向〟しました。

　自分の将来について悩んだのは、高校1年生で文系か理系かを選ぶときでした。コンピュータは好きでしたが、当時は将来コンピュータで何ができるのか、まったく見当がつかず、どの道に進むかすごく悩んだものです。そんなとき、ＳＦ映画の『２００１年宇宙の旅』で、人間と話ができる「ハル」という人工知能を見て衝撃を受け、いつか自分もこういうコンピュータを作りたいと思い、大学に入ってから研究を重ねました。大学院に進むとき、人工知能の研究をするため専門の研究室を受験したのですが落ちてしまい、第2希望のロボット研究室に入ったのです。私がロボット研究の道に入ったのは、本当に偶然だと言っていいでしょう。

　大学院に入るまでは、コンピュータしかいじっていなかったので、ロボットについては何も知らず、研究室でいきなりドリルとハンダ鏝《こて》を持たされ、ロボット作りをさせられたときは戸惑《とまど》いましたよ。今まで使ったことがない道具ばかりだったので、最初は教授がつきっきりで面倒を見てくれました。しかし、ハンダがちゃんと付かずに部品が取れたり、ロボットの車輪がちゃんと回らなかったりと、失敗の連続。先輩にはよく怒られたものです。

　私が初めて作ったロボットは、人がラジコンのように操作する車輪型ロボットです。完成したときはうれしくて、すぐに次のロボットが作りたくなりました。そこで今度は人型ロボットに挑戦。パソコンで動かしたり、歩いたり、荷物を持ち上げたりする高度な技術に、次々と挑戦していったのです。

　ロボット研究者の仕事は、ロボットを作って終わりではなく、論文《ろんぶん》を書き、学会で発表して、次のロボットを作るための資金を獲得しなければなりません。ここまでが、研究者の仕事なんです。次々に新しい技術を開発し、結果を出さないといけないので、常にプレッシャーはありますが、世界の最先端を切り拓《ひら》き、未来を作る仕事なので、大きなやりがいがあります。

　また、研究は1人ではできません。徹夜が続いたり、学会に出席するため年に10回ほど出張もあるので、家にいない日も多く、家族の理解がないと続けられない仕事です。

POINT
この仕事につきたい！

「今、ロボットにできないことは何だろう？」と考えてみることが、研究者になる第一歩です。そのうえで、大学で物理や数学、電気工学、情報工学などを勉強し、大学院でロボットの研究をしている研究室に入ります。

　インターネットで調べると、どんな研究者がどんなロボットを作っているかわかるので、調べてみましょう。


私は家族やスタッフのおかげで、世界で自分にしか作れないものを作ることができるのだと、いつも感謝しています。

　いつかマンガの世界のロボットのように、おつかいや配達など、人間の手助けをしてくれるロボットを作ることが、私の夢です。そんな未来を楽しみに待っていてください。

POINT
10代へのメッセージ

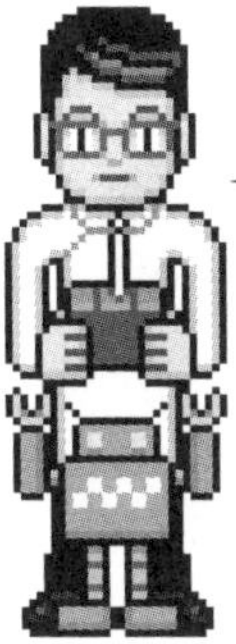

聞ける「言葉の数（語彙《ごい》）」と、自分でしゃべれる「言葉の数」は違います。ひとつでも好きなことが得意になるために、言葉を使いこなそうとしてみてください。実際に使えるようになったら、どんな分野も楽しいものですよ。

職業▶
パイロット

概要▶ パイロットとは、飛行機を操縦する人のこと。空を飛べて外国にも行けると、子どもたちに人気の職業です。飛行機は、お客さんを乗せる旅客機や、荷物を運ぶ貨物機などいろいろあります。パイロットになるには難しい試験に合格して、国家資格を取らなくてはいけません。

情報▶

INTERVIEW

氏名▶ 小《お》川《がわ》圭《けい》介《すけ》さん

経歴▶ 小川さんは1964年、熊本県生まれ。大学を卒業後、全日本空輸に入社し、研修を受けてパイロットになりました。現在、国内線と国際線の両方に乗務しています。

パイロットの仕事とは?

必要なのは操縦の技術と人の命を預かる責任感

私は、最大279人乗りの中型旅客機を機長として操縦《そうじゅう》しています。

飛行機は機長と副操縦士の2人で操縦しますが、副操縦士は主に無線やスイッチの操作など、機長の補佐をする役割です。

操縦はコンピュータで自動的に行なう場合が多いですが、飛び方はいつも人間がコンピューターにインプットしなければなりません。

また、飛行機の操縦で最も難しい離着陸《りちゃくりく》は、コンピュータに任《まか》せず、パイロットが操縦する場合がほとんどです。

離陸《りりく》の際、前から吹く風は翼《つばさ》で浮力に変えられるので、うまく飛び上がれますが、逆に後ろから風が吹くと、安定して飛び上がることができません。急に変わる風向きを瞬時に判断して、尾翼《びよく》（機体の一番後ろについている翼）の角度を調整します。パイロットの腕の見せどころのひとつといっていいでしょうね。

離着陸のとき、非常に強い風が吹いている場合は、状況によっては飛行を中止することもあります。お客様を安全に目的地に運ぶことが仕事なので、あえて危険な状態で離陸することは、絶対にありません。

飛行中は無線で、管制塔と頻繁《ひんぱん》に連絡を取り合います。飛行機は時速約９００キロという猛スピードで飛んでいますから、他の飛行機が遠くに見えていても、すぐに接触するほど近づいてしまいます。

そのため、周囲を肉眼で確認するほか、管制塔《かんせいとう》に他の飛行機がどこを飛んでいて、自分はどこを飛べばいいのかを、常に確認しておくのです。

管制塔とのやりとりは、国際線も国内線もすべて英語で行ないますので、パイロットになるには、必ず英語力を身につけないといけません。特に会話力ですね。

パイロットのスケジュールは、とてもハードです。国内線の場合、1日に4便も操縦する日があります。

たとえば、朝7時に出社し、打ち合わせをして午前8時に羽田空港を出発。午前10時に福岡に着いて、そのあと大阪、松山と順に行ってから、再び大阪に戻るといったスケジュールです。国内線でも、自宅のある東京に戻れない日があるし、国際線だと数日間日本に戻れないこともあります。月の半分近くは、ホテル暮らしです。

機内でパイロットが倒れるわけにはいかないので、体調管理には特に気をつけています。半年に1回は必ず身体検査を受け、健康状態だけでなく、視力や平衡《へいこう》感覚も調べます。

普段から、視力が悪くならないように暗いところでは本を読まないようにしたり、エスカレーターを使わずよく歩き、スポーツジムにも通って体を鍛えています。

パイロットになったきっかけ

飛行機大好き少年がそのまま夢を実現

私は、飛行機の模型やラジコンなどでよく遊ぶ、乗り物好きの子どもでした。

初めて飛行機に乗ったのは小学校低学年のころ、家族で大阪へ旅行に行ったときのことです。窓から飛行機の翼や雲を見て感動したのを覚えています。家が熊本空港の近くだったので、いつも飛行機を見ながら、「あんなに大きい飛行機を、小さな人間が動かすのはすごい！」と思っていました。

そして、中学生のとき、将来はパイロットになろうと決めたのです。

その後、パイロットをしている友人のおじさんに相談したら、「パイロットの専門学校に行かなくても、一般の大学から航空会社に入ってパイロットになる人も増えている。大学で一般教養や英語を学べ」と教えてくれたので、大学に進学。機械が好きだった僕は、工学部で実験とレポート書きの毎日をすごしました。

卒業後、航空会社の試験を受けましたが、パイロットの採用は競争率は、なんと１５００倍という難関でした。

試験は一般教養の筆記試験、面接、英会話、身体検査など５次試験までありました。、現在は、専門の「操縦模擬《もぎ》ツール」を使って簡単な操縦をしてもらい、適正チェックを行なっています。

無事に試験を突破して全日空に入社したあと、パイロットの研修が始まりました。新人が一人前のパイロットになるには、大体４～５年はかかります。

入社して半年間は、副操縦士として乗務できる「事業用操縦士」の資格を取るための勉強です。その後、アメリカで訓練を受け、日本に戻ってからフライトシミュレーターを使った仮想訓練を経て、旅客機での実機訓練を行ない、副操縦士の試験を受けて免許を取ります。

副操縦士として３０００時間のフライト経験を積めば、機長になるための「定期運送用操縦士」

の試験を受ける資格が得られます。さらに、操縦する機種が変わるごとに訓練を受け直す必要もあります。

私が初めてお客様を乗せて飛んだのは、入社4年目のことです。副操縦士の見習いとして東京、釧路間を飛行しました。訓練と違い、操縦以外のさまざまな業務に追われて大変でしたが、お客様が無事に降りる姿を見て、たくさんの人を目的地に運んだという喜びを感じました。

操作が正しく行なわれているかの審査は、機長になった今でも半年に1回行なっています。「離陸中にエンジンが停まった」などという緊急時の審査や、実際にお客様を乗せたフライトの審査も行ないます。これまでには、自分が操縦していた飛行機で急病人が出たこともありますし、危険な乱気流の中を飛んだこともあります。いつ、何が起こっても冷静に対応できるよう、訓練や審査を重ねているのです。

飛行機は、仕事で出張する人やハネムーンのカップルなど、大事な目的を持っているお客様がたくさんいらっしゃいます。そういう人たちのお手伝いができることが、この仕事の素晴らしいところです。

POINT

この仕事につきたい！

高校を卒業して、航空大学校に入るのが近道。でも最近は、一般の大学から航空会社に入ってパイロットになる人も多いですし、自衛隊でパイロットの資格を取る人もいます。

パイロットには体力と英語が必要です。また、フライトにはたくさんの人が関わっているので、協調性も大事。団体スポーツを経験しておくといいかもしれません。

POINT

10代へのメッセージ

将来やりたいことは、意外と身近にあるものです。いろいろなことにチャレンジして、そのヒントを見つけてください。

職業▶

将棋《しょうぎ》の棋士《きし》

概要▶ 将棋の棋士は、将棋を指《さ》すプロのこと。日本将棋連盟に所属し、四段以上の段位を持っている人がプロと認定されます。棋士は、「名人」「竜王」などのタイトル戦や公式戦に参加し、タイトルやランキングを競います。将棋の知識、技術はもちろん、集中力、精神力が必要な職業です。大会で将棋を指すことも大事ですが、同時に将棋教室や指導対局など、将棋の普及活動にも力を入れています。

情報▶

INTERVIEW

氏名▶ 片上大輔《かたがみだいすけ》さん

経歴▶ 片上さんは1981年、広島県生まれ。4歳で将棋を始め、小学校6年生でプロ棋士を育てる機関「奨励会《しょうれいかい》」に入会。将棋を勉強しながら東京大学に進学し、在学中の22歳のとき、四段に昇格。史上初の東大生プロ棋士としてデビュー。竜王戦でベスト8入りするなど、活躍中の棋士です。

将棋の棋士の仕事とは?

千手先を読み合う熾烈な盤上の戦い

将棋は「歩《ふ》」「金」「銀」などと書かれた五角形の駒を将棋盤の上で動かし、駒《こま》を取り合うゲームです。相手の「王」を先に取ったほうが勝ちとなります。プロの世界には、有名な7つのタイトル戦（名人・竜王《りゅうおう》・棋聖《きせい》・王位《おうい》・王座《おうざ》・棋王《きおう》・王《おう》将《しょう》）があり、その他にも公式戦があって、対戦成績で順位を競っています。

「名人」になるには、まず名人に挑戦する権利を獲得しないといけません。プロ将棋界は、5段階に階級が分かれています。名人と戦うには、一番上のクラス、A級の10人に入らないとダメなのです。基本的に1年に1つずつしか昇級できないので、A級になるためには、最短でも5年はかかります。

しかも、成績が悪ければ降級することもあり、再び上のクラスに上がるのは至難《しなん》の業《わざ》。挑戦者になるだけでも大変なのです。

現在、１５５人のプロ棋士がいますが、そのうち、20代が32人。10代も2人います。僕より若い人がどんどん出てくるので、いつも背水《はいすい》の陣《じん》で戦っています。

将棋の試合を「対局《たいきょく》」と言いますが、僕は、２００４年度の1年間で32局、対局しました。平均して月に3~4局、週に1局ペースです。

1局ごとに指し手を考える持ち時間があり、その中で試合を進めていきます。名人戦だと持ち時間は9時間ずつで、2人合わせて18時間。一手指すのに何時間も考える人もいます。それだけ一手が大事なのです。

棋士はいつも何十手も先の展開を読んでいます。一手《いって》指すとその先に何千という手が考えられ、それを読み合うわけですから、相当な時間がかかるのです。今まで僕が指した最も長い対局は15時間。そのときは朝10時から始まって、終わったのは夜中の午前1時。でも、対局が終わったらすぐに帰れるわけではありません。そのあとすぐに、さっきまで指していた手を、「ここが良かった、悪かった」と最初から振り返る、「感想戦（リプレイ）」があります。結局、すべてが終わったのは、午前3時ごろでしたね。

このように、対局は時間がかかるので、途中でお茶を飲んだり、おやつを食べたり、ちょっと部屋から出て休憩する人もいます。自分の持ち時間は基本的に、何に使うかは自由です。時間が長いので、今日の夕食は何を食べようかなんて考えてしまうこともあります。

対局は週に1回しかないので、自由な時間は結構あります。でも、対局がない日でも、やっぱり将棋のことを考えてしまいます。1人で過去の対戦通りに駒を動かす棋譜《きふ》並べをしたり、詰め将棋をしたり。自由な時間をいかに有効に使うかが大事ですね。

棋士には、最後まであきらめない心と集中力が必要です。また、マイペースな人のほうが棋士には向いていると思います。相手の手に流されず、自分の考えだけで動かなくては勝てません。だから、人に流されないマイペースの姿勢が重要なのです。

将棋は人と人との対戦なので、おもしろい面がたくさんあります。相手が次にどう指してくるかをいくら考えても、まったく予期せぬ方向に試合が展開することもありますし、時には、間違ってメチャクチャな手を指してしまうこともあります。そこが将棋の魅力かもしれません。

将棋の棋士になったきっかけ

子どものころに決めた将来 その目標に一直線

僕が将棋を始めたのは4歳のとき。従兄弟《いとこ》のお兄ちゃんがやっていたのを見て興味を持ち、親に将棋の本を買ってもらって、熱中しました。地元の将棋クラブに通うようになり、小学校6年生のとき、棋士の養成機関「奨励《しょうれい》会」に入会しました。

奨励会は、関東と関西に1カ所ずつあります。僕は広島から新幹線で関西奨励会のある大阪まで、月2回通っていました。学校を休んで行くので、遠足気分で楽しかったですね。好きな将棋を強い人たちとできるし、当時からプロ棋士になりたいと思っていたので、辛《つら》いと感じたことはありませんでしたが、奨励会で勝ち上がるのは大変でした。

6級から始まり、三段までが奨励会で、三段リーグ戦を勝ち抜いた人がプロの四段になれます。プロになれるのは年に4人だけ。しかも、年齢制限があって、26歳までに四段に上がらないとプロの棋士にはなれないのです（一部特例あり）。

僕は三段になってからが大変でした。6期目の三段リーグで初めて3位に入り、手応《てごた》えを感じたのですが、それから敗退続き。なかなか四段に上がれず、結局昇格できたのは2年後、22歳のときでした。

年齢制限もあるし、もう棋士になれないのではと不安になったこともありました。「将来はプロ棋士になる」と子どものころから決めていたので、他の仕事を探す気にもなれず、気持ちばかりが焦《あせ》る時期もあって、プロになれたときは、本当にホッとしましたね。

奨励会のときは、棋士になるために絶対勝たないといけないというプレッシャーばかりでしたが、プロになって最初の1年は、強い人と対局できることが楽しくて仕方ありませんでした。将棋を楽しみながら、もっともっと勝ち進んで順位を上げ、タイトルホルダーと言われる強い人たちと戦いたいと思っています。

普段の対局はスーツ姿で行ないますが、格式あるタイトル戦のときは羽織袴《はおりはかま》を着て対局する人が多いです。僕もこれからどんどん順位を上げて、羽織袴を着て出ても恥ずかしくないような棋士になれたら、ひと揃い買いたいですね。

僕の目標は、将棋で上を目指すことはもちろんですが、将棋の楽しさ、素晴らしさをもっと多くの人に伝えることです。

そのために、将棋に関する記事や本を書いたり、人の前で話したり、といった活動もしていきたいと考えています。

POINT
この仕事につきたい！

街の将棋クラブなどで腕を磨いて、年に1回ある奨励会の試験を受けます。受験資格は「19歳以下で、四段以上のプロ棋士から推薦を受けた人」。試験（対局・筆記試験・面接）に合格すれば、棋士の卵としてスタートできます。

強い者だけが残れる弱肉強食《じゃくにくきょうしょく》の厳しい世界ですが、それだけに、とてもやりがいがある仕事です。

POINT
10代へのメッセージ

どんなに好きなことであっても、続けていくというのは決して楽《らく》なことではありません。でも、だからこそ得られる充実感も大きいはずです。みんな、大いに悩み、苦しみ、そして、やり抜け！

職業▶

ファイナンシャルプランナー

概要▶ ファイナンシャルプランナーは、ファイナンス（資金や収入）をいかに使うかをアドバイスする人のこと。「マイホームが欲しい」「子どものための教育資金を貯めたい」といった夢や目標を達成するためにはどうしたらいいか、お金に関する相談を受け、サポートします。経済や金融の専門的な知識が必要なため、ファイナンシャルプランナーになるには資格が必要です。

情報▶

ファイナンシャルプランナーの仕事とは？

金融、経済に精通し、家庭の将来を設計する

ファイナンシャルプランナーは、「FP」と省略されて呼ばれます。お金儲《もう》けのためではなく、ムダ遣《づか》いをなくしてお金を貯《た》める方法や、上手なお金の使い方をアドバイスする仕事です。もともとはアメリカで生まれ、個人投資家をサポートする専門家として広まりました。アメリカでは医師、弁護士と並び、生活に欠かせないアドバイザーと言われています。日本の場合、投資の相談もありますが、それ以上に一般の人から、お金の上手な貯め方や使い方を相談されることが多いですね。

INTERVIEW

氏名▶ 竹下《たけした》さくらさん

経歴▶ 竹下さんは1969年、兵庫県生まれ。大学を卒業後、保険会社に就職。ファイナンシャルプランナーの資格を取得し、30歳で独立しました。

ＦＰには2種類あって、銀行や保険会社などの企業に所属する人と、独立して自分の事務所を開く人がいます。銀行や保険会社に所属するＦＰは、お客さんに最も適した商品を販売するため、投資や保険に関する相談に乗ります。私のような事務所を構える独立系ＦＰは、一般の人を相手にお金に関する6つのジャンルの相談を受けます。

①結婚、出産、マイホーム、老後など、人生の節目《ふしめ》に必要なお金の貯め方などをアドバイスする「ライフプラン」②土地や建物を活用してお金を増やすための「不動産に関する相談」③株式や国《こく》債《さい》などの売買でお金を増やすための「金融《きんゆう》資産に関する相談」④保険の見直しや選び方をアドバイスする「保険に関する相談」⑤「税金に関する相談」⑥「相続・事業承継に関する相談」です。税金や相続の相談は、よりくわしい税理士や弁護士などの専門家に任《まか》せるケースもあります。

この6つの中で、私は保険に関する相談とライフプランが得意です。たとえば、妻と2人の子どもを持つ33歳のサラリーマンに、「2人の子どもの教育費が心配。今後の家計の見通しをしたい」という相談を受けたとします。その場合、「キャッシュフロー・シミュレーション」という、「何年後」「何のために」「いくら必要か」という予定表を作ります。今後30年間の年収と物価上昇率を予測し、子どもの入学費用や結婚資金といった人生のイベントに伴う支出を計算。そして、30年間で赤字になる時期があるかを検討し、赤字があれば対応策を考えます。これがＦＰの仕事です。

たとえば最近は、子どもが大学に進学したときに赤字になる家庭が多いので、その時期に合わせた学資保険や積立貯蓄を提案し、家計を細かく見直して、いかにムダを減らせるかをアドバイスすることも多いです。

ＦＰは、一人の人を長期的にサポートしていくこともあります。たとえば、初めに結婚資金の相談で来た人が、次は住宅資金、さらに教育資金の相談にも来るなど、続けて何度も相談を受けることがあります。

相談内容もさまざまです。以前、20件もの保険に入ってしまい、困って相談に来た人がいました。そこで、それぞれの保険内容を検証し、不要な保険を整理したところ、将来支払う予定だった保険料のうち、約７００万円を節約できました。

　しかし、人によってライフスタイルや家族構成が違うので、いつも同じようなアドバイスというわけにはいきません。少しでもいいアドバイスができるよう、保険や年金の制度や法律を勉強したり、株価や金利などのマネーデータをチェックしたりしています。学生時代より今のほうが、はるかに勉強していますね。

ファイナンシャルプランナーになったきっかけ

生活に役立つことを学び、お金と心の相談にのる

　ＦＰというと計算が得意というイメージがあるかもしれませんが、私は子どものころから算数が大の苦手。外で遊ぶのが好きなアウトドア派で、勉強もそこそこに、登山や無人島でのサマーキャンプに参加したり、柔道や空手、合気道を習ったりしていました。今に共通していることと言えば、お金に関してしっかりしていたことですね。高校時代、毎月のお小遣いは３０００円。節約してお金をやりくりし、月に1回クレープ屋さんに行くのが楽しみでした。

　将来の進路について、高校時代にすごく悩みました。警察の道場で柔道を習っていたので、婦人警官になりたかったのですが、身長制限があって、それに足りなかったのです。将来の目標を失った私は、環境を変えるために東京の大学に進学しました。大学では生活に身近で役立つことを勉強しようと、「保険」を専攻。卒業後、保険会社に就職し、新しい保険プランを考える仕事に就《つ》きました。

　ＦＰに興味を持ったのは、知人から保険の見直しについて相談されたのがきっかけです。お金の話は、家族同士だと感情的になって余計ゴタゴタしてしまうところがある難しい問題。それに応《こた》えてあげられる仕事って、いいなと思いました。そのときちょうど、社内でＦＰの研修に参加したい人を募集していたので、飛びつきました。ＦＰになるには資格を取らないといけません。ＦＰの資格には、日本ＦＰ協会が認定する民間資格「ＡＦＰ」と、国家資格の「ＦＰ技能士」の2種類があります。どちらの資格でもFPの仕事はできます。

私は24歳のときに「AFP」を取得し、翌年、自分のマンションを買う機会にさらに勉強して、「AFP」の上の資格、国際ライセンスの「CFP」も取りました。

その後結婚し、30歳で子どもが生まれたのをきっかけに会社を辞め、FPの資格を活《い》かすために独立しました。最初のうちは、初対面の人に、お金という非常にプライベートな部分に突っ込んで話を聞くのが難しかったですね。そういった部分もちゃんと聞くには、相手とうまくコミュニケーションが取れないといけません。この能力を高めるため、私は今、通信制の大学で心理学を勉強中です。

お金の悩みと心の悩みは切り離せない問題で、お金のトラブルで心がすさんだり、家族関係が悪くなったりする人がたくさんいます。私はそういう人の心のケアもできるFPになりたいと思い、心理学を勉強しているのです。

お金の相談はもちろん、心の相談にものれるFPを目指しています。

POINT

この仕事につきたい！

まずは、FPの資格を取ります。受験資格はありませんが、試験には金融や保険、法律に関する専門的な問題が出るので、ある程度勉強しないと難しいようです。資格を取っても、いきなり独立できる人は少なく、最初は保険会社などに就職して、FPの経験を積んだあと、独立するのが一般的です。

お金に関する相談は、今後ますます増えてくるので、必要とされる仕事になるでしょう。

POINT

10代へのメッセージ

FPは、1985年ごろにようやく日本に入ってきた仕事です。今は世の中に存在していなくても、将来、形になる新しい仕事もあると思うので、自分がどんなことが好きなのかという感性を、大切にしてください。

職業▶ 司《し》書《しょ》

概要▶ 司書は図書館に勤める専門職員のこと。カウンターで本の貸し出しをしたり、図書館が購入する本を選んだり、本をジャンルごとに分類、管理し、利用者からの問い合わせに応えるなど、いろいろな仕事があります。本を好きなことも大事ですが、それだけでは司書の仕事は務まりません。図書館利用者と接することが多いので、人とのコミュニケーション能力も必要な仕事です。

情報▶

INTERVIEW

氏名▶ 越《こし》路《じ》ひろのさん

経歴▶ 越路さんは1976年、東京都生まれ。大学時代から図書館でアルバイトをし、卒業後、司書の資格を取得、23歳のとき、東京都調布市立図書館の司書になりました。現在は、調布市立図書館富士見分館に勤務しています。

司書の仕事とは?

高い専門性と知識が必要な本のエキスパート

現在、公立の図書館は全国に約２８００館あります。私が勤める調布市には全部で11の図書館があって、合わせて１００万冊の本を所蔵しています。そのうちのひとつ、富士見分館が私の職場です。富士見分館には５万冊の本があり、多い日は１日に５００冊程度の貸出があります。私を含めた２人の職員と、嘱託《しょくたく》スタッフ６人の計８人で管理しています。

司書の仕事のひとつは本を購入し、それを本棚に分類して並べることです。図書館の本は市の予算内で、毎週新しいものを購入します。富士見分館では、週に2万〜3万円分、約30冊の本を買っています。書店が新刊の見本を貸してくれるので、それを司書が読んで選びます。貸出状況や利用者のリクエスト、話題性、所蔵状況、収集方針などを考慮して決めるのですが、基本的には各図書館の司書に任《まか》せられています。なるべく内容が偏《かたよ》らないよう、いろいろなジャンルの本を購入することを心がけています。私は毎週、１００冊くらいの本に目を通しています。

本が届いたら、乱丁《らんちょう》（ページの順番が間違っていたりすること）や分類を確認します。本の分類は、哲学の本なら１００番台、歴史は２００番台、経済や法律は３００番台というような、ジャンルごとの番号が全国共通で決められているので、その番号通りに分類していきます。

利用者が本を検索《けんさく》できるように、分類番号、タイトル、著者名、発行年月日などのデータをコンピュータに入力。最後に、バーコードを本に貼り、傷《いた》まないようビニールを張って本棚に並べます。こうしてやっと、新しい本が棚に並ぶのです。

購入する本を選ぶには、分類学など司書としての専門知識も必要で、当館では2人の司書で分担しています。

図書館では毎週、たくさんの本を買っているので、購入すると同時に「除架《じょか》」という、要《い》らないと判断した本を棚から取り除く作業も行ないます。古い本や汚れがひどい本から取り除いていきますが、特に医学や法律の本は内容がどんどん新しく変わるので、優先的に取り除きます。古くても、人気のある有名作家の小説などは新しく買い換えています。

図書館がたまに、1週間ほどまとまって休むことがあるのをご存じですか？「図書整理期間」と言って、その間に所蔵する本がちゃんとあるかどうかの確認をするのです。棚にあるすべての本を1冊1冊コンピュータでチェックするため、すごく時間のかかる作業です。確認が終わったら、必要に応じて本の配置を変えます。最近だとパソコンやビジネス関連の本が増えていますが、その時代によって本の需要は変わります。人気のある分野の本を、大きな本棚に移動させるのです。本はすごく重たいので、大変な重労働です。

司書にはもうひとつ、大事な仕事があります。利用者からの問い合わせに応《こた》える、「レファレンス業務」です。探す本のタイトルがわかっていれば、どこにあるのかすぐに検索できますが、わからない場合は大変です。

以前、「日本画の地獄絵図が見たい」とか「江戸時代、初鰹《がつお》を長屋の住人が買っている絵が見たい」という問い合わせがあったときは、画集や浮世絵の本をひっくり返して必死で探しました。それで何とか見つけることができ、大変喜んでもらえました。

図書館にはたくさんの利用者が来て、いろいろな相談をされるので、あらゆるジャンルの本について知識がないと対応し切れません。そのため、司書の仲間と勉強会を開いています。

司書になったきっかけ

本が好きだからこそ出あえた天職

私は読書好きの子どもでした。小学生のころから週1回は図書館に通い、児童書や小説、マンガなど、本当にいろいろなジャンルの本を読みました。高校の世界史の先生がまたおもしろい人で、歴史に興味を持ち、大学では昔の人々の生活について学びました。大学4年生のとき、いつも通っていた図書館で半年間アルバイトをし、初めて図書館の裏側を見て、司書の仕事を知りました。

就職先として、本が好きだったので出版社を受けましたが、全部落ちてしまいました。2年目も受からず、結局フリーターに。それでも、やっぱり本に関係する仕事に就《つ》きたいと思い、司書になることを考えました。

司書の資格を取るには、大学や短期大学で司書になるための授業を受けるか、大学を卒業した人が、2~3カ月の司書講習を受けて取ります。私は司書講習に通って、資格を取りました。勉強する科目は、「図書館概論《がいろん》」（図書館の歴史や仕組みの勉強）、「資料組織概説」（分類や目録《もくろく》の勉強）、「レファレンスサービス演習」（問い合わせ対応）などです。

しかし、資格を取ったからといって、すぐ司書になれるわけではありません。公立図書館の場合、各自治体の公務員試験を受けなくてはならないのです。私は無事、調布市の試験に合格することができました。調布市の場合、新人は中央図書館に配属されて経験を積みます。

私は最初、児童サービスの担当でした。児童サービスの担当には、子ども向けのお話し会という仕事があります。その会を初めて担当したとき、いきなりショックな出来事がありました。私がおもしろいと思って必死で選んだ絵本を読み聞かせたのですが、聞いていた子どもたちに、「つまらない」と言われてしまったのです。このときはさすがに落ち込みましたが、続けていくうちに、子どもが好きな本の選び方や上手な読み方がわかるようになりました。また、子どもたちの反応を見ながら読めるよう、できるだけ絵本を暗記する努力もしています。このお話し会は分館に移った今も続けています。昔の絵本を読んでいると、子どものころ、母親に読んでもらったなつかしい本にも出あえるので、楽しいですよ。

これからも、子どもたちに本の楽しさを伝えられて、利用者からのどんな問い合わせにも応《こた》えられる司書を目指して、頑張っていきたいです。

POINT
この仕事につきたい!

大学や短期大学で司書に必要な授業を受けるか、卒業後に司書講習を受けて資格を取ります。通信制の司書講習もあります。資格取得後、公立図書館なら各自治体の公務員試験を受け、私立なら企業や大学など、それぞれの採用試験を受けます。

本は世の中の流行や変化の影響を強く受けるので、司書になるには常に知的好奇心を持つように心がけるとよいでしょう。

POINT
10代へのメッセージ

本は行ったことのない場所に連れて行ってくれたり、人生を何倍にも豊かにしてくれます。皆さん、気が向いたら読書をしましょう!

職業
秘《ひ》書《しょ》

概要
秘書とは、企業の経営者や政治家など、忙しい職業の人たちが仕事に専念できるように補佐をする人です。秘書の仕事は上司のスケジュール管理や、社内・社外の人たちに対応する窓口役など、いろいろあります。上司が何を求めているのか、自分で判断して行動できるのが一流の秘書です。的確な事務処理能力は不可欠。社会人としてのマナーや言葉遣いはもちろんのこと、社交性や人柄も重要です。

情報
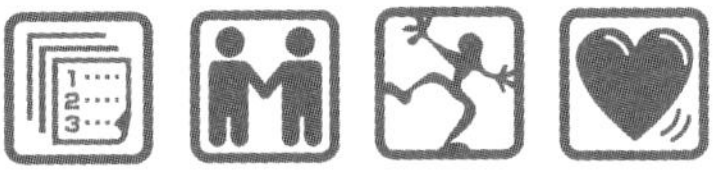

INTERVIEW

氏名
江原かす美《えばらかすみ》さん

経歴
江原さんは1972年、千葉県生まれ。大学を卒業して日本の企業に入社し、秘書になりました。その後、国際秘書検定に合格し、現在は外資系企業で社長秘書を務《つと》めています。

秘書の仕事とは?

求められる業務は多種多様 オールマイティな能力が必要

私の上司《じょうし》は日本人ですが、社内には外国人のスタッフもたくさんいて、日本語と英語を使い分けながら仕事をしています。

秘書は上司を補佐する仕事です。社長だけでなく、他の役員の個人秘書もいますし、ひとつの部署を担当する秘書もいます。たとえば、営業部付の秘書や技術部付の秘書は、その部署の社員全員をサポートします。

テレビドラマでよく見るのは、社長や役員を補佐する秘書が集まっている部屋のシーンですが、このような部屋があるのは日本の企業で、外資系の会社ではあまり見られません。実際、私の席は社長室の扉に一番近い所にあり、門番のような役割もしています。

秘書というと、ずっと上司と一緒に行動しているというイメージがあるかもしれませんが、実はそうではありません。私の場合は会社で待機し、上司がいない間、代わりに連絡を受けるなどしています。

仕事内容は多種多様です。上司のスケジュール管理や、上司の名前で出すお礼状、経費の精算、出張の旅程表作りや滞在先のホテルの手配、訪問先企業との連絡、グループ企業内の海外の秘書とのやり取りなどです。また、外国語で書かれた資料を日本語に翻訳《ほんやく》したり、逆に日本語から外国語にすることもあります。忙しい上司が本業に専念できるように、業務を効率よく補佐するのが秘書なのです。

秘書の仕事の中で、私が特に気をつけているのは、上司のスケジュール管理です。企業経営者にはたくさんの人から「会いたい」という連絡が来るので、なるべく多くの方に効率よく会えるよう工夫することが大事です。

上司が不在のとき、同じ時間に予定が重なってしまったら、私が仕事の優先順位を決めることもあります。

正しい判断をするためには、秘書は上司の仕事内容や重要度をしっかり理解しておかないといけません。また、それができれば、上司も秘書を信頼してくれるのです。

秘書はひとつのことにじっくり取り組む時間がなく、いろいろな業務を同時に行なうので大変です。しかし、能力次第で通訳などの仕事までできる、非常にやりがいのある仕事です。私はたくさんの業務を同時に、効率よくやるために、付せん紙を活用しています。頼まれた仕事はすぐに付せん紙に書き込み、机の上に置いてある「やることリスト」に貼《は》って、先にやるべき仕事から片付けます。

そして、終わったものから剥《は》がしていけば、まだ残っている仕事がひと目でわかり、忘れずにすむのです。

このような工夫は私だけでなく、秘書なら皆さんしていると思います。

秘書になったきっかけ

あこがれをすべてかなえる仕事にたどり着く

私は子どものころ、飛行機のキャビンアテンダント（客室乗務員）にあこがれていました。実家が成田空港に近いので、飛行機を毎日見ていましたし、母親がキャビンアテンダントにあこがれていたこともあり、小さな頃から職業として意識していたからです。

キャビンアテンダントになるためには、英語力が必要だと思い、小学校から英語教室に通い始め、世界中を飛びまわる体力をつけようと、水泳教室にも通いました。それ以外にもピアノ、バレエ、書道、そろばんなど、毎日違う習い事に通ったものです。

そこまでしてなりたかったキャビンアテンダントですが、身長が伸びなかったのであきらめざるを得ませんでした。そのあとは、好きな英語が活《い》かせる仕事がしたかったので、通訳になりたいと思うようになりました。

そんな私が秘書に興味を持ったのは、高校生のときです。外国映画で見たベテラン秘書がテキパキと仕事をする姿にあこがれました。そこで秘書の仕事を理解しようと、大学時代に秘書検定3級と2級を取得しました。

さらに、就職活動中、英語と秘書をキーワードに本を探していたところ、『国際秘書への道』という本に出あったのです。

その本を読んで、外資系企業に勤める国際秘書には、キャビンアテンダントのような心配りや接客マナーと、通訳のような英語力の両方が必要だと知りました。国際秘書になれば、私が昔から憧れてきたものすべてがかなえられると思い、目指すことにしたのです。

大学を卒業してすぐに外資系企業で働きたかったのですが、外資系で新卒者をいきなり秘書として採用する企業が見つからなかったので、とりあえず日本の企業に就職し、部署を担当する秘書になりました。

新人のころは敬語の使い方や接客で上司によく注意され、毎日が勉強でした。

就職してからも、国際秘書に転職するチャンスが来たときにものにできるように準備をしてきました。

英文の手紙の書き方から翻訳まで、ビジネス英語を市販のテキストやセミナーに通って勉強したのです。

また、企業を経営する社長の秘書になるためには、秘書も経営の基本を知らなくては、サポートできません。そこで、経営書を読むほか、週末に専門学校で英文会計や簿記を勉強しました。

そして、2002年に国際秘書検定に合格したあと、機会があって外資系企業の秘書に転職しました。

秘書の仕事は、大きなプロジェクトに直接関わることはあまりありません。しかし、上司が無事にプロジェクトを終え、その成功のためのサポートができたとき、秘書としてのやりがいを感じます。

私はこれからもずっと秘書を続けていきたいと思っています。

POINT この仕事につきたい！

大学を卒業して企業に就職するのが一般的。資格は、実務技能検定協会が行なう「秘書技能検定」と、日本秘書協会が行なう「国際秘書検定」の2種類。「秘書技能検定」は秘書としての態度や常識、マナーなどが問われ、「国際秘書検定」は、国際化時代の秘書に必要な知識や技能を持ち、日英両語に堪能な秘書のスタンダードとなるの資格で、より高い専門性や英語力も問われます。

POINT 10代へのメッセージ

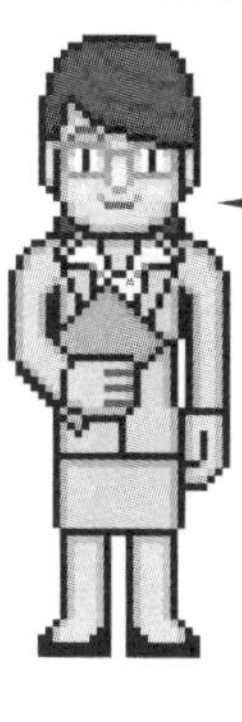

何にせよ、熱中できるものを見つけたらいいですよ。そこから得られる経験や友情は、何物にも代えがたい財産になると思います。なりたい自分に向かって頑張ってください。

職業 ▶

キュレーター

概要 ▶ 博物館や美術館などに勤める学芸員の中でも、収集した歴史的遺物や美術品などの研究を行ない、展示を企画する人を英語でキュレーターと言います。歴史や美術、科学、生物など、自分の専門知識を駆使して、展覧会を開きます。博物館にある貴重な展示品を管理するのも、大事な仕事です。キュレーターは博物館や美術館と私たちを結びつけてくれます。

情報 ▶

INTERVIEW

氏名 ▶ 竹内奈美子《たけうちなみこ》さん

経歴 ▶ 竹内さんは1967年、神奈川県生まれ。大学院で日本美術史を専攻し、卒業後は伝統のある東京国立博物館に、研究員として就職しました。現在は、漆工芸品の管理や展示などを担当しています。

キュレーターの仕事とは？

歴史的な美術品を研究し、人々にわかりやすく紹介する

私が勤めている東京・上野にある東京国立博《とうきょうこくりつはく》物館《ぶつかん》は、明治5年から続く日本初の博物館です。絵画、彫刻、書跡、陶磁器、染織《せんしょく》、武具《ぶぐ》、漆工《しっこう》など、いろいろなものが展示されていて、中には教科書に出てくるような国宝もあります。博物館で取り扱うものは、私たちの祖先が大事に伝えてきたものです。自分たちの代で壊したりするわけにはいきませんから、責任重大な仕事だと思っています。

歴史ある博物館なので所蔵品も多く、すべて展示できるわけではありません。また、所蔵品には光や温湿度の変化に弱いものも多く、ほとんどは収蔵庫にしまってあるのです。展示するときも、照明を暗くしたり、空調で温度や湿度を管理したりと気をつけますが、それでも長い期間展示したままでは傷《いた》んでしまうので、大体8～12週間くらいで収蔵庫にしまいます。どれを展示し、どれをしまうかはキュレーターが決めます。また、収蔵してあるものを定期的に点検して、変化がないかを確認するのも、日本ではキュレーターの仕事です。

　私の専門は、日本で作られた漆工芸品です。器や箱など、約４０００件を管理しています。今は主に蒔絵《まきえ》の研究をしています。漆塗りのお椀《わん》や重箱に金色で図柄が描かれていることがありますよね？　それが「蒔絵」です。木で作った箱や器に漆を塗り、さらに漆で図柄を描いて、その上から金粉を蒔《ま》きます。すると、漆の部分に金粉が張り付いて、きれいな金色の絵になるのです。

　博物館の展示には、いつも開いている「平常展」と、期間を決めて開催する「特別展」があります。キュレーターの仕事としてよく知られているのが、特別展を企画して、実現させることです。

　特別展を実現させるためには、まず資料を集めて企画書を作り、その企画が通ったら必要な作品を集める段取りをします。展示品は全国のいろいろな博物館・美術館やお寺、神社などに所蔵されているので、それぞれ所有者に貸していただけるように、お願いしてまわります。長い距離を運ぶのは作品にダメージを与えるのではと心配なさる方もいて、すんなりと決まらないことも少なくありません。信用していただけるまで、何回も通ったという話をよく聞きます。私たちはお借りするときも必ず現地まで行って、直接受け取ります。運搬は美術品輸送専門の業者に頼むのですが、私たちも同行します。

　また開催日が近づいてくると、展示する作品の図録を編集して、解説文を書き、最後に集めた作品を陳列します。

　展示について、キュレーターが解説をする場合もあります。お客さんから話に則《そく》した質問を受けると、「意図が伝わったんだな」とうれしくなりますね。

展覧会を開催するのは、お客さんに作品のよさを知ってもらいたいという思いが一番ですが、私自身の勉強のためにも大いに役立ちます。いろいろな作品を集めて見比べることで、新たな発見をすることもあるのです。また、古美術品の場合は作品の保存上、展示できる期間が限られるので、まったく同じ作品が集まる展覧会は、まず2度とできません。展覧会は一期一会《いちごいちえ》なのです。

キュレーターになったきっかけ

大好きな展覧会を自分で開く その夢をかなえるために

私は子どものころから、アンティークなものに興味があったわけではありません。ただ、神奈川県・鎌倉の近くに住んでいたのでお寺巡りをしたり、家族と美術展に行ったりはしていました。

中学生のころの夢は、漫画家になることでした。『キャンディ・キャンディ』などの少女漫画が大好きで、授業中はいつも、ノートに漫画のキャラクターを描いていたものです。部活動も中学校、高校と美術部に所属していました。しかし、そこには自分より絵が上手な人がたくさんいて、漫画家は無理だとあきらめました。ただ、そうはいっても絵を描くことは好きなので、デザインの仕事がしたいと思っていました。

子どものころからお寺をよく見ていたこともあって、建築デザイナーにあこがれたのですが、大本命として受験した大学に不合格。「美術の歴史もおもしろそうだな」と思って受けた第2志望の史学科に受かったので、そちらに進んだのです。

学生時代は趣味と勉強をかねてに週1回くらい、いろいろな展覧会を見にいくようになりました。そうやって博物館や美術館に通ううち、「展覧会の企画に関わってみたい」と思い始めたのです。そして、キュレーターという仕事を知り、すぐ学芸員の資格を取りました。さらに大学院に進学したほうが就職に有利だと聞いたので、大学院へ。蒔絵の魅力にとりつかれ、卒業後、東京国立博物館に就職しました。

新人時代には先輩から、「作品の触り方を知らないうちは、絶対に触るな」と言われ、ただ見ているだけ。しばらくしてやっと、作品の入っていない収納用の空箱を触らせてもらえるようになりました。初めて蒔絵の箱を持ったときは緊張しましたが、手に汗をかくと作品を傷めるので、平常心を心がけました。「あせるな。でも、手際《てぎわ》よく扱わないと、結局は作品に負担がかかる」と言われ、本当に難しかったですね。

　また、先輩からアドバイスされた中のひとつに、「専門分野の作品をコレクションするな」というものがあります。自分で収集を始めると、自分の持っているものがよく見えてしまい、作品を正しく評価することができなくなってしまうからです。

　展示中は、閉館してから夜中に作業することもあり、夜遅くなっても原稿を書かなければならないので、キュレーターは寝不足の日が続いたりします。また、予算などお金の計算ができないと企画書が作れないので、一日中机に向かって計算ばかりしている日もあります。辛《つら》いこともありますが、普通は触れることのできない貴重な作品を調査することができるので、とても勉強になります。

POINT この仕事につきたい！

　キュレーターの専門分野は、絵画や彫刻などの芸術品、遺跡から出土する土器、科学技術や動植物などいろいろあります。まずは自分の好きな研究対象を見つけることが大事。

　そして大学で、文部科学省が認定する「学芸員」の資格を取ります。この資格がないと、美術館や博物館のキュレーターにはなれません。研究職でもあるので、できれば大学院で勉強したほうがいいでしょう。

POINT 10代へのメッセージ

　皆が皆、そう簡単に就《つ》きたい職業を見つけられるものではありません。自分が興味を持てるものは何か、何をよいと感じるのか、自分で自分の気持ちを問い続けてほしいと思います。そうすることによって、だんだん自分のやりたいことが見えてくるはずです。あせらずに、あきらめずに、気長に探してみてください。

職業▶

花火師《はなびし》

概要▶ 花火師とは、花火を作って、花火大会で打ち上げる人のことです。一番忙しい夏の花火大会に向けて、前の年の冬から製造を始めます。最近は夏だけでなく、クリスマスや新年のカウントダウンイベントなどでも花火を打ち上げることが多く、活躍の機会が増えています。中には、イベント全体の演出を手がける花火師もいます。

情報▶

INTERVIEW

氏名▶

天野安喜子《あまのあきこ》さん

経歴▶ 天野さんは1970年、東京都生まれ。江戸時代から350年近く続いている花火師「鍵《かぎ》屋」の15代目です。大学を卒業後、花火の修業を積んで花火師になり、今では1万発もの花火を打ち上げる大きな花火大会の演出なども手がけています。

花火師の仕事とは？

一瞬の美を生み出すためにたゆまぬ努力と、大いなる工夫

花火大会で打ち上げる大きな花火は、紙で覆《おお》われた球体でできています。花火大会の目玉に、「尺玉《しゃくだま》」と呼ばれる大きな花火が上がりますが、尺は昔の長さの単位で、一尺が約30センチ。つまり、直径30センチの花火玉なのです。その尺玉が上空で開くと、直径300メートルにもなります。

花火玉の中には、「星」と呼ばれる小さな火薬の塊と、花火を空中で割る強力な火薬「割薬《わりやく》」が入っています。星は花火が空で開いたときに赤や黄色に光る部分です。この星に使う火薬は、燃える薬品や金属粉を混《ま》ぜ合わせて作りますが、この金属粉の種類によって、星が燃えたときの色が、赤・青・緑・黄・金などに変わり、バラエティ豊かな花火ができるのです。導火線の火が割薬に引火し、爆発してたくさんの星を飛ばし、星が燃えて赤や黄、青などの光を放って一気に飛び散る。これが花火の仕組みです。

花火作りは、星や割薬を作る火薬の配合から始まります。特に割薬に使う火薬は破壊力があるので、作るには熟練《じゅくれん》した技術が必要です。火薬を丸めて星を作り、お椀《わん》のような形をした花火玉の半分に星と割薬を詰め、それを2つ張り合わせて玉にします。この時の星の詰め方で、開いたときの花火の形が決まります。

最近は、アニメキャラクターの顔やハート型の花火をよく見ると思いますが、これは顔の形やハートの形になるように星を置いているのです。玉ができたら、そのまわりに紙を貼って完成。これらの作業は分担して、流れ作業で行ないます。

花火作りの天敵《てんてき》は静電気です。静電気が発生すると、火薬に火が付く可能性があるからです。夏の花火大会に向けて、静電気の発生しやすい冬場から作り始めるので、常に細心の注意を払って作業をしなければなりません。

花火を打ち上げるのも、花火師の仕事。発射に使う筒に打ち上げ用の火薬と花火玉を入れ、火をつけて打ち上げます。昔は、職人が一つひとつ火をつけていましたが、今は電気を使って離れた場所からでも点火できますし、コンピューターに花火を打ち上げる順番やタイミングまでもプログラムして、音楽に合わせて打ち上げるといった演出もできるようになりました。

花火大会はやはり真夏に開催されることが多く、炎天下での準備作業は本当に大変です。そこで、いつも帽子の下に保冷剤を入れて、頭を冷やしながら作業を行ないます。また、欠かさず持っているのが「塩」。大量の汗をかくので、体の塩分が足りなくなるのを防ぐために、少しずつ塩をなめるのです。そして、花火の打ち上げ中は安全対策のためヘルメットとゴーグルをして作業しています。

私は今、花火大会の演出をメインにしています。

会場の大きさや観客席の位置などを考えて、打ち上げる花火やその順番、打ち上げのタイミングを決める仕事です。花火は形や色、大きさ、上空で開く高さなど、会場に合ったものを選びます。

花火大会の本番に向けて、打ち上げる順番やタイミングを細かく書いた台本を作ります。夏の花火大会では、迫力や雄大さを出す「音」を重視し、冬は「色」で暖かさ、やさしさを表現します。私が特にこだわっているのは「音」。花火の音は「発射音」「上空に上がる音」「花火玉が割れる開花音」、そして「花火の効果音」という4つの音で構成されていて、これらの音がリズムよく聞こえるタイミングで、花火を打ち上げないといけません。とても難しいことですが、うまくいって、皆さんの歓声が聞こえたときは最高です。

花火師になったきっかけ

伝統を大切に受け継ぎ、自分らしい花火を完成させる

私の家は、江戸時代初期の1659年から続いている花火屋です。私は3人姉妹で、真ん中の私が家を継ぎました。

花火師になろうと思ったのは、小学校2年生の時。働く父の姿を見て、かっこいいとあこがれたのです。また同じころ、父が柔道教室を始めたのがきっかけで、柔道にも熱中しました。中学生から全日本の強化選手になり、高校時代は福岡国際女子柔道選手権大会に日本代表で出場して3位に入賞するくらいまで頑張りました。

父はもともと優しい人ですが、約束事を守らなければ厳しい人です。子どものころ、海に遊びに行って日焼けをしてしまい、柔道着を着ると肌が痛いので練習を休もうと思ったら、大目玉を食らいました。それ以来、大人になってからも海には行っていません。

私の家には、父の決めた家訓があります。「挨拶《あいさつ》をしっかりしろ」「人前では泣くな（感情を表に出すな）」「家を一歩出たら、まわりの目を意識して責任ある行動を取れ」などで、これらを守らなければ、また大目玉です。

柔道に打ち込んだ大学を卒業後、山梨県にある花火製造会社で2年間、花火作りの修業をしました。修業は厳しく、1年目は先輩の仕事を見るのが中心の勉強でした。辛《つら》い毎日でしたが、最後には卒業製作として一《いち》から花火を作り、自分で打ち上げました。ちゃんと打ち上がったときは、涙が出るほどうれしかったですね。

その後、家を継《つ》ぎましたが、プレッシャーはありました。鍵《かぎ》屋は江戸時代から続く老舗の花火屋で、さらに、私は鍵屋で初の女性花火師。今でも15代目の暖簾《のれん》が重いと感じることもあります。

私の祖父の13代目は、花火の歴史を研究して本にまとめ、14代目の父は新しい色の花火や遠隔操作による打ち上げ方式を開発しました。今、私がこの仕事をできるのは、先代が残してきたものがあるからです。

昔からの伝統を大切にしながら、人を感動させられる自分らしい花火を作っていきたいと思います。そして、「15代目の花火の音っていいよね」と言われるようになりたいですね。

私は今、日本大学芸術学部の大学院に通っています。花火が人にどんな感動を与えるのか、花火と人との関係を研究しているのです。花火の文化が永遠に続いていくための力となるような、よい研究成果を上げられるように、頑張りたいと思っています。

POINT

この仕事につきたい！

花火の製造会社に入って、花火作りを学びます。また、花火を打ち上げるには、日本煙火協会が発行する資格が必要で、毎年講習を受けないといけません。さらに、現場監督になるには、火薬を扱うための「火薬類取扱保安責任者」という資格が必要です。

花火師は一見華やかな仕事ですが、花火作りは地道な作業です。何でもコツコツやれる努力家でないと続きません。

POINT

10代へのメッセージ

いろいろな体験をして、知識と経験の引き出しをたくさん持てるようにしてください。

職業▶ 宮大工《みやだいく》

概要▶ 宮大工とは、日本の伝統的な建物を専門に扱う大工さんで、神社やお寺を建てたり、修復したりします。そのため、一般の住宅を建てるのとは違った独特の技術が必要で、その技術は国の「選定保存技術」に指定されています。神社やお寺を建てるために使う木材は大きくて高価なものが多く、しかも貴重な文化財の修復工事を引き受けることもあるため、大変責任が重い仕事です。

情報▶ 

INTERVIEW

氏名▶ 杉本《すぎもと》　強《つとむ》さん

経歴▶ 杉本さんは1975年、静岡県生まれ。大学で建築学を学び、卒業後、名古屋市にある宮大工の会社に入社。現在は、鶴岡《つるがおか》八幡宮《はちまんぐう》（神奈川県鎌倉市）の改修工事で、現場責任者を務《つと》めています。

宮大工の仕事とは?

歴史ある建物 匠の技を後世に残す

僕はこれまで、神社や山門《さんもん》の修復工事や、お寺の回廊《かいろう》の増築工事などを手がけてきました。神社仏閣《ぶっかく》の修復工事は、歴史のある建物を直すわけですから、慎重に行なわないといけません。工事には何年という長い時間がかかります。だから、僕たちの仕事は、先輩たちがそれまで何年もかけて続けてきた工事を、引き継いでお手伝いするという形が多いですね。

僕が一《いち》から建てたのは、埼玉県熊谷市にある八《はち》幡《まん》神社が最初です。神社やお寺を建てるには、非常に大きな材木を使うので、調達に苦労します。なぜ大きな木が必要かというと、屋根が反《そ》った形をしていて、その曲線を作るには大きな木を削るしかないからです。また、木を削るのに使う道具は、ノコギリ、ノミ、カンナ、さしがねなど、普通の大工さんと同じですが、屋根の曲線を作るために曲線が削れるようカンナを改造しています。いかに適材適所の道具を造り出すかが、宮大工の大事な仕事のひとつなのです。

　神社仏閣の建築が普通の住宅と最も違うところは、木の特徴を考えて建てなくてはならないということです。神社仏閣の屋根には銅板《どうばん》や瓦《かわら》が使われていますが、それ以外のほとんどは木が使われています。木というものは、建物に使用されるために加工されても、まだ生きて呼吸しています。だから、長い月日が経《た》つと変形し、無理な力がかかって割れてしまうことがあるのです。そのため、木をぴったりとくっつけて組み立てる方法もありますが、わざと少し隙間《すきま》を作るように組み立てることもあります。木が変形しても大丈夫なくらいの隙間を作って組み立てるには、熟練した技と経験が必要です。

　また、木は乾燥すると強度が出ます。つまり、建物が完成したあと、木は朽《く》ちていくのではなく、どんどん強くなって、永久に残るのです。だから宮大工は、建物を永久に残すつもりで建てなくてはいけません。しかし、永久に残ると言っても、虫に食われたり、地震にあったりすることもあるので、何十年先でも、その時代の宮大工が修復できるように、必ず設計図のようなものを描いて、工事の内容を記録します。

　今、僕が工事を担当している鎌倉の鶴岡《つるがおか》八幡宮は江戸時代末期に建てられたものですが、そのときの工事記録が残っているんですよ。鶴岡八幡宮の修復工事はもう5年間も続いていて、大きな神社なので工事に携わる人もたくさんいます。宮大工15人、漆《うるし》職人20人、屋根の銅板葺《どうばんぶき》の職人が10人など、全国から一流の職人さんが集まっています。

　鶴岡八幡宮の工事をしていて驚いたのは、建物の形がぴったりと左右対称なこと。昔は正確な巻尺などありませんし、ひとつの神社を大勢の職人で作るので、右と左の材木の大きさが微妙に違うのが普通です。しかし、鶴岡八幡宮は一つひとつが、まったく同じ大きさに仕上がっており、非常に丁寧《ていねい》に作られています。また、雨漏《も》りがしない工夫もあって、外からは見えませんが下地には、普通だと一重の杉板敷が、三重の構造にまでヒノキ板が敷きつめてあるのです。こういう構造は、他の神社では今まで見たことがありません。

　このように、工事をしていると昔の職人さんの技術に驚かされることが度々《たびたび》あります。いくら書物で勉強しても、書物にはない未知の技術が隠されていることもあります。そういう技術の第一発見者になれるのも、宮大工の魅力です。さらに、発見した技術を吸収し、自分でアレンジして、新しい手法を作り出します。そして、それを未来の職人に引き継いでいくことが、現在の宮大工に課せられた使命だと思っています。

宮大工になったきっかけ

木造建築はハートで建てる

僕は子どものころ、剣道やバスケットボールに熱中したスポーツ少年でした。剣道は、今でも近くの道場で稽古《けいこ》をしています。

　父が大工なので、子どものころから何となく大工に興味を持っていて、大学では建築学を学びました。初めは一般の家を建てる普通の大工になろうと思っていたのですが、大学のゼミでヨーロッパ研修に行ったのがきっかけで、宮大工になることを決意しました。ヨーロッパで、石やレンガを積み重ねた歴史的な建物を見て感動し、僕も日本の伝統や文化を残す仕事がしたいと思ったのです。その後、大学の先生に紹介してもらった宮大工の会社に就職し、修業を始めました。

　新人はまず、掃除や炊事《すいじ》などの雑用から始めます。そして、先輩に道具を持って行くなどアシスタントのような仕事をしながら、道具の使い方を覚えていくと、「それ削《けず》っておいて」などと頼まれるようになります。これは先輩からの抜き打ちテストみたいなものです。このとき、頼まれたことができないと、次の仕事を頼まれません。僕はどんな状態でも対応できるように、隠れて練習をしましたし、道具の手入れも欠かしませんでした。

修業はやはり厳しいので、辞める人は多くなります。でも、それを乗り越えなければ、伝統の技術を習得することはできません。

僕が宮大工になると言ったとき、大工の厳しさを知る父は反対しましたが、必死に説得して理解してもらいました。宮大工になって初めて実家に帰ったとき父は、「仕事道具を見せろ」と言いました。道具は職人の命なので、それを見て、僕がどれくらい成長したのかを知ろうとしたのでしょう。そのときは、「まだまだだな」と言われました。ノミやカンナの刃先を常に、鏡のようにピカピカに光った状態にしておけないようでは、半人前なのです。

親方や先輩からは、いろいろな技術を学びましたが、僕が親方に言われて、一番心に残っているのが「建物はハートで造るんだよ！」ということです。気持ちを込めて物を造ることが、何よりも大切だと教わりました。

僕は宮大工になって9年目で、まだ大工としてはひよっ子ですが、親方のこの言葉を忘れず、これからも伝統の建物に向き合っていきたいと思っています。

POINT この仕事につきたい！

宮大工の会社に就職して、働きながら技術を学びます。宮大工には歴史、考古学、美術、芸術などの知識も必要なので、大学でそういった勉強をしておくといいかもしれません。

修業は厳しく、伝統の技術を身につけるには、それなりの覚悟が必要です。修業は親方の仕事を繰り返し真似して覚えていくので、宮大工には根気強い性格の人が向いているかもしれません。

POINT 10代へのメッセージ

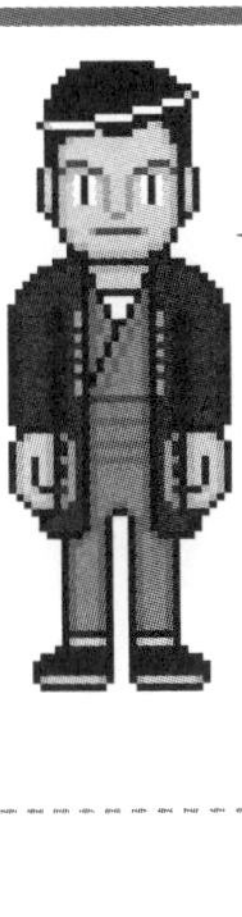

自分の将来です。自分の道は自分で決めて、自信を持って毎日楽しく生活してください。日本人である限り、自然というものを身をもって感じてください。木のぬくもり、温かみはいいものです。

職業▶

自動車整備士《じどうしゃせいびし》

概要▶ 自動車整備士には主に２つの仕事があります。調子の悪い自動車を修理する仕事と、自動車に故障がないか、定期的に点検する仕事です。プロの自動車整備士になるには、国家資格が必要です。また、最近の自動車はハイテク化が進んでいるため、それに対応する高度な技術や知識も必要です。自動車整備士は主に、カーディーラーや自動車整備工場で活躍しています。

情報▶ 

INTERVIEW

氏名▶ 安藤《あんどう》　賢《さとし》さん

経歴▶ 安藤さんは1974年、東京都生まれ。高校を卒業後、自動車整備の専門学校で学び、自動車整備士になりました。合格するのが最も難しい、一級小型自動車整備士の資格を持ち、現在は東京日産に勤務。１カ月に100台もの自動車を整備しています。

自動車整備士の仕事とは？

車の健康診断と故障修理 まさにカードクター

自動車整備士はドライバー、スパナ、テスターといった工具を駆使して、自動車の「定期点検」と「故障診断」を行ないます。

定期点検はエンジンの冷却水の量、ブレーキの減り具合、タイヤの溝《みぞ》、エンジンオイルの量などをチェックします。言わば車の健康診断。自動車整備士は車の医者「カードクター」とも呼ばれています。車検の多い３月や９月には、１カ月に１００台もの車を点検します。

故障診断は車が動かない、エンジンの調子が悪い、ブレーキの効《き》きが悪い、ハンドルが重いなどの症状を持つ自動車の故障箇所《かしょ》を見つけ、修理する仕事。症状をドライバーに聞いて確認し、実際に自分も乗って状態を確かめます。今はテスターという聴診《ちょうしん》器《き》のようなもので、車に搭載《とうさい》されたコンピュータの数値を調べ、異常箇所を探すこともできます。

ただし、部品が完全に壊《こわ》れて電気が流れない状態なら、テスターの数値に表れますが、部品が折れたり曲ったりしている程度の故障だと数値には表れず、どこが悪いのかわかりません。

そんな場合は、車を分解して故障箇所を探します。過去のケースと照らし合せて探すのですが、これがなかなか難しいのです。見つかった故障は、部品の交換やゴミの掃除などをして直します。

故障診断で特に難しいのは、変な音がする車。音にも、「ギシギシ」「ゴツゴツ」「キーキー」などの種類があり、その音で原因をある程度絞らないといけません。また、音は金属から伝わるので、車体を伝わって発生場所とは違う所から聞えることもあり、正確に判断するには経験が必要です。

たとえば、後部座席から「ギシギシ」音がするというケースでは、普通に走らせても音が出ず、原因がなかなかわかりませんでした。それで、半日走らせてやっと、片輪だけ段差に乗り上げたときに音が出ることに気づきました。原因は、サスペンションと呼ばれる部分のゴムが劣化《れっか》して硬くなり、これがこすれていたことによるものでした。こういう細かい所に気づくかどうかが、自動車整備士の腕《うで》の差となります。

自動車は、今や社会に欠かせないものとなっています。事故は人の命に関わりますし、事故で渋《じゅう》滞《たい》が起きれば、決まった時間に荷物が届かないなど、経済的な損失にもつながります。このように、自動車は社会的に大きな影響力を持つので、事故を未然に防ぐ役割を担《にな》う自動車整備士は、社会的責任のある重要な仕事なのです。

自動車整備士になったきっかけ

大好きなことを仕事に 勉強も苦にならない

子どものころからラジコンで遊んだり、自動車やバイクのレースを見ることが大好きでした。レースでは運転するレーサーよりも、それをサポートするメカニックに自然と目がいきました。プラモデルなど、何かを組み立てることが好きだったからだと思います。高校生になると、バイクの免許を取ってツーリングに行くなど、ライダー生活をエンジョイ。バイクのメンテナンスや掃除を自分でするようになり、よりいっそう、メカニックへの興味がわきました。

　大学に進む友だちが多かったのですが、あまり勉強は好きではなかったし、将来なりたいものもなく、進路について悩んでいました。そんな中、自動車の免許を取り、自動車の構造に関心を持ったのです。

　レースカーのような特別な車より、自分が乗っている車やバイクの構造を知りたいと思い、整備士の専門学校に進学しました。

　専門学校では自動車の構造を教科書で勉強するだけではなく、実際にエンジンを分解して再び組み立てるなどの実習もありました。簡単な構造のエンジンでしたが、分解するとボルトだけでも１００本あって、とても大変だったと印象に残っています。

　こういう実習が楽しくて、どんどん整備士の仕事にのめり込んでいきました。学校の勉強は嫌いでしたが、大好きな自動車の勉強は苦にならず、夜中まで勉強漬《づ》けの毎日でした。

　専門学校を卒業すると三級の国家資格がもらえ、プロの自動車整備士になりました。整備士になって１〜２カ月は、先輩について簡単な点検業務がメインでした。

　その後、故障の少ない新車の点検を１人で任《まか》されるようになりましたが、そのころ、夏の暑さにダウンしてしまったことがあります。

　整備士は、真夏でも頭や腕を怪我《けが》しないように帽子をかぶり、長袖で仕事をします。屋外の作業場はエンジンの熱気もあって非常に暑く、食欲がなくなり体重が４キロも落ちました。

　点検作業で経験を積むと、故障診断も任されるのですが、最初のうちは失敗も多く、本当に大変でした。

　オイルタンクを整備中、ボルトをゆるめてしまい、他のお客さんの車に向かってオイルが飛び出したこともあります。このときは、先輩がオイルまみれになりながら、身を挺《てい》して車を守ってくれましたが、大失敗でした。また、「エンジンパワーがない」という車のエンジンばかりを見て、故障の原因を特定できなかったとき、先輩に相談したら、別の場所に原因があることを簡単に発見してくれました。自分が見つけられなかった故障を他の人に見つけられると悔《くや》しくて、必死に勉強したものです。

今では車の勉強ばかりではなく、ドライバーの気持ちも理解できるよう、休日はよくドライブに行きます。そして、2カ月に1回くらいはサーキットで走ります。レースではなく、速度制限のないサーキットで自由に走るのです。速く走らせるにはどうしたらいいのかと、さらに車について勉強できます。

僕がこの仕事を頑張ることができるのは、お客さんに喜んでもらえるから。一度整備した人に、「また安藤さんにお願いしたい」と指名されると、最高の気分です。これからも最新技術を身につけるため常に勉強し、後輩の目標となるよう頑張りたいと思っています。

POINT

この仕事につきたい！

自動車整備士の国家資格には、扱う車の大きさで大型と小型があります。普通の乗用車を扱うなら、小型自動車整備士の資格を取ります。

資格がなくても、工場の管理者が資格を持っていれば仕事はできますが、最近は資格を持っていることを就職条件とする会社も多く、それに自分で開業するには資格が不可欠なので、取っておくべきでしょう。

POINT

10代へのメッセージ

失敗を恐れず、いろいろなことにチャレンジしてください。その中に必ず自分のやりたいこと、なりたいものが見つかると思います。

職業 ▶ 盆《ぼん》栽《さい》職《しょく》人《にん》

概要 ▶ 盆栽とは、観賞用に鉢《はち》で木や草花を育て、その中で自然の風景を表現したものです。盆栽を作って販売したり、預かって手入れをしたりするのが盆栽職人です。盆栽づくりは、木の枝ぶりを見ながら丁《てい》寧《ねい》に育てるので、長い年月が必要になります。中には、樹齢100年以上の木もあり、昔の職人が手がけた貴重な盆栽を、今の職人が手入れすることもあります。

情報 ▶

INTERVIEW

氏名 ▶ 野《の》元《もと》大《だい》作《さく》さん

経歴 ▶ 野元さんは1976年、宮崎県生まれ。盆栽職人の家の２代目で、高校を卒業後、父とは別の盆栽職人に弟子入りし、修業を積みました。そして2004年、手がけた盆栽が日本で最も権威があると言われる盆栽の展覧会「国風《こくふう》盆栽展」で、最高の「国風賞」を受賞しました。

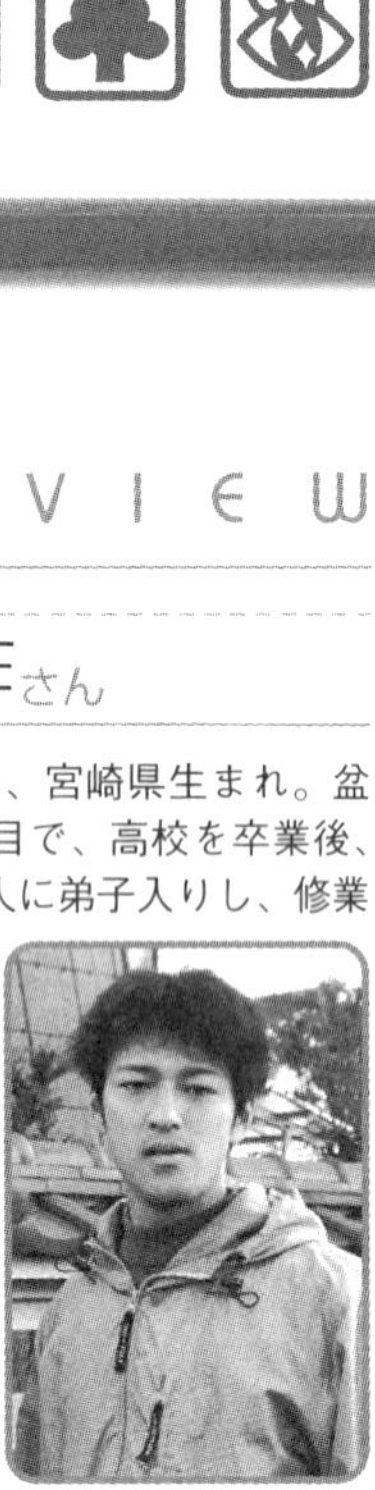

盆栽職人の仕事とは？

小さな鉢の中に表現する木の生きた歴史

盆栽は鎌倉時代の文献にも登場する伝統文化で、江戸時代に盛んに作られるようになりました。中には、樹齢《じゅれい》２００年から３００年というものもあります。盆栽はお年寄りのものというイメージがあるかもしれませんが、今は若い人にも手のひらサイズのミニ盆栽などが人気です。

　盆栽に使う木は松、梅、もみじなど、庭に植えてあるものと同じです。庭に植えれば４年で２メートルくらいまで成長しますが、盆栽は鉢の中で小さい状態を保つように育てます。うまく育てると、30年経《た》った松でも12センチくらいに保つことができるのです。また、盆栽の木は針金を枝に巻くなどして、わざと曲げます。まっすぐだと平凡に成長したように見えますが、曲げることによって、台風や雪の重さで曲がったという、木の成長の歴史を表現できるのです。

盆栽職人は、盆栽の美容師みたいなものです。枝が伸びたら切って、傷《いた》んだらケアをし、病気や虫が付いたら消毒します。ちょっと伸びたところを切るくらいなら一般の人でもできますが、盆栽の大きさを小さく保つためには、僕たち職人が定期的に預かって、手入れをすることもあります。

盆栽の手入れには、剪定《せんてい》バサミという木の枝も切れるしっかりとした作りのハサミを使います。松などの細くて小さな葉を切る場合には、右手にピンセット、左手にハサミを持ち、この2つをうまく使って摘《つ》んでいきます。僕は右利《き》きなのですが、両手を使えるようにするために、修業時代は左手でご飯を食べ、半年かけて左手も使えるようにしました。両手でハサミを持たなくても、右手でハサミとピンセットを持ち換えればいいじゃないかと思うかもしれませんが、持ち換えるのに2秒かかれば、１日１０００回で２０００秒のロスになります。お客様の大事な盆栽の手入れに集中するために、できるだけロスを避けたいのです。

僕は今、販売するために育てているものと、お客様から預かっているものを合わせて、２０００鉢くらいの盆栽を手入れしています。預かるものには、旅行に行く間だけとか、一般の人には手入れが難しい年代ものとか、元気がなくなったから治療してほしいものなどがあります。預かった盆栽を見ると、持ち主の性格がよくわかります。たとえば、鉢の土の乾《かわ》き具合や葉などの健康状態から、育てている人の水のやり方がわかるのです。せっかちな人は水やりが足りないし、盆栽を可愛いがりすぎている人は、寒いときに家の中に入れ、暖房にあてて傷めてしまうこともあります。

盆栽に必要なのは、日光と水と愛情です。常に愛情を持って植物を見ないといけません。植物は自分で調子が悪いと言えないので、それをなるべく早く感じ取って、手入れをしなくてはいけないのです。

盆栽職人になったきっかけ

師匠の口癖は「一事が万事」すべてのことがつながっている

実家は盆栽屋ですが、僕は小さいころ、盆栽に興味はありませんでした。いろいろなことに興味はあるけれど長続きしないタイプで、中学、高校時代は、自分で何がしたいのかわからず、悩む時期が続きました。

そして18歳のとき、何とかしなければいけないと思い、自分の環境を変えるために盆栽職人の修業を始めたのです。父のもとで修業することも考えましたが、親子では甘えが出てしまいそうなので、愛知県の盆栽職人のところに行きました。修業中は親方の家に住み込みで、食事付き、月給はたったの1万5000円。盆栽のハサミが5000円くらいするので、それを買ったら遊ぶお金もありません。2日目には辛《つら》くて辞めようと思いました。しかし、ここで逃げたらまた将来の目標がなくなってしまうと、踏ん張ったのです。

修業は、道具の使い方から覚えていきましたが、木にはなかなか触らせてもらえませんでした。親方の口癖《くちぐせ》は、「一事《いちじ》が万事《ばんじ》」。ひとつのことが、すべてにつながるという意味で、「トイレ掃除がきれいにできない奴は、盆栽もきれいにできない」と言われました。そこで、親方が切った枝を掃除するとき、何本か隠しておいて、仕事が終わってからその枝を切って練習しました。

修業を始めたころは、盆栽の楽しさを知ろうと思っていたのですが、毎日の修業に精一杯で、とても楽しむどころではありませんでした。2年目でやっと、自分で育てた盆栽の成長を見て楽しくなり、3年目にお客様の盆栽の手入れを任《まか》され、初めて親方に褒《ほ》められて自信が持てました。

そして4年目。僕が手入れをした盆栽が、展覧会で初めて入賞したのです。賞は僕の技術だけが評価されるのではなく、長い歴史を刻《きざ》んだ盆栽や、過去にその盆栽を手入れした職人の技術もあわせて評価されます。しかし、それでもうれしくて、この世界で飯《めし》を食っていこうと決意しました。

親方のもとで7年間修業を積み、今は父と一緒に仕事をしています。植物には春夏秋冬のサイクルがあり、植え換えも1年に1度しかできないので、1年1年が大事でした。印象的だったのは、樹齢約250年の梅の木に虫が付いて枯れてしまったことです。植物には愛情を持って接し、小さな虫でも見逃してはいけないと痛感しました。

2004年には、最も権威がある展覧会「国風盆栽展」で、僕が手入れをした盆栽が「国風賞」という最高の賞を受賞しました。しかし、盆栽の技術は日々進歩しているので、これからもいろいろなことを勉強したいと思っています。

盆栽の魅力は、木が生き続ける歴史に携《たずさ》われること。親方が手入れしていたものを僕が手入れし、そして、僕の弟子が手入れするかもしれません。僕は数百年前の人がどういう思いでこの木の枝を切ったのかを考えながら、手入れをしています。そしてこの先何十年、何百年と生きる木の姿を今、僕が決めているのです。責任が重く、やりがいのある仕事だと思います。

僕は毎年、夏の1カ月間、アメリカで盆栽を指導しています。海外でも盆栽は『BONSAI』と呼ばれ、日本の伝統文化として人気を集めています。今後さらに、世界の人々に盆栽の魅力を広めたいと思っています。

POINT

この仕事につきたい！

盆栽職人のもとで修業して技術を学びます。まずは盆栽を始めることが大事です。入門編には、カエデがオススメ。手入れが簡単で、紅葉がきれいです。盆栽を育てる楽しさが、きっとわかると思いますよ。

また、いい盆栽をたくさん見ることも大事です。盆栽展が各地で行なわれていますから、興味のある人は調べて行ってみましょう。

POINT

10代へのメッセージ

「最近の若者は……」とよく言われますが、今の10代はしっかりしていると思います。自分に自信と責任を持って、前に突き進め！

職業▶ **ピアノ調《ちょう》律《りつ》師《し》**

概要▶ 「調律」とは、乱れた音程を正しく合わせる作業のこと。どんな楽器でも時間が経《た》つと少しずつ音程が乱れてくるため、定期的に調律をしなくてはなりません。演奏者が自分で調律できる楽器もありますが、構造が複雑なピアノの調律は、専門的な技術を持つピアノ調律師が行ないます。ピアノの健康状態をチェックし修理することから、「ピアノのお医者さん」とも呼ばれます。

情報▶ 

INTERVIEW

氏名▶ 花《はな》田《だ》拓《たく》郎《ろう》さん

経歴▶ 花田さんは1963年、東京都生まれ。高校卒業後、地方新聞社の印刷関係の仕事に就きましたが、23歳のときにピアノの調律学校に入学、調律師になりました。坂本龍一さんをはじめ、数多くのコンサートを手がけ、フランス滞在中にはエフゲニー・キーシンさんなどとの仕事の経験もあります。

ピアノ調律師の仕事とは?

ほんのわずかな違いがわかる熟練の技と感性

ピアノの音が出る仕組みは非常に複雑です。鍵《けん》盤《ばん》を押すと、鍵盤とつながったハンマーが動き、内部に張られた弦《げん》を叩《たた》きます。その弦の振動が共鳴板に伝わり、音となって響くのです。ピアノの大部分は木でできています。木は温度や湿度の変化にとても敏感です。また、弦は1本約90キロの力で引っ張られていて、温度や湿度の影響を受けると伸縮してしまいます。そのため、「ピアノは生き物」と言われます。高温多湿な日本では、年に2回は調律をしたほうがいいですね。ピアノの調律は、チューニングハンマーという特別なペンチを使って、弦の張りを強めたり弱めたりして音程を調整します。

最初に鍵盤の真ん中にある「ラ」の音を基準に「平均律」という音階を作ります。その音階をもとに、すべての音を合わせていきます。A＝440Hzという表示を見たことはありませんか？　これはピアノの49鍵目の「ラ」の音が440Hzという意味で、この「ラ」の音がピアノの基準音となります。

調律師には3つの大きな仕事があり、音程を合わせる「調律」はそのひとつにすぎません。ピアノの各部品がスムーズに動くように調整する「整調」、音色や音量のバランスを整え、イメージ通りの音を作り出す「整音」も調律師の仕事です。「整調」には鍵盤の沈む深さを調整する工程があります。鍵盤の下に薄い紙を挟《はさ》んで調節しますが、中には、厚さ0・05ミリの違いを指摘するピアニストもいます。私たち調律師は、この違いを見極める感覚を備えていかなければなりません。

プロのピアニストの要望に完璧に応《こた》えるのは、大変です。以前、あるピアニストに、「音がキンキンしているので、もっと柔らかい音にしてください」と言われたことがあります。音の印象は人によってとらえ方が違うので、ピアニストが伝えたいことを理解するのは難しいのですが、そのときは、弦を叩くハンマーのフェルト（羊の毛のできている）に針を刺して、フェルトを少し柔らかくしたことで、満足してもらえました。

あらゆる要求に応えるためには、経験を積んで得た自分の感性を信じるしかありません。先輩には昔、「一人前になるには、最低3000台は調律しなきゃダメ」と言われたことがあります。私は18年間で約3500台のピアノを調律してきましたが、この世界ではまだ若手です。

コンサートの演奏中、弦が切れてしまうなどのハプニングもあります。急いで弦を張り替えますが、コンサート中は時間が限られるので大変です。

以前、ある演奏会当日のリハーサルでピアニストに、「ピアノの音を客席から聴いてみたいから、今日私が演奏するプログラムの中から何か弾《ひ》いてみてください」と言われたことがあります。飛び上がるほどドキッとしました。「できません」とは言えず、その日のプログラムの中にたまたま、私が好きなシューベルトの曲があったので、その曲を弾くと、「そこの弾き方は違う」と、レッスンが始まってしまい困りました。ピアノが弾けないと調律師になれないわけではありませんが、ピアニストの気持ちを理解できるようになるには、有名な曲の〝さわり〟くらいは弾けるように練習したほうがいいでしょう。

ピアノ調律師になったきっかけ

将来について悩んだ若き日々 そして出会った運命の人

僕は子どものころから、ピアノを習っていたわけではありません。家にピアノはありましたが、誰も弾いていませんでした。20歳のころ、私はギターに夢中で、友だちとバンドを組み、あるバンドコンクールで優勝したこともあります。ところが、仲間のほとんどが大学進学でバラバラになり、バンドを解散。自分はやりたいこともなく、結局フリーターになりました。

そして、将来に不安を感じ始めていた23歳のある日、何気なくテレビで見ていたショパンコンクールがきっかけで、私の人生は変わりました。ブーニンというピアニストが弾いたショパンの「ピアノ協奏曲第1番」の第2楽章を聴いて涙が出るほど感動したのです。それからというもの、風呂に入るときもブーニンを聴くようになりました。

ピアノにも興味が出て、家のピアノを弾き始めました。当然、長い間使っていなかったので、調律が合っていません。そこで自分で調律してみたのですが、うまくいきませんでした。楽器店に電話をして聞くと、「調律には専門的な知識や技術が必要だから、学校で勉強したほうがいい」とアドバイスされました。ピアノへの興味が日々増す中で、これを機会にピアノを自分の一生の仕事にしようと、調律の専門学校に入ったのです。学校は1年間の寮生活で、朝8時から夕方5時までピアノの勉強。印象に残っているのは、ピアノ工場の見学に行ったことです。1台のピアノが完成するまでに、部品を作る人、本体を組み立てる人など、大勢の人の手がかかっている現場を目の当たりにしたのです。ピアノの最終的な音作りをする調律師の責任の重大さを実感しました。

　専門学校卒業後、楽器メーカーに就職してすぐに、ピアノ工場で2年半の実習を受けました。ここで木材の加工から部品の調整、弦を張るといったすべての工程を学びました。また、ピアノを弾く人の気持ちを理解できるよう、ピアノの練習を本格的に始めたのもこのころです。

　今までにいろいろなピアノを調律してきましたが、一番思い出深いのは、ブーニンが演奏するピアノを調律したことです。あこがれの人のピアノを調律するというだけでもプレッシャーですが、世界的なピアニストですから、中途半端な仕事はできないと気合が入りました。また、このときブーニンに、「ショパンコンクールのときのあなたの演奏を聴いて調律師になったのです」と伝えると「頑張ってね」と言ってもらえたんです。調律師になって本当によかったと感激しました。

　これからも素晴らしい演奏家やピアノに出会えるよう、そして一人でも多くの人から、「ありがとう」と言ってもらえる仕事をしていきたいですね。

POINT

この仕事につきたい！

　まず、楽器メーカーの調律師養成学校や、調律科を持つ大学や専門学校で勉強します。そして楽器メーカーや楽器店に就職します。最近は少なくないようですが、調律師に弟子入りする道もあります。

　必ずしもピアノを弾ける必要はありませんが、プロのピアニストがコンサートで使用するピアノを調律したいなら、有名な曲のさわりくらいは弾けるように練習しておきましょう。

POINT

10代へのメッセージ

10代の皆さん！　きらりと輝く才能と感受性を高めるために、いろいろなことに接して感じる心を養ってください。そして、悩みごとや辛いことが訪れても、自分で判断し、解決していくことのできる職業人を目指してください。

職業▶ 科学者《かがくしゃ》

概要▶ 科学者とは物理学、化学、生物学など自然科学を研究する人の総称です。大学で先生をしながら研究を進める人もいれば、企業の研究所に所属して、生活に役立つ新しい技術や製品を開発する人もいます。まだ誰も知らない未知の世界を研究するので、強い知的好奇心がないとできません。歴史的大発見をすれば、ノーベル賞も夢ではない、やりがいのある仕事です。

情報▶ 

INTERVIEW

氏名▶ 大西章博《おおにしあきひろ》さん

経歴▶ 大西さんは1976年、香川県生まれ。東京農業大学の大学院で、「生物環境調節学」の博士号を取得し、現在は東京農業大学応用生物科学部醸造科学科で助手として、微生物を使ったごみのリサイクルを研究しています。エコ社会だけに、とても大切な仕事といえます。

科学者の仕事とは？

人類の歴史を変える大発見を目指して、未知の世界に挑戦

僕が大学で勉強した「生物環境調節学」とは、哺乳類《ほにゅうるい》のような大きな動物から、微生物《びせいぶつ》（バクテリア）のような小さい生物まで、あらゆる生物を利用する技術を研究する学問です。その中で、僕は微生物を使って、生《なま》ごみや汚泥をリサイクルする研究をしています。微生物が生ごみを分解すると、堆肥《たいひ》やメタンガス、水素ガス、アルコールなどに変わり、再び利用できるものになるのです。メタンガス、水素ガス、アルコールは、車を走らせたり電気を発電するための燃料として使うこと

ができます。

大体の生ごみはリサイクルできますが、そのためにはごみを分別する必要があります。ごみの中に、微生物が分解できないプラスチックや金属が混じっていてはいけません。みんながそれぞれ、ごみをちゃんと分別することが、環境のためにはとても大事なのです。

科学者と言えば、白衣のイメージがあると思いますが、僕も常に白衣を着て実験をしています。薬品を使うことが多いので、白衣だと薬品が付いてもすぐに気づくことができます。また、微生物を扱う研究では、空気中の他の微生物が混じらないように無菌《むきん》室で作業することがあるので、着ているものを清潔にしておく必要もあります。

科学者の仕事は、毎日研究を続け、その結果を論文《ろんぶん》に書いて学会で発表することです。学会は土に関する学会、水に関する学会など、世界中に数え切れないくらいたくさんあって、僕も５つの学会に入っています。学会には世界中から研究者が集まるので、間違ったことは発表できませんし、多いときは１０００人ぐらいの科学者の前で発表することもあり、すごいプレッシャーです。だから、学会の前は非常に忙しく、徹夜で研究しています。

僕は以前、土や水中にどんな種類の微生物がどのくらいいるのかを突きとめる方法を研究し、学会で賞をもらいました。その研究とは、微生物に特殊な薬を作用させてレーザー光線を当てると、遺伝子《いでんし》の違いによってさまざまな色に光り、その色の違いからごみを分解する能力の高い微生物を見つける、というものです。これは、微生物を利用したリサイクルを進めるうえで、とても役立つ研究でした。赤や青に光った微生物は、宇宙の星のように見えてきれいなんですよ。

しかし、科学の研究は、このようによい結果が得られることは少なく、どれだけやっても成果があがらないことのほうが多いですね。２年間、まったく思うような結果が出なかったこともあります。それは、科学者が教科書に書かれていない、未知のことを研究しているからです。

自分がやっていることが正しいのか間違っているのかが、わからなくなってしまうこともあり、そんなとき、「そろそろ辞めたほうがいいのかな」と悩むこともあります。それだけに、思った通りの実験結果が出たときは最高にうれしいですね。

科学者になったきっかけ

家業を継ぐつもりが、不純な動機で研究者の道へ

僕は子どものころから理科が得意で、特に生物が好きでした。小学生のとき、近所の店で買った金魚を養殖し、友だちに分けるブリーダーのようなことまでしていました。それほど、生き物が好きだったのです。

また、僕はぜんそく持ちで、体が弱かったので、何とかして強くなりたいと思い、小学生のころからボクシングをしていました。高校生まで続けて、あと1勝でインターハイ出場というところまで上達し、プロボクサーになりたいと思っていましたが、母親の反対などもあってあきらめました。

僕の実家は酒屋をしています。ボクシングを辞めて目標を失った僕は、実家を継ぐために醸造《じょうぞう》の勉強をしようと、東京農業大学醸造学科へ進学。大学では、お酒を飲むのも研究のひとつと、毎日のように仲間と飲みまくったり、自分たちでお酒を作ってコンテストを開いていました。

そんな僕がリサイクルの研究をしようと思ったのは、不純な動機からでした。大学2年生のとき、イベントサークルの会長をしていたのですが、大学の生協から、生ごみを堆肥に変えてリサイクルすることができれば、サークルの活動資金を出してくれると言われたのです。

資金稼ぎのために、ごみのリサイクルの研究を独学で始めました。近所の商店街から生ごみをもらってきては、一人でこっそりと実験。努力の甲《か》斐《い》があって、見事《みごと》生ごみの堆肥化に成功したのです。お金をもらえたこともうれしかったのですが、それ以上に、研究するおもしろさを知り、この道に進むことを決めました。

その後、大学院に進学して研究を続けようと決めたのは、まだ世の中で明らかになっていないことを解明したいと思ったからです。科学者は皆、この思いで研究していると思います。そして、大学院で博士号を取得し、今は母校で助手をしています。研究室で学生と一緒に研究をしながら指導をし、自分の研究テーマを持って論文発表もします。自分の研究と学生の指導の両立はなかなか難しく、そのあたりが今の僕の悩みですね。

　また、ずっと室内で研究しているとストレスがたまります。ストレス解消のために最近、キックボクシングを始めました。ストレスを発散すると研究もスムーズに進みます。やはり体が資本。徹夜が続くこともあるので、体力が必要です。僕は子どものころにボクシングをしていなかったら、こうして研究を続けることはできなかったかもしれません。

　科学の世界は、いろいろな分野で常に新しい発見があるのでおもしろいです。研究の成果があがらないときは辛《つら》いですが、今まで誰も気づかなかったことに気づけたら最高です。僕は誰にもわからない不思議を解明したいと思って頑張っています。そして、それが社会に貢献《こうけん》できるものだったら、言うことなしです。

POINT この仕事につきたい！

　大学で物理学や化学、生物学などを勉強し、大学院に進学します。研究職につくためには、大学院で博士号を取るべきです。理科や数学だけでなく、幅広い知識が必要なので、まずは学校でしっかりと勉強しましょう。

　あとは体力、発想力、個性を伸ばす努力も必要ですし、研究は1人っきりではできないこともあるので、人間関係を養うことも大切です。

POINT 10代へのメッセージ

「自分に負けない！」。私が10代のころから何となく意識していたことで、今でも常に心がけていることです。誰かに勝つことよりも、自分に負けないことのほうがずっと難しいことだと思います。自分に負けないために努力し、そして、「私ならできる！」と自分を信じて、夢に向かって頑張ってください。

この本では、79個の職業を8章に分けて紹介していますが、その職種ごとにアイコンをつけて、さらに細かく示しています。

アイコンの見方は下記の通りです。自分が興味を持っているアイコンがついているページから読み進めるといいでしょう。

あなたの「これから」の参考にしてくださいね。

計画を立てることが好き

人と接するのが好き

人の前で話すのが得意

勉強が好き・資格に興味あり

体を動かすのが好き

子どもが好き

音楽が好き

食べることが好き

ものを作ることが好き

山・川・海などの自然が好き

美しいものが好き

人や動物の役に立ちたい

機械・科学が好き電化製品が好き

つきつめて研究することが好き

ワクワク・ドキドキすることが好き

※インタビューの収録は2004年から2006年にかけて行なわれたものです。
現在とは、内容が異なっている場合もありますが、ご了承ください。

第3章

食べものをつくる

飲食系のお仕事

職業▶
シェフ

概要▶ シェフという言葉はフランス語で、「頭、かしら」という意味です。転じて、レストランの料理人たちをまとめる「料理長」を意味するようになりました。料理人全般を指して使われることがありますが、正しくは料理長のことです。独立して自分のお店を持つ人は、オーナーシェフとも呼ばれます。おいしい料理をつくる技術はもちろん、料理人を取りまとめるリーダーシップも必要です。

情報▶

INTERVIEW

氏名▶ 佐藤《さとう》　浩《ひろし》さん

経歴▶ 佐藤さんは1966年、埼玉県生まれ。高校を卒業後、調理師学校で勉強し、ホテルに就職。2002年には、フランス料理の国際大会「ピエール・テタンジェ国際料理賞コンクール」で３位入賞。現在は、浦和ロイヤルパインズホテルのレストラン、アール・ピー・アールで、シェフをしています。

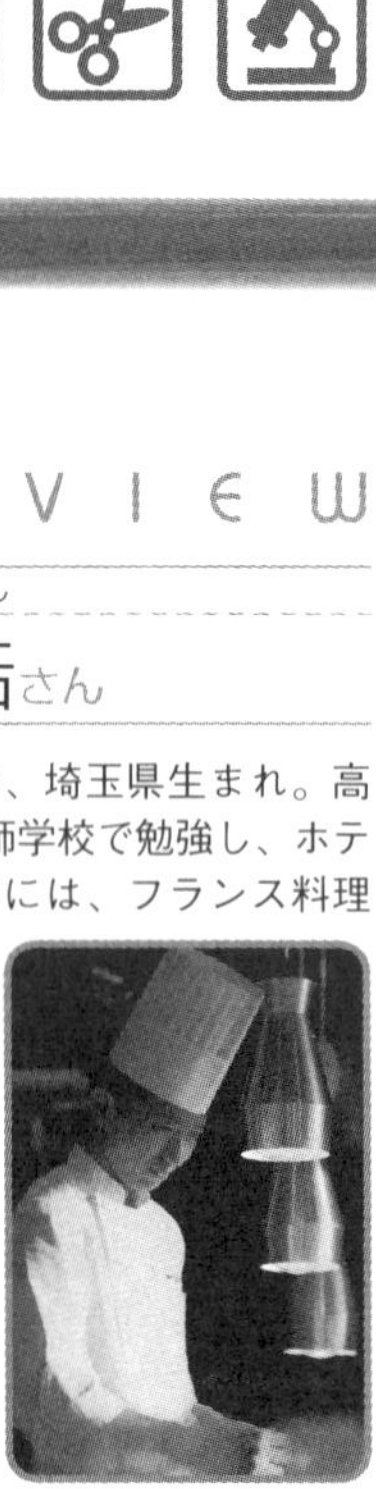

シェフの仕事とは？

スタッフを取りまとめ 一皿の料理を完成させる

私の専門はフランス料理です。フランス料理は前菜《ぜんさい》、スープ、魚料理、メインディッシュ、デザートと、出す順番が決まっているお客様用の料理から、家庭で作る料理まであり、とても幅が広いです。

和食は多くの場合、醤油《しょうゆ》を基本に味付けをしますが、フランス料理は料理ごとにまったく違った味のソースを作るので、ソース作りが非常に重要です。

食材を余すところなく使い切るのが特徴で、たとえば魚料理なら身を調理し、骨からソースを作り、皮は揚げて飾りにします。

レストランでは、料理を分担して作ります。前菜係、肉や魚の仕込み係、魚を焼くストーブ係、メインディッシュを作るソース係、シェフを補助するセコンドがいて、まとめ役のシェフがいます。これらすべての仕事ができないと、シェフになれません。ホテルの場合、シェフになるのに15年くらいはかかります。

シェフの仕事は、料理人に指示を出して現場を指揮することです。また、料理の仕込みもシェフが行ないます。フランス料理の命であるソースは3日間煮込み、テリーヌやゼリーは前日に作っておきます。

新しいメニューとレシピを作るのも、シェフの仕事です。季節の食材を選び、その食材に合った料理法を考えるというやり方で、月に20品ほどの新しいメニューを開発。その際、味はもちろん、フランス料理は目で楽しむものでもありますので、特に色合いにこだわります。

街中でも男性のネクタイや女性のブローチなどのファッションに注目し、インパクトのある色の組み合わせをいつも探しています。また、フランス料理はこってりとしたイメージがあるので、前菜や魚料理に和の食材を使うなど、さっぱりと仕上げる工夫をしています。食べ終わったときの満足感とともに、「また食べたい」と思ってもらえるよう、心がけているのです。

お客様に喜んでもらうために、メニュー以外にも、工夫をしていることがあります。それは、オーダーを取るとき、配膳係にお客様の年齢層をメモしてもらうこと。

若い人は濃いめの味が好きですが、お年寄りは薄味の好きな人が多いので、お客様の年齢によって塩加減《かげん》を変えるためです。このとき、お客様の性別や好き嫌いも確認します。また女性はヘルシーなものを好む人が多いので、比較的あっさりとした味付けにします。

お客様が満足してくれればシェフの手柄、不満があればシェフの責任です。シェフは料理の責任者ですから、満足してもらうためには、どんな些《さ》細《さい》なヒントも見落とせません。

学歴に関係なく、腕で勝負する職人にあこがれ

私は、もともと料理が好きだったわけではありません。

中学、高校時代は6年間、陸上部に所属していました。８００メートルと１５００メートル走の選手で、とにかく「一番になりたい!」と毎日、朝晩走っていました。私は努力を惜しまないタイプなので、目一杯《めいっぱい》頑張ったのですが、あまりいい結果が出せずに悔《くや》しい思いをしていました。

当時、放送されていた『熱中時代』というテレビドラマの影響で、学校の先生にあこがれたこともありましたが、勉強が苦手で断念。高校3年生のとき、陸上雑誌の編集者になろうと思って、編集の専門学校に見学に行ったところ、その場でいろいろと文章を書かされてうんざり。書くのが嫌いな自分には無理だと痛感し、学歴など関係のない、何かの職人になりたいと思いました。

そんな私が料理人を目指したのは、高級な料理へのあこがれがあったことと、料理の世界は学歴に関係なく努力次第で一番になれるところだと思ったからです。

ある日突然、料理人になりたいと言い出した私に、両親と担任の先生はビックリしていました。そのときは、どうせ続かないだろうと思っていたらしいです。

調理師学校に入ってからは、本当に苦労しました。私はそれまで料理などしたことがなかったので、包丁《ほうちょう》も火も使えず、魚もおろせない状態。かつら剥《む》きの試験は、家で猛練習しても結局１回では合格できませんでした。

調理師学校を卒業後、京都に新しくオープンしたホテルのレストランに就職。そのホテルを選んだのは、オープンしたばかりなので求人が多く、入りやすいと思ったからです。もうひとつ、それまでずっと親元にいたので、一度離れてみたいという気持ちもありました。

当時はまだまだ腕が未熟で、実力は最低レベル。働き出してからが大変でした。閉店後も居残りで練習し、家でもひたすら練習の毎日。特に、フライパンを上手に振れるようになりたくて、オムレツを作る練習ばかりしていました。10個入りの卵を10パック買ってきて、休みの日は3食オムレツ。そこまでしたのに、今でもオムレツ作りは苦手なんです。シェフがオムレツ作りが苦手なんて、何かおかしいですよね。

おいしい料理を知らなければ、自分で作ることもできません。新人のころは他の店のいろいろな料理を食べ歩いて、給料のほとんどを使っていました。

その後、前菜係、肉や魚の仕込み係、魚を焼くストーブ係、メインディッシュを作るソース係とステップアップするごとに、材料を組み合わせて自分のイメージをお皿の上に表現する料理の楽しさがわかってきました。

イメージ通りに料理が作れたときは、最高にうれしいです。さらに、その料理でお客様が喜んでくれれば、言うことなしですね。

シェフになった今、最《もっと》も強く感じているのは、本当においしいものは楽しい雰囲気でなければ作れないということ。だからシェフとして、笑顔の絶えない厨房《ちゅうぼう》作りを心がけています。そしていつか、地元の旬《しゅん》の食材を活《い》かした料理を出す自分のお店を持つことが、私の目標です。

POINT

この仕事につきたい！

まずは料理人になること。料理人になるために、専門学校で学ぶ人もいれば、専門学校へは行かず、レストランなどに就職して修業を積む人もいます。そして、料理の基礎をしっかりと身につけ、優秀な料理人になって初めて、シェフになることができます。

料理人は重労働なので、体を鍛えておくことも大切です。

POINT

10代へのメッセージ

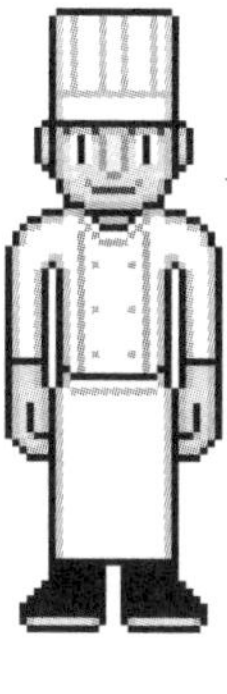

一度その道に入ったら、そう簡単にはあきらめないでください。結果はすぐには表れません。

職業▶
バリスタ

概要▶ バリスタとはイタリア語で、『バール』（イタリアの喫茶店）でコーヒーやドリンク、アルコールを入れる専門家のこと。バールで出すエスプレッソというコーヒーは、エスプレッソマシンという機械を使って入れることから、『コーヒーのF1ドライバー』と呼ばれます。また、コーヒーに関する知識が豊富なため『コーヒーのソムリエ』とも呼ばれています。

情報▶

INTERVIEW

氏名▶ 横《よこ》山《やま》千《ち》尋《ひろ》さん

経歴▶ 横山さんは1962年、愛知県生まれ。辻調理師専門学校で学んだあと、フランス料理店に就職。ジェラート修業のために行ったイタリアで本場のコーヒーに魅了され、コーヒーを専門に学び、2004年には日本バリスタチャンピオン競技大会で優勝。現在、六本木などに5つのお店をがある。

バリスタの仕事とは?

シンプルだからこそ難しい

エスプレッソは、コーヒー豆を挽《ひ》いて粉にし、『タンピング』という粉を押し固める作業のあと、90℃のお湯で20～30秒抽出《ちゅうしゅつ》すれば出来上がりです。とてもシンプルなものですが、コーヒーの旨《うま》味《み》を凝縮《ぎょうしゅく》させたコーヒーの原点と呼ばれるものです。

お店で出されるエスプレッソは小さいカップに入っていて、イタリア人はそれを三口で飲みます。一口目は苦さを楽しみ、二口目は香りを楽しみ、そして三口目に甘さを楽しみます。エスプレッソは苦いのですが、その分香りが高く、コーヒー本来の甘味があります。そして、大量に入れた砂糖がその甘味をさらに味わい深くしてくれます。

お店に入って三口でさっと飲んで、すぐに立ち去るというスタイルで、1日に3回も4回も飲みに行くのがイタリア流です。

エスプレッソを作るには、業務用のエスプレッソマシンを使います。気温によって豆の挽き方や、タンピング（均一に粉を固める方法）の力加減などを微妙に調節する職人技が必要なので、本格的なエスプレッソはお店でしか飲めません。だから、おいしいエスプレッソを入れられるかどうかで、バリスタの真価が問われるのです。

濃いエスプレッソの中に、ホイップクリーム状に泡立てたミルクを入れたものがカプチーノです。イタリアでは多くの人が毎朝、これを飲みます。このカプチーノには、バリスタの遊び心が発揮されることがあります。たとえば、コーヒーの表面にハート型や動物の顔などの絵を描くのです。エスプレッソにココアの粉を振りかけ、そこにミルクを注ぐのですが、そのときカップを持った手首を器用に動かして、ミルクがハート型になるように入れます。そして、爪楊枝《つまようじ》のようなスティックの先端にココアをつけて、ハートの上にイヌやウサギなどの絵を描きます。

お客様の中には飲むのがもったいないと言ってずっと見ている方や、写真を撮ってから飲む方もいるほどです。

僕の店では、一人ひとりのお客様に喜んでもらえるような絵を描きたいと思い、スタッフが注文を受けるときに性別や大体の年齢、お客様の特徴をメモに書いたものをバリスタに渡します。

お子様がいればポケモンを描いたり、妊婦《にんぷ》のお客様には赤ちゃんの絵を描いたりするのです。また、時々はお客様からのリクエストに応《こた》えて描くこともあります。ハートの絵にメッセージを添えたカプチーノで、プロポーズしたカップルもいましたよ。

バリスタは、コーヒーに関する知識と技術だけでなく、お客様とのコミュニケーションが大事です。お客様一人ひとりとのやりとりを大切にして、コーヒーを飲む時間を楽しんでもらいます。

バリスタは、お店の看板。コーヒーの味はもちろんのこと、お店の雰囲気全体をも決めてしまう力を持っているのです。

バリスタになったきっかけ

まさに技術を盗んだ修業時代 そしてバリスタの伝道師へ

僕は少年時代、自転車で四国を一周するなど、活動的な子どもでした。中学校からバスケットボールを始め、高校で全国大会に何度も出場し、大学にはバスケットの特待生で入学。しかし、バスケットは好きでも勉強は嫌いで、結局は、大学を中退してしまいました。

僕はずっとチームプレーの競技をしていたので、人と触れ合える仕事がしたいと思っていました。同時に手に職をつけたかったので、料理人の道を志《こころざ》し、調理師学校で料理を学んだあと、フランス料理店に就職。そして、ジェラート（アイスクリーム）の修業のため、イタリアのバールで働きました。

バールでは、ジェラートにコーヒーがつきものなのですが、実は僕、コーヒーが嫌いだったんです。しかし本場のコーヒーを飲んで、そのおいしさに衝撃を受けました。そして、コーヒーを本格的に勉強することにしたのです。

イタリア人は性格がアバウトで、「大体こんな感じ」というふうにしか教えてくれないので、とても苦労しました。

とにかく師匠の仕事ぶりをじっと見て、技を盗んでいくしかありません。

エスプレッソの味は、コーヒーの粉の固め方で決まります。軽く押さえると酸味が強くなり、強く押さえると味が濃くなります。その力具合を覚えるのに、師匠の手の甲に出る筋《すじ》を観察しました。そして、そのあとで、師匠に作業のときと同じ筋が出るくらいの力で握手してもらい、どのくらいの力で押さえていたのかを覚えたのです。

他にも、休憩時間に、「お金を払うから1杯入れてください」とお願いし、コーヒーを蒸《む》らす時間をストップウォッチで計ったり、自分で飲むフリをして、隠れてメスシリンダーでコーヒーの量を測ったりもしました。

イタリアで本物のコーヒーの味に出あったことが、僕の人生を変える大きな体験でした。師匠のコーヒーの味は今でも舌に残っていて、自分の中でその味を、おいしいコーヒーの基準にしています。

イタリアでは、イタリアバリスタ協会がバリスタの認定資格を出しているのですが、日本人で認定をもらったのは、今のところ僕だけです。認定をもらうには、筆記試験と実技試験をクリアしないといけません。僕は実技試験で審査員に、「日本に帰るか、イタリアに残るか？」と聞かれ、「日本に帰って、バリスタの伝道師になりたい」と答えました。

そして日本に帰国後、念願だった自分の店を開き、今も、「バリスタの伝道師になる」という気持ちを持ち続けて頑張っています。全国各地でバリスタの講習会も開いているんですよ。

コーヒーは、入れる人によってまったく味が変わります。僕のコーヒーが飲みたくてお店に来てくれるお客様の笑顔を見るために、これからもおいしいコーヒーを入れ続けていきたいです。そして将来は、イタリアに自分の店をかまえたいと思っています。

POINT この仕事につきたい！

コーヒーの協会やメーカーが開いている教室に通うか、喫茶店で働いて勉強します。また、いきなりイタリアに渡って修業する人もいます。

エスプレッソを入れるには、知識や技術だけでなく、センスと勘も必要です。おいしいものをたくさん食べて飲んで、舌を鍛えましょう。おいしいものを知らなければ、本当においしいものを作ることはできません。

POINT 10代へのメッセージ

夢を持ちましょう！　夢は必ずかなう！　いつも前向きに、顔を上げて歩きましょう！　頑張ったら頑張った分だけ、自分に返ってきます！

職業▶
パン職《しょく》人《にん》

概要▶ パン職人とは、パン屋さんで売るパンを作る人のこと。食パン、バゲット、クロワッサンなど、いろいろなパンを作ります。お店のオリジナリティを出すためには、ただおいしいパンを作るだけでなく、流行を取り入れた新作を開発しなくてはなりません。そのためには、見た目にも美しいパンを作る繊細な技術と、正確に味を判断できる舌が必要です。

情報▶

パン職人の仕事とは？

身のまわりからイメージをわかせ新しい味の出あいを求める

僕の店では毎日、食パン、フランスパン、惣菜パン、菓子パンなど、約80種類のパンを作っています。１日に作るパンは全部で１０００個くらい。

INTERVIEW

氏名▶ 松《まつ》原《ばら》裕《ゆう》吉《きち》さん

経歴▶ 松原さんは1968年、兵庫県生まれ。高校卒業後、20歳のときに上京して銀座のパン屋さんに就職。8年間の勤務後、フランスで修業。「パティスリーマディ代官山」には2006年まで勤務し、2004年にアメリカで開催されたパンの世界コンテストではグランプリを受賞しました。

パン屋さんは朝が早いというイメージがありますが、うちの店では、朝9時の開店に向けて、前日の夜11時から徹夜で仕込みをします。パンは生《き》地《じ》を発酵させることで甘みとふくらみが出るので、発酵させるための時間が必要なのです。6人のスタッフが交代制で働いています。

パン作りは生地を作るところから始まります。

パンの種類によって生地に入れる材料や分量が違うので、作りたいパンの種類に合わせて小麦粉・イースト・塩などの材料を量り、機械でこねます。そして、こねたものを温度30℃、湿度80％の状態で発酵させますが、パンによって3時間から15時間まで、発酵時間はいろいろです。

次に、発酵した生地を小さく分けてパンの形を作り、それをもう一度発酵させます。形を作る途中で生地の中にあるイーストのガスが抜けるので、再び発酵させて中にガスを含ませるのです。こうすることでパンがふっくら焼き上がり、パン特有の香りが出るのです。そして、発酵後の生地をオーブンで焼き、仕上げにナッツやチョコレートなどをかけて完成です。

作業は生地作り、形作り、焼きの工程ごとに分担して行ないます。分担することで、作業場の移動が少なくてすむなど、効率が上がります。僕は形作りを担当しながら全体を統括しています。分担作業を統括するうえで、全員に「丁寧《ていねい》に作る」という意識を強く持ってもらうことが難しいです。スタッフ全員に丁寧さと繊細さを徹底してもらうために、適当にやっているなと思ったときは、めちゃくちゃ怒ることもあります。

お店では、新人の教育も行ないますが、新人には最初、生《なま》の野菜を使うサンドイッチ作りを任《まか》せます。生ものを扱わせることで、こまめに手を消毒することや、雑菌を増やさないための温度管理など、衛生管理の意識を身につけてもらうためです。そういう基本的なことができない人は、パンを作る資格はありません。

また、僕はオリジナルのパン作りに力を入れていて、月に2～3個は新作を用意しています。新しいパンのアイデアは、旬《しゅん》の素材をどう使うか考えたり、日ごろ目にするものの形からイメージを膨らませたりして考えます。たとえば、雑誌を丸めたような形の「マガジーヌ」というパンは、街で人が雑誌を丸めて持っているのを見てアイデアを思いついたものです。

普段も味の研究のため、居酒屋さんなどに行くと食べたことがない料理を必ず注文したりして、いろいろな食べ合わせをしてみます。ある程度経験を積むと、頭の中で「これとこれを合わせると、こんな味になるかな?」というイメージができ、そこから新しいパンが生まれるのです。

たとえばこれまでに、「大葉とジャコ」のおつまみから「大葉とジャコのフォカッチャ」ができ、「ひじきと大豆」を組み合わせた料理から、「ひじきと大豆のクロワッサン」が生まれました。

パン職人になったきっかけ

パンを待つお客様がいる その気持ちを心の支えにして

僕は高校時代、すごく生徒想いの先生に出会い、学校の先生にあこがれていましたが、不景気で困っていた家業の織物屋さんを手伝うことになり、大学には行けませんでした。そして、実家の仕事を手伝ううちに、不況に強い職人になりたいと思うようになりました。母親に食べもの屋さんをすすめられ、もともとパンが好きだったので、毎日お客様がいっぱい来るパン屋さんなら儲かるだろうと思ったのが、パン職人を志《こころざ》したきっかけです。そして、母親の友人で、パン教室の先生をしている人に紹介してもらった東京のパン屋さんに就職しました。

パン作りは未経験だったので、修業は大変でしたが、ベテランの先輩たちが丁寧に教えてくれました。実は、パン作りの修業中も、学校の先生になる夢を捨てきれず、通信制の大学で勉強していました。ずっと、先生になるかパン職人になるか迷っていたのです。最終的に、パンを作ってお客様に喜んでもらうという、この仕事のおもしろさに惹《ひ》かれ、パン職人の道を選んだのです。

そして、パン屋さんに勤めてから6年目のこと。2年に1回フランスで行なわれるパン職人の世界大会「クープ・ド・モンド」を見に行って、技術の高さやオリジナリティあふれるパンにショックを受けました。大会後、僕ももっと頑張らないといけないと思い、レーズンを使ったパンのコンテストに自分のオリジナルパンを出品しました。しかし、1次選考(レシピと写真審査)で落選。自分の未熟さを痛感し、その日から翌年のコンテストに向けて練習を始めたのです。

最初は思うように焼き上がらなかったり、イメージ通りの味に仕上がらなかったりと失敗の連続でしたが、閉店後に毎日必死で練習を続けました。そして1年後、当時好きだった女性をイメージして作った「王冠の形のパン」をコンテストに出したら、審査員特別賞をもらうことができたのです。賞を取って自信がつき、その後もクルミを使ったパンのコンテストでグランプリを獲得。自費で半年間フランスへ修業にも行き、さらに技術と自信をつけました。

ところが帰国後、壁にぶち当たりました。東京のパン屋さんに主任として迎えられたのですが、主任はパンを作るだけでなく、スタッフやお金などの管理もしなくてはいけません。当時の僕は、技術に自信があって生意気だったので、スタッフがついてきてくれず人間関係に悩んだり、新作のパンがうまく作れなかったりして、本気で辞《や》めたいと思うほどスランプに陥《おちい》りました。そのとき、僕のパンを待っているお客様がいることが心の支えになり、スランプを乗り越えることができました。今では、人間は「謙虚さ」が一番大事だと実感し、お店のスタッフとうまくやっています。「実るほど頭をたれる稲穂かな」が僕の座右の銘です。

今後は自分のブランドのパンを確立していきたいです。そして、チャンスがあれば自分のお店を持ちたいです。そのために、さらに技術を磨いていきたいと思っています。

POINT

この仕事につきたい！

パン屋さんに就職して、技術を磨きます。高校を卒業してから就職する人もいれば、専門学校で勉強してから入る人もいます。

大きなパン屋さんは作業が分担制になっている場合もあるので、小規模なパン屋さんで修行するほうが、ひと通りの作業をもっと早くできるかもしれません。

POINT

10代へのメッセージ

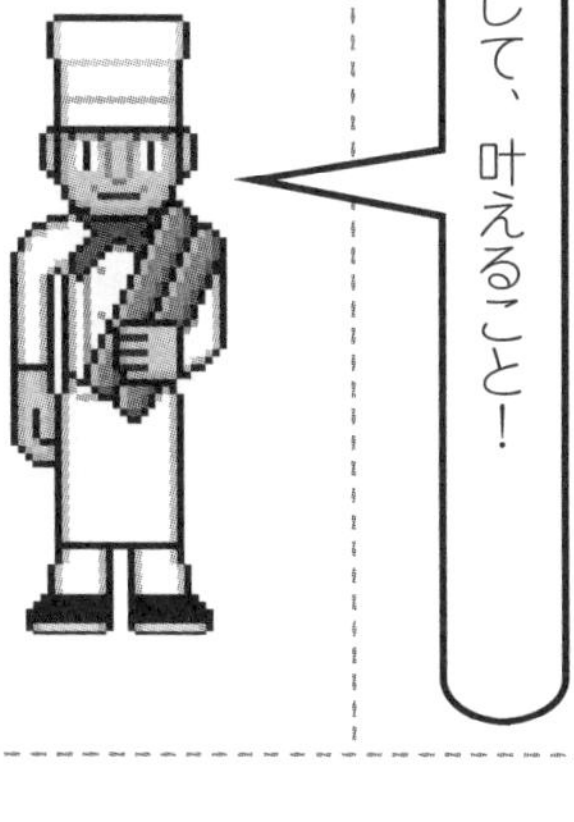

職業▶

ラーメン屋《や》さん

概要▶ 麺・スープ・具にこだわってオリジナルのラーメンを作り、お客さんに提供するのがラーメン屋さんです。店舗を構えて営業する人もいれば、屋台などで移動しながら営業する人もいます。ラーメンの味だけでなく、店の雰囲気作りや接客にも気を配らないと繁盛しません。今、ラーメン屋さんはたくさんあるので、他の店では出せない味を研究、開発することも大事です。

情報▶

INTERVIEW

氏名▶

小《こ》枝《えだ》利《とし》幸《ゆき》さん

経歴▶ 小枝さんは1967年、福島県生まれ。25歳でサラリーマンを辞め、ラーメン屋さんになることを決意。地元の喜多方《きたかた》市で修業をしたあと、1994年に自分のお店「ラーメン一平」を開きました。現在は、1日に300食を出すほどの人気店です。

ラーメン屋さんの仕事とは？

自分ならではの味を作り出す

ラーメンには醤油《しょうゆ》、とんこつ、味噌、塩などいろいろな種類があります。僕が作っている喜多方《きたかた》ラーメンは、あっさりした醤油味で、平打ちちぢれ麺《めん》という太めの麺が特徴です。福島県・喜多方市は人口３万７０００人の小さな市ですが、ラーメン屋さんが１３０店もあるラーメンの街として、１年間に１００万人以上の観光客を迎え入れています。地元の人もラーメンが大好きで、朝からラーメンを食べるのも普通なんですよ。だから、うちの店も朝７時からやっています。

僕の仕事は毎朝4時半に店に出て、スープを火にかけることから始まります。スープの材料は企業秘密なので全部は言えませんが、煮干《にぼし》、こんぶ、豚のげんこつ（骨）、ねぎなどを大体2～3時間煮込んで作ります。その日の材料の状態によって、火加減や煮込む時間を変える必要があるので、スープの仕込みには特に気をつかいます。スープを煮ている間は、ねぎを切ったり、チャーシューを煮たりという具の準備です。喜多方ラーメンの具は、チャーシューとねぎとメンマが基本。僕はチャーシューの味に特にこだわっていて、他の店に負けない自信があります。

ラーメンの麺は小麦粉、卵、塩、かんすいなどでできています。うちの麺は、地元の製麺所でうち専用のレシピで作ってもらっています。麺の歯ごたえは、ゆで時間が5秒違うと大きく変わるので、一番おいしくゆであがるタイミングを見極《きわ》めるのが、ラーメン作りで難しいポイントの一つです。

喜多方ラーメンは、あっさり醤油味。うちのラーメンも基本はこの喜多方ラーメンですが、他のお店と同じものを出しているだけでは、商売はやっていけません。ラーメン屋さんは皆、自分の店の売りになるオリジナルのラーメンを研究しています。たとえば、僕が考えたオリジナルラーメンに、豚の背脂《せあぶら》を入れた『じとじとラーメン』があります。『じとじと』とは福島弁で、『ぎとぎと、脂ぎっている』という意味。あっさりした喜多方ラーメンのスープに、背脂の濃厚な味がバランスよくマッチし、好評をいただいています。

他にも昔ながらのなつかしい味が特徴の『昔ラーメン』や、辛味を強調した『からみそラーメン』などをメニューにしています。喜多方はラーメン店が多いので、お客さんにうちを選んでもらえるよう、頑張らないといけないのです。

ラーメン屋さんになったきっかけ

好きなものをつきつめ続けて

家族が皆ラーメン好きだったので、小さいころからラーメンをよく食べていました。1日3食ラーメンの日もありましたし、家にお客さんが来ると必ずラーメンの出前を頼んでいました。でも、まさか自分がラーメン屋さんになるとは、思ってもいませんでしたね。

学生時代はスポーツに熱中し、中学校では剣道、高校では陸上選手として、県大会で3位に入ったこともあります。また、バイクが好きで、高校を卒業後、18歳からバイクのエンジンなどを作る会社で5年間働きました。その間、「このまま一生、会社員でいいのか、自分が本当にやりたいことは何か」と、将来について本気で考え、人生一度きりだから、自分の可能性をとことん試してみたいと決意したのです。そのとき、一番好きなことは何かと考えたら、ラーメンでした。会社を辞めるとき、僕はすでに結婚していたので、まわりの人たちは大反対。特に妻は、「家を出て行く！」と言うほど反対しましたが、「必ず1年後には店を出すから！」と必死で説得しました。

そして、喜多方ラーメンの有名店で1年ほど修業を積みました。最初は、店の掃除やお客さんへのラーメンの出し方からです。親方《おやかた》は、手取り足取り教えてくれるような人ではなかったので、僕は親方の仕事をよく見て、スープやチャーシューの作り方、麺のゆで方などを学びました。特に難しかったのは、お湯から麺をあげるタイミングと、ざるで湯を切る作業。閉店後、麺の代わりに濡れたタオルを使って猛特訓しました。

スープ作りも試行錯誤《しこうさくご》の繰り返し。自分の味を完成させないと店を出せないので、家で何回も試作し、週1回は家に友だちを4〜5人呼んで、ラーメンパーティーを開き、厳しい意見をぶつけてもらいました。喜多方の人は、ラーメンをいつも食べているから味にうるさいのです。おかげで、自分のスープを完成させることができました。

そして、いよいよ自分の店を開いた日。初めてのお客さんはお母さんとお子さんの親子連れでした。2人にラーメンを出したあと、食べたときの反応が知りたかったので横目で見ていたら、小声で「おいしい」と言ってくれました。そのひとことが、これから頑張っていこうという励ましになりましたね。

最初、妻はお店を手伝わないと言っていたのですが、いざオープンのときには、ちゃんと手伝ってくれました。妻の支えがなかったら、今のようにうまくはいかなかったと思うので、本当に感謝しています。

　自分でラーメン店を出すには、ラーメンを作る道具やドンブリなどを用意するだけで、あっという間に100万円以上のお金がかかります。最初はお金のやりくりなどで大変ですが、自分の店で自分がおいしいと思うラーメンを出して、お客さんに喜んでもらえるのは、ラーメン好きな僕にとっては最高に幸せなことです。

　でも、その幸せを得るには、それなりの苦労があります。新しいラーメンの開発は失敗の連続でした。こんにゃくを混《ま》ぜ込んだ麺や、とんこつスープに挑戦して、何度も失敗したものです。これからも、よりおいしいラーメンを開発するために、試行錯誤を繰り返すつらい日々が待っているかもしれませんが、皆さんに「おいしい」と言ってもらえるラーメン屋さんになれるよう頑張っていきたいです。

　僕は今、「喜多方ラーメン会」というラーメン屋さんの団体で、喜多方ラーメンを日本中に知ってもらうためのPR活動や勉強会も開いています。1人でもたくさんの人に、喜多方ラーメンを味わってもらいたいと思います。

POINT
この仕事につきたい！

　ラーメン店で修業します。このとき、単に師匠の味を真似るのではなく、自分の味覚を信じて、自分がおいしいと思うオリジナルの味を創り出すことが大切です。

　お店を出すには、お店の建物やどんぶりなど、必要なものを揃える資金も用意しないといけません。まずはいろいろな店のラーメンを食べて、自分がおいしいと思う味を見つけておくとよいでしょう。

POINT
10代へのメッセージ

夢を持ってずっと進んでほしい！　必ず道は拓けます。

職業▶ 寿《す》司《し》職《しょく》人《にん》

寿司職人

概要▶ 寿司職人とは、お寿司屋さんで握り寿司や巻き寿司を作る人のことです。お寿司は旬の食材が命。どの時期にどの魚がおいしいか、どの魚が新鮮かを見分ける力が必要です。また、お客さんと会話しながら握るので、接客も大切な仕事です。寿司は海外でもポピュラーな日本食で、最近は海外で活躍する寿司職人も増えています。

情報▶ 

INTERVIEW

氏名▶ 白《しら》幡《はた》哲《てつ》也《や》さん

経歴▶ 白幡さんは1972年、宮城県生まれ。日本有数のマグロ水揚げ量を誇る、宮城県塩竈《しおがま》市のお寿司屋さんの3代目です。高校を卒業後、東京と大阪で寿司職人の修業を積み、現在は実家のお店でお寿司を握っています。

寿司職人の仕事とは?

旬のおいしいネタを見極めて その日の寿司を握る

　僕が働いている寿司屋には、父を含め5人の寿司職人がいます。寿司職人の朝は早く、午前6時半には市場に行き、その日に使う魚を仕入れます。マグロや貝類、白身《しろみ》の魚、そしてその日のオススメの食材を探し、常に20種類以上のネタを用意できるようにしています。

　8時からは、店で仕込みです。貝の殻《から》を外して湯にさらしたり、コハダを酢でしめたり、厚焼き玉子を焼いたりと、やることはたくさんあり、時間もかかります。特に厚焼き玉子は、1本に玉子を9個くらい使う大きなものなので、１本焼くのに10分。それを10本焼くので、約2時間もかかります。また、アナゴの仕込みには、特に力を入れています。アナゴのタレは店によって違い、その店の特徴がはっきりと出るからです。

　そして、10時40分ごろからご飯を炊《た》きます。寿司はネタだけでなく、シャリも大事。寿司というと、冷たいご飯をイメージする人が多いと思いますが、うちは温かいシャリを出しています。だから、開店ギリギリの時間に3升のガス釜でご飯を炊くのですが、この時、気圧や天気に合わせて火加減を調整しないと、ちょうどいい歯ごたえに炊き上がりません。

　ご飯が炊けたら、酢と砂糖と塩を混ぜた合わせ酢をまぶします。店ごとに合わせ酢の割合は違い、シャリの味にも店の特色が出るので、とても大切な作業です。うちの店では1日に大体１００人前、約１０００個の寿司を握ります。

　お寿司には、おいしく食べる順番というものがあります。淡白な白身の魚から始め、最後にアナゴやトロ、玉子焼きなど脂の多いもの、という順番です。でも、これは明治時代の本に書かれた食べ方なので、今のお客様には、食べたいものから食べてほしいと思っています。

寿司職人になったきっかけ

お客様の前に立つ やりがいを求めて

　僕の家は寿司屋なので、寿司は小さいころからよく食べていましたし、好きでした。長男の僕は祖母から、「将来は寿司職人になりなさい」と言われていたのですが、実は洋食が好きで、将来はレストランのコックになりたいと思っていました。高校生のときには、フランス料理の本を見ていろいろな料理を作り、親に食べさせたりもしていました。

　フレンチのシェフになろうと思い続けていたのですが、将来を真剣に考えたとき、父の働く姿を見て考えを改めました。寿司職人はお客様の前で調理し、食べている間もずっと目の前にいます。お客様の反応を直接見られるし、逆に作っている姿を見られるので、やりがいのある仕事だと思いました。そして何より、お客様との会話が楽しく、人と話すのが大好きな僕には、寿司職人のほうが向いているのではと思ったのです。

僕は寿司の技術を父には教わりませんでした。親のもとで修業をすると、どうしても甘えが出ると思いましたし、一度は親元を離れたいという気持ちもありました。そこで、江戸前寿司を学ぼうと東京で修業したのです。その後、関西の寿司も知りたいと思い、大阪でも修業。合計4年間、修業を積みました。

修業は最初、店の掃除などの雑用をしながら仕事を覚えていきます。とにかくつらかったのは、朝の早いこと。毎朝4時には起きて、先輩たちが仕事をできるように準備をしないといけません。しばらくの間、ネタはもちろん、シャリにも触《さわ》らせてもらえませんでした。

また、お客様を迎える仕事なので、挨拶《あいさつ》や言葉づかいなど、お客様とのコミュニケーションについても、厳しく指導されました。特に、「いらっしゃい」と「ありがとうございました」は何度も繰り返し、練習させられました。接客ができるようになったら、いよいよ寿司の技術を学びますが、基本的には何も教えてはくれません。先輩たちの仕事を見て盗むしかないのです。

まず、シャリの作り方から覚えます。ご飯を上手に炊き上げ、合わせ酢を混ぜるのですが、これがなかなか難しい。酢が均一に混ざるように、手早く混ぜないといけません。モタモタしているとご飯が固まってしまうのです。

僕は閉店後に、空の寿司桶《おけ》としゃもじで混ぜる練習を繰り返しました。

シャリが作れるようになったら、いよいよ寿司作りです。寿司は巻物から覚えていき、それができるようになったら握りです。残ったご飯や、手ぬぐいを丸めて握りの練習をします。寿司職人は簡単に握っているように見えますが、一つひとつを同じ大きさにするのは非常に難しいのです。こうしてお客様の前に出て握れるようになるまで、5年くらいはかかります。

寿司の世界には、「シャリ炊き3年、合わせ5年、にぎり一生」という言葉があります。一生をかけて、やっと一人前になれるような、奥の深い世界なのです。

僕は、寿司職人はきれいな手であるべきだと思っています。毎日寿司を握ったり、米を研《と》いだりしていると、特に冬場には手が荒れてしまいます。しかし、そんな手をお客様が見たら、おいしい寿司もおいしく感じられません。だから、毎日寝る前に、ハンドクリームを塗ります。これは僕なりのこだわりです。

寿司屋は接客業なので、ただ寿司を握って出すだけではなく、お客様の話し相手にもならないといけません。会話にバリエーションを持たせるために毎日、新聞や本を読んで、話題を仕入れています。

一見《いちげん》さん（初めて来店するお客様）には、最初のつかみが大事。最初に何を出すか、お客様は何を食べたいか、どんなタイミングで出すかを、お客様の様子を見ながら考えます。そのあたりが寿司屋のおもしろさでもあります。

寿司職人には、やはりおもてなしの心が大切です。うちの店に来て、気持ちよくなって帰ってもらえるのが一番。僕はそんな寿司屋を目指しています。

POINT
この仕事につきたい！

お寿司屋さんで、皿洗いや掃除から修業を積みます。専門学校もあるので、そこで勉強してからお店に入って修業する人もいますし、最近は女性の寿司職人も増えているようです。

寿司職人は経験がものをいう仕事なので、若いうちに修業を始めたほうがいいかもしれません。将来独立を目指している人は、にぎりの技術だけではなく、仕入れや店の経営も学びましょう。

POINT
10代へのメッセージ

いつでも熱中していられる「内に秘める志《こころざし》」を、ひとつでいいから持ってほしいと思います。そして、10代という時間の中で、自分ができる精一杯のことをやってください！

職業▶ 学《がっ》校《こう》栄《えい》養《よう》職《しょく》員《いん》

概要▶ 学校栄養職員とは、栄養やカロリーなどを考えて給食の献立を作ったり、子どもたちに食事や栄養の大切さを教えたりする人のこと。最近は子どもにも肥満や糖尿病などの生活習慣病が増えてきて、栄養指導を行なう学校栄養職員の重要性が高まっています。給食は「生きた教材」とも呼ばれ、学校栄養職員は給食を通して子どもたちにいろいろなことを教えます。

情報▶

学校栄養職員の仕事とは?

子どもの栄養を考えた献立作り

学校栄養職員の仕事は毎月の給食の献立《こんだて》を考えたり、必要な食材を注文して用意したり、子どもたちにいろいろな栄養素の話をしたり、子どもたちが食べる様子《ようす》を観察して食べ方の指導をするなど、いろいろあります。

給食の献立は1カ月分、まとめて作ります。献立作りで大切なのは、「栄養素」です。栄養素には体を作る「タンパク質」、エネルギーになる「炭水化物《たんすいかぶつ》」、体の調子を整える「ビタミン類」などがあり、1食に摂《と》るべき栄養素やカロリーの目

INTERVIEW

氏名▶ 船《ふな》田《だ》友《ゆう》紀《き》さん

経歴▶ 船田さんは1967年、東京都生まれ。専門学校で栄養学を学び、資格を取りました。卒業後、東京・江戸川区役所に就職し、保育園の献立作りを5年間担当。その間に、より専門的な管理栄養士の資格も取り、学校栄養職員になりました。現在は江戸川区立大杉小学校に勤めています。

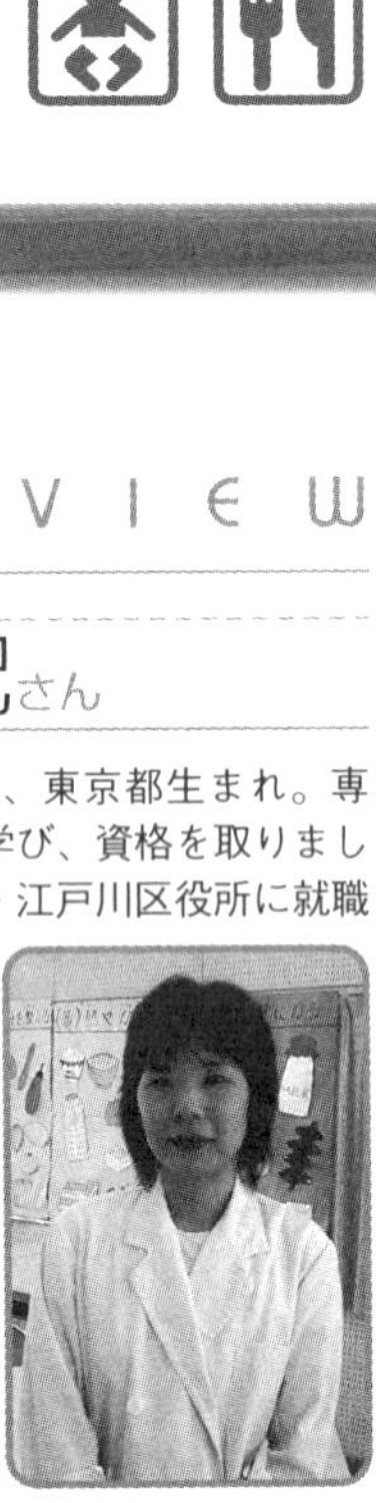

安が年齢ごとに決まっています。

たとえば小学校中学年の場合、1食当たりタンパク質25g、カルシウム２９０㎎、ビタミンC22㎎、カロリー６４０kcalと決まっていて、それらをうまく満たすようにバランスよく献立を考えなくてはなりません。いくら子どもたちがカレーライスを好きでも、毎日カレーだとエネルギーや脂肪分が多すぎて、ビタミンやカルシウムが不足してしまいます。だから、栄養素が偏《かたよ》らないよう、バリエーション豊かな献立を考えています。

栄養素を効率よく摂るための工夫もしています。たとえば、緑黄色《りょくおうしょく》野菜に含まれるカロチンという栄養素は、油と一緒に摂ると体に吸収しやすいので油で炒《いた》めた料理にしたり、ビタミンは熱に弱く調理すると減ってしまうので、その量を計算して多めに調理したりしています。

そのうえでおいしい旬《しゅん》の食材を加え、子どもを飽きさせない献立を考えます。初めて挑戦するメニューの日は緊張します。以前に出した「くきわかめの炒め煮」というメニューは残した子どもが多く、失敗でした。そこで、ニンジンやさつま揚《あ》げなどの彩《いろど》りを加えればよかったと反省し、後日改良して出したら、なかなか好評でした。

このように、子どもの反応を見ながら、メニューをアレンジすることがあります。また、子どもが野菜よりも肉類が好きなのは仕方ないことですが、栄養価の高い野菜も食べて欲しいので、苦手な食べ物はどうすれば食べやすくなるか、といったことも常に考えています。

給食は大量に作らなくてはなりませんから、材料の選定《せんてい》も大変です。献立ができたら1カ月分まとめて注文し、業者に新鮮で安全で安価のものを用意してもらいます。

江戸川区では、小学生1食当たり約２５０円と予算が決まっているので、オーバーしないように注意します。

ただ、異常気象などで野菜が高くなって予算がオーバーしてしまうこともあります。そんなときは、「キャベツが高いからモヤシにする」とか、業者の人に相談しながら、献立を変えずに使う食材を変える工夫をします。また、そのような状況にならないよう、普段から自分で買い物をしながら、物価の調査をしています。

毎日、給食の時間までは本当に忙しいですね。材料の確認が終わったら、調理師さんと作業の分担や手順の確認をしたり、調理師さんが忙しいときは手伝ったりもします。給食が完成したら、味見をします。子どものときの食習慣は大切なので、体によい薄味を心がけています。

給食の時間には各教室をまわって、食事指導を行ないます。「どの食べ物にどんな栄養素が入っているか」というような話をします。そして子どもたちに、「おいしい?」と感想を聞き、どんな料理に食べ残しがあるかをチェックします。中には、毎日残してしまう子どももいますが、小さいうちは苦手なものがあっても仕方ありません。そんな子どもには、最初はひと口でいいから食べて、6年間で全部食べられるようになればいいと言います。

給食は1年間で、約189食作ります。毎日食べるものなので子どもたちに、「毎日おいしくて、飽《あ》きないよ」と言われたときは、うれしかったですね。

学校栄養職員になったきっかけ

興味のあることをつきつめる それが仕事につながった

実は小学校低学年のころ、給食が苦手でした。私は当時、お肉が食べられず、大きな容器で運ばれた酢豚《すぶた》を見るだけで嫌《いや》になったほど。その後も、給食が食べられなくて早退したり、家が学校の近くだったので、一度帰って昼食を食べ、学校に戻ったりしていました。

食べるのは苦手なのに、給食をよそう給食当番は大好きでした。おかずを人数分、ピッタリと分けられると気持ちがよかったのです。そういうことから徐々に給食が好きになり、苦手だった肉も少しずつ食べられるようになりました。

小学校5年生から子ども料理教室に通いはじめ、いろいろな料理を作るうちに、料理の楽しさを知りました。料理教室でもらったレシピは、今も宝物にしています。いつも料理をしていて、私が不思議に思っていたのは、栄養素がどうやって体に取り込まれるのか、ということ。

高校生のころ、好きな料理と体の仕組み、この両方を勉強できるのが栄養学だと知り、栄養士になろうと決心。高校卒業後、栄養学の専門学校に進んで栄養士の資格を取りました。最初、江戸川区の職員として、区立保育園の献立を考える仕事に就《つ》きましたが、週に1回、保育園を見に行くだけでした。もっと子どもたちと接したいと思い、小学校の担当に異動させてもらったのです。

学校栄養職員になりたてのころは、失敗ばかりで、保育課ではやらなかった発注の仕事がとても大変でした。食材の注文に漏《も》れがあったときは業者に頭を下げて用意してもらったこともあります。また海藻や切《き》り干《ぼ》し大根など、水に戻すと大きく膨《ふく》れるものもあって、調理師から、「こんなにたくさん作っても、子どもは食べ切れない。ムダになる！」と怒られたりしました。量の感覚は、経験を積んで身につけるしかないのです。いろいろ失敗はあっても、自分のイメージ通りの料理ができて、それを子どもたちが喜んで食べ、成長していると思うと、とてもやりがいを感じます。

食べることは一生続く行為。大人になっても食べることの大切さを考えてもらえるよう、給食を通し、子どもたちに教えていきたいと思います。

POINT
この仕事につきたい！

大学や短期大学の栄養士課程、または栄養専門学校などを卒業し、栄養士の資格を取得。そして、各都道府県および市区町村に学校栄養職員として就職します。より専門的な管理栄養士の資格を取ると、就職に有利です。学校栄養職員は求人が多くないので、病院や福祉施設などで栄養士をしながら募集を待つ人もいます。この仕事につくには、根気と運が必要かもしれません。

POINT
10代へのメッセージ

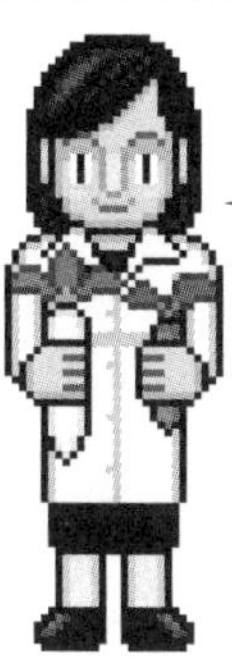

いろいろなことを見たり、聞いたり、読んだり、やってみたりして欲しいです。その経験は、将来、きっとその人の中で役に立ち、力になるものだから。

職業▶

ピッツァ職人《しょくにん》

概要▶ 18世紀にイタリアのナポリで生まれたピッツァが世界中に広まり、いろいろなピザに変化しました。そのピッツァをつくる人をピッツァ職人と言います。ピッツァの生地は小麦粉とイースト、塩などのシンプルな材料で作りますが、発酵具合によって味や食感が変わり、毎回同じ味に仕上げるのは難しいそうです。それができるのが一流のピッツァ職人です。

情報▶

INTERVIEW

氏名▶ 大《おお》西《にし》　誠《まこと》さん

経歴▶ 大西さんは1975年、奈良県生まれ。高校を卒業後、イタリアンレストランで働き、26歳でピッツァの修業のためにイタリアへ。2003年には、ナポリで行なわれたコンクールで、イタリア人以外で初めての優勝を果たしました。現在は、東京・白金にあるピッツァ専門店で働いています。

ピッツァ職人の仕事とは?

気温や湿度によって変わる生地 同じピッツァは2度と焼けない

ピザの元祖と言われるナポリピッツァは、具がシンプルで生地《きじ》が薄く、縁の部分が厚いのが特徴です。トマト、バジル、モッツァレラチーズで作る「マルゲリータ」が代表的。

驚くことにイタリアでは、「チーズはカンパーニャ州のものを使う」「トマトソースはトマトと塩のみで味付けする」など、ピッツァの材料や作り方が国の法律で細かく決められています。法律で保護するほど、大切な伝統料理なのです。

ピッツァ職人の1日は、生地作りから始まります。水、小麦粉、イースト、塩のみを混ぜて発酵《はっこう》させるのですが、ピッツァの命とも言える生地のモチモチ感は発酵具合で決まるため、この工程が一番重要です。発酵が進むと生地が大きくなって、表面がツルツルしてくるので、大きさや表面の状態を確かめて、発酵具合を判断します。また、手で生地を伸ばしてみるのも発酵具合を見るには大事です。伸びずに切れてしまうものは、発酵が足りない状態だとわかります。

　こうしてできた生地は手で叩《たた》いて、3倍くらいに伸ばします。このとき、あとでトマトソースを乗せる中央部を押して、空気を抜くのがポイントです。そして生地の上にトマトソース、チーズ、バジルの葉などを乗せて、オリーブオイルをたっぷりかけます。最後に、パーラーと呼ばれる大きなヘラにピッツァを乗せ、釜で焼きます。途中、生地の縁《ふち》が膨《ふく》らんで焼き目がついてきたら180度回転させ、400〜500℃で1分間焼き上げて完成です。1日に200〜300枚ほど焼きますが、ピッツァは生地が薄く、油断するとすぐに焦《こ》げてしまうので、気が抜けません。

　ピッツァ作りの難しいところは、まったく同じピッツァは2度と焼けないこと。同じ材料を使っても、生地は気温や湿度によって状態が変わります。そのため毎日、粉の配合、塩やイーストの量を微妙に調整しないといけないのです。また、焼く人の気持ちひとつで変わります。悩んでいたり、怒っていたりすると本当にいいピッツァは焼けません。毎回同じ状態のピッツァを作ることは難しいのけれど、そこがおもしろさでもあります。

　ピッツァを作る人が「職人」と呼ばれるのは、作る人によってまったく違うピッツァができるからです。それだけ奥が深い料理だと言えます。

ピッツァ職人になったきっかけ

手ぶらでは帰れない必死の修業時代

　僕は小さいころから麺《めん》類が大好物で、高校時代はイタリアンレストランでアルバイトをしていました。その中で自分がおいしいと思うものを作って、さらにお客様を喜ばすことができる料理の世界に魅力を感じ、イタリアンのコックになりたいと思いました。そこで、高校を卒業したら地元奈良のレストランで修業し、お客様の多い大阪や東京のお店で腕を磨《みが》き、最後に本場イタリアで修業を積み、最終的に奈良で自分のお店を持つ、という人生設計を立てたのです。

　ところが、人生そんなに甘くはありません。高校卒業後、奈良のレストラン会社に就職しましたが、イタリアンだけではなく和食もあって、和食のほうに配属されてしまったのです。

　卵を見るのも嫌《いや》になるほど、来る日も来る日もだし巻き卵を作らされ、1年半で退社。働く当てはありませんでしたが、人生設計通りに大阪へ行きました。居酒屋でアルバイトをしながら、働けるイタリアンレストランを探し、3カ月経ってやっと就職先が決定。泣きながらタマネギをみじん切りする日々が続きましたが、そのうちに大好きなパスタを作らせてもらえるようになり、3年間でチーフにもなりました。

　その後、一流店が集まる東京へ行き、料理の腕を磨きながら、いつか本場イタリアで修業するためにイタリア語教室にも通いましたし、いろいろなレストランにも食べに行きました。

　東京で働いて3年目、そろそろイタリアに行こうかと思っていたころ、当時できたばかりのピッツァ専門店で初めてナポリピッツァを食べ、ショックを受けました。どうやったらこんなにおいしい生地が作れるのか、その作り方がどうしても知りたくなって、すぐさまピッツァを学びにイタリアのナポリに行きました。ここで、パスタからピッツァへと、人生設計が変わったのです。

　何のあてもなくイタリアへ渡り、働けるお店を探しましたが、なかなか見つかりません。1カ月も働き先が見つからず、あきらめて帰ろうと思ったある日、ナポリ駅でアリーゴというイタリア人の医師が、いきなりお金を出して「ピッツァでも食べなさい」と話しかけてきたのです。これが運命の出会いになりました。アリーゴに事情を話したところ、ナポリ湾のイスキア島にあるピッツァのお店を紹介してくれたのです。アリーゴはまさに僕の人生の恩人です。

　その店では、材料の下ごしらえから教わりました。20キロもあるモッツァレラチーズの塊《かたまり》をナイフで細かく切るのですが、硬くてすごく力がいるのでヘトヘトになりました。トマトを刻《きざ》むなどの雑用だけで1日が終わることもありました。しかも修業は、「見て盗め」の世界で、丁寧《ていねい》に教えてくれません。まずは焼く仕事を覚えますが、先輩の焼き方を見てマネしても、なかなかうまくできず、よく焦《こ》がして怒られました。

　焼く仕事をしながら、生地を作る師匠《ししょう》の手先を盗み見し、閉店後に余った生地で練習する毎日。単身イタリアに乗り込んでの修業だったので、「手ぶらでは帰れない」と必死でしたね。

　その修業の成果が出たのか、ナポリで毎年行なわれる「ピッツァフェスタ」のコンテストで、巨匠と言われる大ベテランたちを相手に、なんと、優勝したのです！　本場の舌の肥《こ》えた審査員が一番おいしいと思ってくれたことが信じられませんでしたが、大きな自信になりました。その後、高校時代に立てた人生設計通り日本に戻って、今は東京のお店で働いています。いつかは地元の奈良に自分の店を持ちたいと思っています。

POINT この仕事につきたい！

　師匠について修業を積みます。最近は、日本にもピッツァ職人が増えていますが、やはりイタリアで修業する人が多いようです。修業は技を、「見て盗む」が基本なので、人のいいところをマネする癖《くせ》をつけましょう。

　まずは本物の味を知ることです。作る職人によって、ピッツァはまったく異なっています。いろいろな店で食べてみるのが一番です。

POINT 10代へのメッセージ

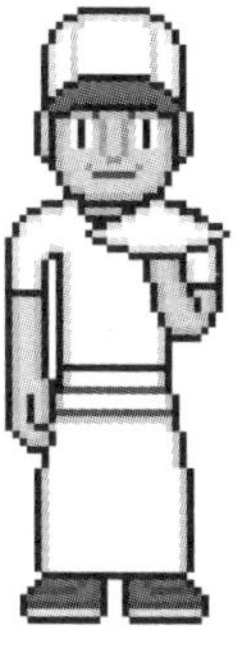

将来、どのようにしていこうか、すごく悩んでいる時期だと思います。今は「何が好き」で「何をしたい」「こんなこともやってみたい」と、いろいろあると思いますが、じっくり考え、自分が本当に好きなことを仕事にしたほうがいいと思います。いい職業と出あえるように応援しています。

職業▶
パティシエ

概要▶ パティシエとはフランス語で、ケーキなどのフランス菓子を作る職人さんのこと。アイスクリームやチョコレート、ビスケットなど、フランス菓子全般を作ります。おいしいだけではなく、見た目を美しくするセンスや、新しいスイーツを作り出す創造力も必要です。レストランやフランス菓子店で修業を積んでから、独立して自分のお店を持つこともできます。

情報▶

INTERVIEW

氏名▶ 辻《つじ》口《ぐち》博《ひろ》啓《のぶ》さん

経歴▶ 辻口さんは1967年、石川県生まれ。、子どものころからフランス菓子に憧れ、高校を卒業後、東京のフランス菓子店に就職。パティシエになり、世界大会『クープ・ド・モンド』で、見事優勝した。2006年には地元の石川県にパティシエ初の美術館「辻口博啓美術館」をオープン。

パティシエの仕事とは?

繊細な仕事とハードな力仕事

パティシエの仕事は、完全分業制です。生地《きじ》を作る担当、釜《かま》の前でケーキを焼く担当、チョコレートの担当、アイスクリームの担当などがあり、それらをシェフが統括《とうかつ》しています。果物を切るなどの下ごしらえは、新人が担当します。

パティシエは一見、甘いスイーツに囲まれて華《はな》やかなイメージがありますが、実際はハードな肉体労働で、体力がない人には辛《つら》い仕事かもしれません。砂糖を運ぶにしても、何百個ものスイーツを作るためなので、重さは数十キロもありますし、それを混《ま》ぜるにも力が必要です。

でも、一番辛いのは、そういった力を使う仕事よりも、同じ作業を黙々と何百回も繰り返さなくてはいけないことです。パティシエはケーキの材料を用意するため、ひたすら同じ作業を続けるのです。

たとえば、ケーキ作りの卵割りは1日５００個。しかも、白身と黄身を分けるのが面倒ですし、うまく分かれていないと先輩に怒られます。さらに、1枚3キロもある鉄板を50枚ほど洗う仕事もあります。特に忙しいのがクリスマスシーズン。毎日何千個も、イチゴのヘタを取るのです。とにかく、体力と根気が必要な仕事です。

ケーキの生地やクリームなどは、材料を混ぜて作りますが、手順や温度、調理時間などは、その日の気温や湿度によって微妙に違います。いつも同じ味のものを作るには、熟練した技術が必要となってきます。

仕上げのデコレーションを担当するようになると、美的センスも問われます。そこで、いろいろなフランス菓子を勉強して、センスを磨《みが》いておかなければいけません。

さらに、自分のお店を出すなら、オリジナルの洋菓子を作る創造力が大事。フランス菓子だけでなく、いろいろな料理に対する知識を持っていたほうが、新しいアイデアを思いつきやすいので、常に勉強です。

僕はよくジョギングをするのですが、走っていると気分転換になるのか、新しいスイーツのアイデアが浮かびやすいです。季節ごとに、新作のスイーツをいくつか出すようにしています。でも、フランス菓子だからフランスの食材を使うべきだなどとは思っていません。

僕の実家は和菓子屋で、僕には和菓子職人の血も流れているので、和洋折衷《せっちゅう》の新しいものを作ろうと、いつも考えています。

派手な服や金髪が僕のトレードマークになっていますが、それは、パティシエという仕事は、「どれだけ、人との違いを出せるか」が勝負だからです。もちろん、スイーツで違いを出さないといけませんが、まずは外見から特徴を出したいと思っています。単なる目立ちたがり屋ではないんですよ。

パティシエになったきっかけ

子どものころに決めた将来　世界一を目指して

　和菓子屋の息子がフランス菓子作りなんて、不思議に思われるかもしれませんが、実は子どものころからパティシエになろうと決めていたんです。小学生のとき、友だちの誕生日会で生まれて初めてケーキを食べたのです。それまで僕は家の仕事もあって、フランス菓子を食べたことがありませんでした。そして、そのとき食べたケーキのおいしさに衝撃《しょうげき》を受け、「絶対に、ケーキを作る仕事をするぞ」と誓ったのです。

　そのころから、将来は厳しい職人の世界に入ると決めていたので、10代は学生生活を思いっきり楽しもうと思いました。毎日、仲間と遊びまくるだけではなく、生徒会長や応援団長もするなど、とにかくおもしろそうなことには何でも挑戦してみました。

　こうして存分に楽しんだ学生生活のあと、上京して東京のフランス菓子店で修業を積みました。まわりには、専門学校を出てからお店に就職する人もいましたが、僕はまったくの未経験なので、何をするにも人より遅れてばかり。だから、皆に追いつこうと必死に練習したものです。

　ところが半年が経《た》ち、やっと修業が身につき始めたころ、実家の和菓子屋が倒産してしまったのです。修業を辞めて実家に戻りました。和菓子も家もすべてを失って、どうしようもなくなったとき、家のことは心配だけど、やはり自分の夢をかなえようと決心しました。とにかく自分の洋菓子店を作って、失った店というものを取り戻そうと思ったのです。屋台のケーキ屋さんでもいいからすぐに始めようと思いましたが、当時はそんなお金も技術もなく、僕が作れたのはロールケーキだけでした。

　そこで、ケーキの世界には世界的なコンクールがあるので、もし優勝すればスポンサーになってくれる人が現れ、自分の店が持てるのではないかと考えて、再び修業するために東京に出てきました。そこからの修業は半端《はんぱ》じゃない厳しさ。ケーキ作りはもちろん、他の知識も貪欲《どんよく》に吸収しました。美的センスを磨くために建築学も学び、指先の技術向上のために粘土細工《ねんどざいく》も学びました。また、お店によって得意な洋菓子が違うので、4軒の店を渡り歩き、寝る間を惜しんでお菓子作りを研究しました。

　そして29歳のとき、フランス菓子の世界大会『クープ・ド・モンド』で念願の優勝を果たし、自分のお店を出すことができたのです。そのときは、うれしいというより、「いよいよスタートだ」という気持ちのほうが強かったですね。

　こうして今、7ブランドを経営するまでになりました。僕はいつか、食の世界でパリコレクションやニューヨークコレクションをやりたいと思っています。

　僕はこれまで、世界的なコンクールで3回チャンピオンになり、世界の審査員や業界人には知られていますが、パリやニューヨークに住む一般の人は僕のスイーツを知りません。だから、僕の世界観を表現するスイーツコレクションを開催したいのです。

POINT
この仕事につきたい！

　調理師専門学校の製菓部門で勉強してから、洋菓子店やレストランに就職するのが一般的です。専門学校で勉強しなくても、お店で修業を積んでパティシエになることはできますが、今は勉強してから就職したほうがいいかもしれません。

　修業は過酷ですが、お菓子を作るために必要な知識や技術を学ぶためのもの。努力すれば、世界に1つしかないオリジナルのお菓子を作ることもできます。

POINT
10代へのメッセージ

「少年よ大志を抱け」というフレーズが好きです。何事においても小さくまとまらず、自分の無限の力を信じて、前へ進んでほしい。

　そのためには、絶対に『夢』をあきらめないことだ！

職業▶

ティーブレンダー

概要▶ ティーブレンダーとは、いろいろな産地で採《と》れた紅茶の茶葉を混ぜ合わせ、おいしい紅茶を作る人のこと。身近にあるティーバッグの紅茶も、メーカーに勤めるティーブレンダーがブレンドしています。紅茶の味を正確に判断できる舌と、おいしいものを生み出す感性が必要です。自分が思い描く味ができるまで、何度もブレンドし直すこともあり、根気がいる仕事です。

情報▶ 

INTERVIEW

氏名▶ 熊《くま》崎《ざき》俊《しゅん》太《た》郎《ろう》さん

経歴▶ 熊崎さんは1967年、東京都生まれ。大学を卒業後、紅茶メーカーで紅茶の勉強をしてティーブレンダーになり、30歳で独立。これまでに、自分ブランドの紅茶を300種類も作ってきました。

ティーブレンダーの仕事とは?

おいしい紅茶作りとブランドを守る2つの仕事

　ティーブレンダーは紅茶の茶葉をブレンドする裏方の仕事なので、あまり一般的には知られていないかもしれませんが、ヨーロッパでは３００年ぐらいの歴史を持つ伝統と格式のある仕事で、日本にも紅茶メーカーなどにたくさんいます。

　紅茶にはインドのアッサムやスリランカ（セイロン）など、いろいろな産地があり、味も違います。中には、その茶葉だけでは味が強すぎて、飲みにくいものもあります。そこで、それぞれの茶葉を混ぜ合わせ、いい特徴だけを残すのがティーブレンダーの仕事です。

有名ブランドの紅茶はいつも同じ味ですが、実際には気象の影響で、毎年同じ味の茶葉ができるわけではありません。微妙に味の違う茶葉を、ブレンドによって同じ味にしているのです。このように、ティーブレンダーには飲みやすくおいしい紅茶を作るクリエイターの役割と、いつも同じ味の紅茶を作ってブランドを守るという2つの役割があります。

皆さんが喫茶店やティーバッグで飲む紅茶のほとんどは、ブレンダーが作ったブレンドティーなのです。

私は自分ブランドの紅茶も作っています。紅茶のブレンドは、はかりを使って分量を正確に量りながら、異なる種類の茶葉を混《ま》ぜ合わせていきます。何度か試飲して、イメージ通りの味になるまで、何十回でも、この作業を繰り返します。イメージ通りの味にするには、それまでに、たくさんの紅茶を飲んで覚えた味の記憶が頼りです。そのため、ブレンドはいろいろな茶葉の味を知らなくてはできません。

こうして、思い通りの味に仕上がったら、それを違う水で入れ直して飲みます。水が違うと、紅茶の味も変わるからです。以前、関西のお客様のために、関西の水で入れるとおいしくなる紅茶を特注で作ったことがあります。

また、ティーカップによって味の印象や香りの立ち方、色の見え方が変わるので、カップを替えて飲んだりもします。

紅茶の味がわかるようになるには、たくさんの紅茶を飲むのが一番です。僕はこれまでに、数万種類の紅茶を飲んできました。また、日常のいろいろなことに、「かっこいい」「かわいい」「きれい」と声に出して感動することが大事です。こういった感情が素直に湧《わ》き上がるようになれば、紅茶を飲んだとき、自然と何らかの感情が湧き、味を理解できるようになると思います。

ティーブレンダーになったきっかけ

好きこそ物の上手なれ 紅茶を極める人生

僕が紅茶と出あったのは、小学生のころ。母がバレエの先生で、教え子から毎年、御歳暮にたくさんの紅茶が贈られてきていました。それをガブ飲みしているうちに、紅茶が好きになったのです。ある日、紅茶のラベルによって味が違うことに気づき、ラベルに味のメモを書いてコレクションを始めるなど、すっかり紅茶に夢中になってしまったのです。中学でも教室を借りて、ティーパーティーを主催したりしました。

子どものころからあこがれていた仕事は、紅茶に関わる仕事か、新聞記者や雑誌記者。ずっとどちらか決められずにいました。その結論は、大学時代にはっきりと出ました。ティーパーティーを主催する企画会社をはじめ、本格的な紅茶を入れるために紅茶専門店でアルバイトをしました。また、それと同時に出版関係のアルバイトも始めたのです。

実際に仕事の現場を体験してみて、結論として紅茶の道に進むことを決め、大学卒業後に外食関係の会社に就職しました。そこで紅茶の仕事ができると期待していたのですが、会社の方針が変わり、「ここにいても仕方がない」と退社。

しばらくして僕が主催するティーパーティーがキッカケで、外資系の紅茶メーカーからスカウトされたんです。そこでは、プロのブレンド技術を学ぶことができました。僕はそれまで毎日紅茶を飲んでいましたし、紅茶のブレンドもしていましたが、プロに比べるとまだまだ未熟です。入社してからはまず、茶葉の味を鑑定する「ティーテイスター」として、多い日は１００種類もの茶葉を飲んで、ひたすら味覚を鍛えました。

その後、ブレンダーの仕事を任《まか》され、ホテルのレストランで使う紅茶などのブレンドをしましたが、僕はこだわって考え込みすぎるので仕事が遅く、先輩からはいつも「早くしろ」と怒られました。とうとう、会社の近くに家を借りて、早朝から夜中まで仕事をするという生活を送っていたのですが、次第にメーカーの意向に縛《しば》られず、単純に自分がおいしいと思う紅茶作りをしたくなりました。

そこで会社を辞めて小さな喫茶店を始め、それと同時に、多くの人に紅茶の魅力を伝えたくて、出張ティーパーティーの会社を興《おこ》しました。出張ティーパーティーは、日本中で行なわれるいろいろなイベントに行って、紅茶を入れる仕事です。出張パーティーのほうが忙しくなりすぎて結局、喫茶店は閉めてしまいました。現在はオリジナルのブレンドティーを、紅茶専門店やインターネットで販売しています。

忙しい毎日を送っていますが、リラックスするために、毎日1回は必ず自分のために紅茶を入れています。

そのとき、かなり実験的に「これを混《ま》ぜたらどうなるんだろう?」と、今までやったことのない組み合わせを試してみます。それが楽しくて、僕にとっては一番のリラックス法です。

僕の紅茶を飲んだ人が「おいしい」と言ってくれることが何よりですが、ブレンドをしていて、想像していた以上においしい味が出たときが、最高の充実感を味わえる瞬間です。僕の夢は世界中の紅茶を一度に楽しめる、「紅茶博物館」を作ること。いつかこの夢をかなえるために、今日も新しい紅茶作りに励んでいます。

POINT
この仕事につきたい！

紅茶メーカーや喫茶店に就職し、紅茶について勉強します。最初はテイスターとして味覚を鍛えてからブレンダーになるのが、一般的です。

とにかく紅茶をたくさん飲み、たくさん感動しましょう。紅茶のブランドを守る仕事をしたいなら、紅茶メーカーで働くのがいいですし、お客様と直接お話しして紅茶の感想を聞きたいなら、喫茶店で働くといいでしょう。

POINT
10代へのメッセージ

毎日を振り返って、何か1つだけでも覚えておいてください。夕日でも、映画でも、食べものでも。いっぱい笑って、いっぱい泣いてください。どんなときが気持ちいいか、どうしたらそうなれるか、自分と真剣に相談してください。やりたいことはきっと見つかりますから。

職業▶
フレーバーリスト

概要▶ 「フレーバー」とは、飲料やお菓子などの加工食品に、香りと風味をつけるために用いる「香料」のことをいいます。フレーバーは、食品のおいしさを決める非常に重要な役割を果たします。このフレーバーを創る人がフレーバーリストです。創っては食べ、そして創り直しの連続なので、食べることや香りが好きで、コツコツと作業に集中できる人が向いています。

情報▶

INTERVIEW

氏名▶ 櫻《さくら》井《い》毅《たけ》彦《ひこ》さん

経歴▶ 櫻井さんは1969年、埼玉県生まれ。大学を卒業後、香料会社で化粧品用の香り創りに携わり、その後、食品の香りを創る部署に異動。現在、清涼飲料水やお菓子、即席めんなど、加工食品の香りや風味を創るフレーバーリストとして活躍しています。

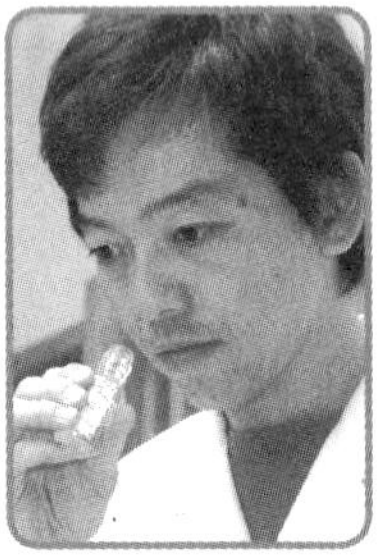

フレーバーリストの仕事とは?

目に見えず実体のない香りを創り出す難しさ

香りを創る仕事というと、皆さんは「香水創り」をイメージするかもしれませんが、それはパフューマーという人の仕事です。私たちフレーバーリストは、体につける香水ではなく、清涼飲料水やお菓子、歯磨き粉など、口に入れるものの香りや風味を創っています。商品の裏にある成分表示を見ると、「香料」と書いてあるのがフレーバーです。

　フレーバーには、どんな役割があるのかというと、砂糖と酸味料を入れただけの水は甘酸っぱい味しかしませんが、そこにリンゴのフレーバーを入れるとリンゴ味になります。人間は舌だけで風味を判断しているのではなく、香りも大きく影響しているのです。

食品の香りは、食品中に存在する「香り成分」（揮発《きはつ》性の化学物質）が空気中に揮発して鼻を刺激し、それを脳が識別《しきべつ》して感じているのです。食品自体にも香りはありますが、加工食品では工程中の加熱などで、食品本来の香りや味が弱まったり、変わったりすることがあります。フレーバーにはこれらに好ましい香りや味をつける働きがあります。

フレーバーの多くは揮発性の液体で、ほんの少し加えるだけで十分な香りが生まれます。フレーバーは果物や花、ハーブなどから香り成分を集めたものや、化学的に創られる香り成分を素材として、色々な組み合わせで創られます。

たとえば「リンゴ」なら、どんな香り成分の組み合わせでリンゴの香りが構成されているのかを調べ、どの成分を、どのくらい入れて組み合わせたらよいのかを決める、フレーバーの「レシピ」を作ります。

それから、レシピに従って香り成分を混ぜ合わせ、リンゴの香りが再現されているか確認します。ただ、やみくもに組み合わせてもダメです。人間の味覚《みかく》や嗅覚《きゅうかく》は非常に繊細《せんさい》なので、この作業がとても大切です。微妙なバランスの違いで風味がガラッと変わったりします。

香りを言葉で表現することは難しく、同じリンゴでもお客様からは「もっと青い風味のリンゴが欲しい」などと要望されます。そのとき、どの香り成分が「青い風味」なのかを理解し、納得してもらえるようなフレーバーを創らなければなりません。

フレーバーの世界は奥が深く、どんな成分を組み合わせるとよいのか、迷うことがあります。そんなときは仲間に自分の創った香りを嗅いでもらいます。おもしろいことに、目的の食品が苦手の人に意見を聞くと参考になることがあります。たとえばチーズが嫌いな人はそのにおいに敏感なので、いい意見がもらえることがあります。

フレーバーの創作には、創っては風味を確認し、また創り直すといった地道な作業が要求されます。1つのフレーバーを創るのに、早いときは数日でできることもありますが、長いときは数カ月もかかることがあります。コツコツと経験を積みながらレシピを作っていくしか、方法はありません。

フレーバーリストになったきっかけ

きっかけは1通の入社案内 未知のフレーバーへの挑戦

高校生のときは自転車が好きで、よく遠くに出かけていきました。ただ乗るだけでなく、分解、整備して組み立てることにも興味を持ち、ものを組みあげる楽しさを覚えたことが、今の仕事にも通じているのかもしれません。

大学を選ぶとき、当時はバイオテクノロジーが流《は》行《や》っていたので、微生物を使った研究をしようと思い、東京農業大学の醸造《じょうぞう》学科に入りました。そこでは、香りとはまったく関係ないことを勉強していました。

この仕事を選んだのは、香りを「創る」ということに興味を持ったからです。学生時代の花屋さんでのアルバイトを通じて、自分がつくったアレンジメントでお客様が喜んでくださるのを見て、「ものづくり」に魅力を感じました。

就職活動のとき、現在勤めている香料会社から、指でこするとバラの香りがするダイレクトメールが届き、そこに書いてあった『香りを創る仕事です』というコピーに目がとまりました。同じ「ものづくり」なら、香りを創るという、あまり皆がやっていない仕事がおもしろそうだと思い、念願かなってそこに就職でき、パフューマーになれたのです。

僕が会社に入って最初に商品化されたのが入浴剤の香りで、試行錯誤の末、採用されたときは本当にうれしかったですね。小売店をまわって自分の商品を探したりしたものです。

入社4年目には、特徴のある木の香りを活かしたオリジナルの香水を創作しました。そしてその香水で、本場フランスの若手パフューマーを対象とした「創作香水賞」をいただくことができました。とても光栄なことで、この仕事を続けていきたいと、強く思いました。

その後、社内異動でフレーバー部門に移りフレーバーリストになりました。同じ香り創りでも香水とフレーバーは大きく違います。フレーバーは食べるものなので、口に入れたときにおいしいかどうかが何よりも重要です。口にしたときの感覚をつかめるようになるまで、ずいぶん戸惑いました。

フレーバーのレシピを作るためには、香りの違いがわかるように鼻と口の訓練をする必要があります。新人のころは１０００種類もの香りを嗅《か》ぎ分ける練習など、毎日地道な訓練が続きました。ひたすら嗅いで覚えるしかないのです。

香り成分の組み合わせがほんの少し違うだけで、まったく新しいフレーバーができますし、フレーバーリストのアイデア次第で、いろいろなフレーバーが創ることができるのです。だからこそやりがいがありますし、今後も新しいフレーバーの開発に取り組んでいきたいと思います。長く人々に愛されるフレーバーを創りだしたいですね。

POINT
この仕事につきたい！

香りを勉強する専門学校があるので、そこで勉強するのも１つの方法ですし、一般の大学から香料会社に入る道もあります。どちらにしても、プロになるまでには何年もかけて香りを嗅ぎ分ける力を鍛えないといけません。

普段からいろいろなものに興味を持ち、それについてよく考える習慣をつけておきましょう。

POINT
10代へのメッセージ

勉強でもスポーツでも、夢中になれる「何か」があなたの財産です。好きなことに没頭してください。夢中になったときに感じる「楽しさ」や「喜び」を覚えていてください。いつか、あなたが好きなことで誰かが喜んでくれる、そんな仕事に出あえることを願っています。

職業▶ 和《わ》菓《が》子《し》職《しょく》人《にん》

和菓子職人

概要▶ 和菓子職人とは、饅頭《まんじゅう》や大福、羊羹《ようかん》、どら焼きなど、日本伝統のお菓子を専門に作る職人のことです。味覚のセンスはもちろん、指先で美しい形をつくり上げる技術や創造性も必要な仕事です。長い間受け継がれてきた伝統的な和菓子はもちろん、新しい和菓子を生み出す職人もいます。そのため、いろいろな料理にも興味を持ち、研究することが大切です。

情報▶

和菓子職人の仕事とは?

和菓子作りは「塩梅」

饅頭、練りきり、もなか、おこしなど、和菓子にはいろいろな種類があります。和菓子の特徴と言えば、やはり季節感でしょう。桜餅《さくらもち》や柏餅《かしわもち》は季節を代表するお菓子ですし、花や鳥など「花鳥《かちょう》風月《ふうげつ》」を形で表現したお菓子もあります。

和菓子は、五感で楽しむものです。単に味や見た目がよいだけではなく、香りや手触り、食べたときの音まで考えて作っています。

和菓子の命とも言えるのが餡《あん》です。こし餡、つぶ餡、黄味餡、コーヒー餡などさまざまあります。

INTERVIEW

氏名▶ 小《お》川《がわ》一《かず》夫《お》さん

経歴▶ 小川さんは1972年、茨城県生まれ。実家がお饅頭屋の小川さんは、高校を卒業後、東京や京都の和菓子屋で修業を積みました。そして23歳のときに、実家とは別の創作和菓子のお店を開業。インターネットでの通信販売にも力を入れ、現在は3つのお店を経営する注目の若手和菓子職人です。

うちでは、8種類くらいの餡をつくっています。お店によって伝統的な和菓子だけでなく、創作和菓子をつくっているところもあるので、餡の種類や品揃えはまったく違いますね。

和菓子のつくり方は千差万別。職人が１００人いれば、１００通りのつくり方があります。レシピはありますが、その通りにつくればいいというわけではありません。和菓子の世界には「塩梅《あんばい》」という言葉があって、その日の気温や湿度で素材の状態が微妙に変わるので、つくりながら配合や分量を変えないといけないのです。

私の店では、私とスタッフ2人で毎朝5時から夕方まで、約１０００個の和菓子をつくっていますが、どんなに忙しくても、餡だけは人に任《まか》せず、必ず自分で最終チェックしています。

うちで、特に人気なのがどら焼き。普通のどら焼きとは違い、皮の生地《きじ》にレンゲ蜂蜜《はちみつ》を混ぜ、オリーブオイルで焼き上げています。蜂蜜《はちみつ》を入れると皮にコクが出ますし、植物性のオリーブオイルで焼けばヘルシーです。また、コクのある皮に負けないよう、餡にも工夫があります。普通、餡をつくるときは豆を煮て出た灰汁《あく》を取るのですが、豆の風味を残すため灰汁を取りすぎないようにします。どら焼きは伝統的な和菓子ですが、和にこだわりすぎると、新しいものはつくれません。そのため、フレンチのシェフやパティシエなど、いろいろな人に調理法や食材について聞きまくります。人にしつこく聞くことが、私の才能のひとつですね。

私は自分にしかつくれない和菓子を出していきたいので、いろいろな創作和菓子にチャレンジしています。プリンをどら焼きでフタしたような「あずきぐらたん」や、栗を塩と味噌で味付けしたモンブラン風の和菓子「愛されモンラブン」が好評です。私が新作にこだわるのは、和菓子職人としての技術をさらに高めるため。新しい素材や調理法を勉強するには、新作を考えるのが一番よい方法なので、寝る間を惜しんで食材を探したり、調理法の本を読んだりしています。

新しい和菓子のアイデアは、いろいろなお酒を混《ま》ぜたカクテルや、ドライフルーツの盛り合わせを参考にして、食材の組み合わせを考えます。

和菓子職人になったきっかけ

もの作りの仕事を目指して和菓子職人の道へ

父がお饅頭屋さんだったので、和菓子は身近な存在でしたが、子どものころは甘いものが苦手でした。ただ、父の姿を見て育ったからか、ものづくりは大好きで、建築士やインテリアデザイナーにあこがれていました。

高校生のとき、進学か就職か進路に迷っていたとき、進路指導の先生に「家を継ぐのも選択肢のひとつだ」と言われ、「目標もなく大学に行っても、ムダに4年間をすごすだけ。それなら、大好きなものづくりができる和菓子職人になろう」と思いました。

高校卒業後、和菓子職人を目指し、東京で修業することにしたのです。

和菓子のつくり方をまったく知らなかったので、餡の練り方から餅のつき方、大福や団子《だんご》のつくり方など、基本からみっちり叩《たた》き込まれました。店で使う豆や小麦粉は大量だし、餡を練るのも力仕事。和菓子作りの塩梅は、水や温度の加減を体で覚えるしかなく、大変苦労しました。当然、うまくできなくて、先輩に怒られる毎日。梅を薄皮で包んで焼く「うめごろも」という和菓子は皮が薄く、均等に包まないと焼いたときに破れてしまうのですが、これを２００個作ったうち、60個も失敗してしまいました。「食べることで、なぜ失敗したのかがわかる」と言われ、失敗した和菓子を泣きながら全部食べました。

２年後、いったん実家に帰り、父の店で自分の和菓子をつくって売りましたが、父のお饅頭を買いにきたお客さんがついでに買っていくだけ。自分の未熟さを痛感しました。「このままじゃダメだ！」と思い、本場・京都で修業し直すことにしたのです。

京都では、東京の和菓子と違う手法でつくられる京菓子を見て、和菓子の奥深さを知りました。ほとんど給料なしで、代わりに技術や秘伝の配合を教えてもらうという修業の日々。お金がないので、友だちの家を転々としながら、いろいろな和菓子店をまわっていました。

22歳で結婚し、家族のためにもと思い、お店を出しました。どうせやるなら、自分の和菓子がどれだけ人々に受け入れられるか試そうと、自分のお店を構えたのです。22歳という若さでお金や店舗を借りるのは大変で、そこは父に助けてもらいました。

店はオープン当初から、順調に売り上げを伸ばすことができました。和菓子が受け入れられたのはもちろん、自分で設計したお店もお客さんに好評だったのです。修業時代から、一流の職人が和菓子をつくる姿がすごくカッコいいと思っていたので、職人のカッコよさをアピールするため、和菓子屋さんには珍しいオープンキッチンにしたのです。和菓子をちゃんと手作りしていることがお客さんにわかってもらえて、大成功でした。

私はこれからも、自分にしかできないもの、自分にしか出せない味をつくり続けていきたいと思っています。そして、和菓子の実演販売や和菓子教室にも力を入れたいですね。少しでも多くの人に和菓子の魅力を知ってもらうため、これからもいろいろな活動をしていきたいと思っています。

POINT この仕事につきたい！

高校や和菓子の専門学校などを卒業後、和菓子屋さんで修業します。専門学校で基礎を学んでおいたほうが修業を始めたときに楽《らく》ですが、お店によってやり方が違うので、学んだ知識が邪魔になることもあるようです。

今は多くの人が、専門学校卒。自信をつけるためにも、専門学校で基礎を学んでおいたほうがいいと思います。

POINT 10代へのメッセージ

自分の好きなことを見つけ、行動してみてください。私は「感動」という言葉が好きですが、「感ずること即《すなわ》ち、動くこと」だと思っています。失敗を考えないで、まずは行動。いろいろなことに挑戦してみてください。

この本では、79個の職業を8章に分けて紹介していますが、その職種ごとにアイコンをつけて、さらに細かく示しています。

アイコンの見方は下記の通りです。自分が興味を持っているアイコンがついているページから読み進めるといいでしょう。

あなたの「これから」の参考にしてくださいね。

計画を立てることが好き

人と接するのが好き

人の前で話すのが得意

勉強が好き・資格に興味あり

体を動かすのが好き

子どもが好き

音楽が好き

食べることが好き

ものを作ることが好き

山・川・海などの自然が好き

美しいものが好き

人や動物の役に立ちたい

機械・科学が好き電化製品が好き

つきつめて研究することが好き

ワクワク・ドキドキすることが好き

※インタビューの収録は2004年から2006年にかけて行なわれたものです。
現在とは、内容が異なっている場合もありますが、ご了承ください。

第4章

環境に親しむ

自然・動物系のお仕事

職業▶

アルピニスト

概要▶ アルピニストとは一般的に、山登りをする「登山家」の中でも、特に標高の高い山に挑戦する人のことを言います。富士山よりもずっと高い山では、真夏でも氷河があるなど過酷な環境のところもあり、その山に登ろうとして命を落とす人も少なくありません。その危険を覚悟してでも、山頂を征服したいという冒険スピリットが必要です。

情報▶

INTERVIEW

氏名▶ 野口《のぐち》　健《けん》さん

経歴▶ 野口健さんは1973年、アメリカ・ボストン生まれ。高校生のときに登山を始め、大学在学中の25歳のとき、世界最高峰のエベレストに登頂。その後、世界の七大陸で、それぞれ一番高い山を制覇《せいは》しました。

©野口健事務所

アルピニストの仕事とは？

想像を絶する過酷な世界　極限の地への挑戦

僕が登頂した七大陸の最高峰とは、アフリカ大陸のキリマンジャロ（５８９５ｍ）、オーストラリア大陸のコジアスコ（２２２８ｍ）、南米大陸のアコンカグア（６９６０ｍ）、北米大陸のマッキンリー（６１９４ｍ）、南極大陸のビンソン・マッシーフ（４８９７ｍ）、ヨーロッパ大陸のエルブルース（５６４２ｍ）、そしてアジア大陸最高峰のエベレスト（８８４８ｍ）です。

このような高い山、特に標高５０００ｍを超える山の山頂付近は、皆さんが住んでいる場所とはまったく環境が違います。まず気温が低く、夏でも雪や氷河で覆《おお》われています。また、座っているだけで息が切れるほど空気が薄くて気圧も低いため、酸素不足や気圧の変化が原因で起こる頭痛、めまいなどの高山病《こうざんびょう》になることもあります。僕もエルブルースの登山で高山病になって、命からがら下山したことがありますし、マッキンリーでは氷河の裂《さ》け目に落下して、危険な目にも遭《あ》いました。

　これまで最も過酷《かこく》だったのが、エベレスト登頂です。２回失敗して、３度目にようやく登り切ることができました。エベレストに登るには入念な準備が必要で、高山病にならないために、まずは近くの高い山に登って体を慣らさないといけません。さらに、エベレストの標高５３６０ｍ地点にあるベースキャンプで、約２カ月間生活をして、体を慣れさせます。

　３度目の挑戦のとき、入念な準備をしたにもかかわらず高山病になり、極度の眠気に襲われて大変でした。ピッケル（登山に使う、つるはしのような棒）で頭を叩《たた》いたり舌を噛《か》んだりして、何とか眠気を覚《さ》ましました。翌朝、頭に触れてみると、たんこぶだらけでしたよ。やっとのことで到達したエベレスト山頂ですが、喜びより、不安と恐怖でいっぱいでした。山頂から標高７９２５ｍにある最終キャンプまでは、片道約12時間もかかるので、疲れ果てた状態で同じルートを帰れるかどうか不安だったのです。結局、山頂にはわずか15分いただけで、すぐに下山。体力がもう限界で、泣きながら下りました。

　過酷な環境の高い山を登るには、腕力を鍛えるロッククライミングや心肺機能を高める水泳など、トレーニングを積む必要があります。ただし、筋肉がつきすぎてもいけません。筋肉は酸素を消耗し、酸素不足になると高山病になりやすいからです。そのバランスが難しいところですね。あと、極限状態でもしっかり食べられる強い胃袋にするため、おいしいものをたくさん食べることも重要なトレーニングのひとつです。

　登山のためには世界中を飛びまわり、そこに長期滞在するので、たくさんのお金がかかります。そのため、資金を提供してくれるスポンサーを探さなければいけません。僕も自分の活動内容を書いた企画書を持って、いろいろな企業をまわりました。登山は一緒に登る仲間やシェルパ（現地のガイド）はもちろん、スポンサーの協力があって初めてできるものなのです。

アルピニストになったきっかけ

落ちこぼれからの脱却

父親が外交官だったので、小さいころから世界各地で生活をしました。僕はアメリカで生まれ、サウジアラビアへ移り、4歳で日本、10歳でエジプト、13歳でイギリスと、ほとんどが海外暮らしでした。

学生時代は勉強が苦手で、イギリスの学校では落ちこぼれ扱いされていました。高校1年生のときには先輩とケンカをして、停学になったこともあります。その停学中に日本に戻ったのですが、父に、「ひとり旅に出て、今後のことを考えてこい！」と命じられました。そこで、日本のことをよく知らなかった僕は勉強のために、親戚の家がある大阪を拠点に京都や奈良のお寺巡《めぐ》りをしました。このひとり旅が、僕の人生の大きな転機となったのです。

旅行中にたまたま立ち寄った本屋さんで、冒険家の故・植村直己《うえむらなおみ》さんの著書『青春を山に賭けて』を目にしました。植村さんは世界五大陸の最高峰を制覇した有名な冒険家ですが、子どものころは落ちこぼれだったと本に書いてあったのです。自分と植村さんが似ている気がして、「俺も登山しかない！」と思いました。

僕は思い立ったら行動に移すタイプなので、すぐに日本の山岳《さんがく》同好会に入りました。初登頂は冬の富士山で、登山を始めて半年後にはヨーロッパの名峰、モンブランに登りました。その後、高校の停学処分が明けて復学すると、僕がモンブランに登ったという噂が広まり、先生や他の生徒の見る目が変わりました。そして、自分の中の劣等感が消えていったのです。

高校卒業後は、どうやって世界中の山々に登ろうか、ということばかり考えていました。日本を拠点にしたほうが活動しやすいと思ったので、日本の大学に進学。入学試験の面接で、「在学中に七大陸最高峰に登頂する！」と宣言しました。

しかし、それを達成するまでは苦難の連続でした。高山病や自然の猛威《もうい》の前に、命の危険を感じたことが何度もありますし、資金がなく、登山できない時期もありました。しかし僕はいつも、「落ちこぼれからの脱却」を目標に頑張ってきました。

そして、七大陸の最高峰を制覇するという、大きな目標を達成した今、僕が次の目標に掲げているのが、山の環境問題です。山には、登山家が捨てた酸素ボンベやテント、薬、大便など、いろいろなごみが残されています。特に薬は、動物が食べて病気になってしまったり、土壌や水を汚染したりと、いろいろな問題を引き起こす恐れがあるのです。そこで、僕はそういったごみを回収するための登山を始めました。まずは日本一の山、富士山をきれいにしたいと思っています。僕は5年間で富士山のごみをゼロにすると宣言したので、それを実現するために全力を尽くしています。

いずれは、子どもたちに環境の大切さを教える環境学校を開くのが、僕の夢です。

POINT
この仕事につきたい！

高校や大学で山岳部に入って、まずは日本の山に登ってみましょう。実際に登ることで登山の魅力がわかるはずです。

エベレストやキリマンジャロなど、海外の高い山に挑戦するためには、体力はもちろん、お金も必要。登山のインストラクターをしたり、スポーツ用品販売店にスポンサーになってもらったりして、資金を集める人が多いです。

POINT
10代へのメッセージ

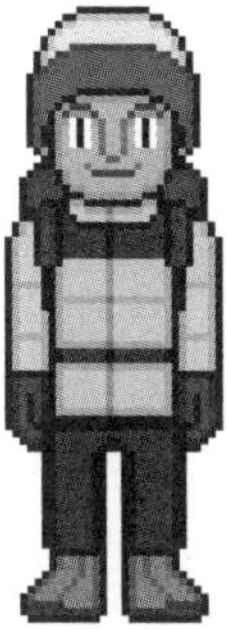

無理だと思うことも、とにかくやってみる。そしてそれを続けることが大事。失敗しても、それが成功へのヒントとなる。続けなければ、何も起こらない。とにかく続けよう！

職業▶ **プラネタリウム開《かい》発《はつ》者《しゃ》**

概要▶ ドーム型の天井に星空を映し出す機械を、プラネタリウムといいます。新しい技術を開発し、プラネタリウムを造る人がプラネタリウム開発者です。大きなドームに投影する本格的なプラネタリウムを造るには設備と資金、そして何より、「美しい星空を表現したい」という情熱が必要です。プラネタリウムを造り、上演するプログラムを考えて解説まで行なう「プラネタリアン」もいます。

情報▶ 

INTERVIEW

氏名▶ 大《おお》平《ひら》貴《たか》之《ゆき》さん

経歴▶ 大平さんは1970年、神奈川県生まれ。小学生のころから簡単なプラネタリウムを造り始め、2003年には、製作期間2年をかけて、世界一多くの星を映し出せるプラネタリウム「メガスターⅡ」を、たった1人で完成させました。

プラネタリウム開発者の仕事とは?

緻密な作業の果てにある人に夢と感動を与える仕事

星の明るさは1等星、2等星と表現され、暗い星ほど数字が大きくなります。肉眼で見えるのは6等星までの8000個と言われていますが、僕が造った「メガスターⅡ」は、肉眼では見えない12・5等星まで、合計約500万個の星を映し出します。双眼鏡で夜空を見るのと同じような星空が見られるのです。

プラネタリウムは、光を当てて壁などに影を作り出す影絵と逆の仕組みです。原盤に星座の並び方通りに小さな穴を空け、そこに光を当てると穴を通った光が星のように壁に映ります。原盤は特殊なガラスに金属の膜を張った直径5センチの円板で、1枚に多いもので１００万個の穴を空《あ》けます。穴は、一番小さいものだと１０００分の１ミリ。微生物と同じくらいの大きさです。コンピュータに星の位置のデータを入力すると、特殊なレーザーで自動的に穴を空けてくれます。大体10時間くらいで、1枚の原盤が完成します。

原盤作りの天敵は、ホコリと光です。特殊なガラスなのでホコリが付いたり、光に当たって感光したりすると、台無しになってしまいます。これを防ぐために、部屋を暗くしたクリーンルームの中で作業します。

メガスターⅡには原盤が32枚、地球を取り囲む空のように、球状に付いています。サッカーボールと同じ32面体です。さらにこの32枚に加えて、一番明るい1等星を映すための小型の原盤が、20枚付いています。これは、1枚でひとつの星を映します。こうすることで、1等星の色を忠実に表現することができるのです。

たとえば、蠍《さそり》座のアンタレスは赤色、オリオン座のベータ星は青色というように、星はそれぞれ色が違いますが、その色を表現するために、赤や青のフィルターを原盤の間にはさんで色をつけます。星の数、位置、明るさだけでなく、色も可能な限り実際の宇宙に近づけるための仕組みです。

科学館などの施設にあるプラネタリウムは、肉眼で見える８０００個の星があれば、十分とされていました。僕がそれ以上の星を映し出すことにこだわったのは高校生のとき、オーストラリアで見た星空に感動し、その宇宙を忠実に再現したいと思ったからです。

オーストラリアの空には、僕が見たプラネタリウムより、もっとたくさんの星が輝いていて、「いつか、この星空を再現してやろう」と、本格的なプラネタリウム造りを始めたのです。研究を重ね、５００万個の星を映し出すメガスターⅡを開発しましたが、それでも実際の星の数には及びません。可能な限り宇宙を忠実に再現できるよう、今後も技術の限界に挑戦し続けていきます。

メガスターⅡは、たくさんの星が投影《とうえい》できるだけでなく、持ち運びできることが特徴です。プラネタリウムの施設の他にも、コンサートホールでアーティストのステージを演出したり、結婚式場、企業の新商品の発表会、各地のお祭りなどでも上映できます。そのため、僕はプラネタリウムを上映する場所を探す営業活動も行ないます。

お客さんにカップルが多ければ、オーロラを出してロマンチックにするなどの上映プログラムや演出を考えたり、時には上映中に星の解説をすることもあります。プラネタリウムを造るだけが仕事ではないのです。このように、プラネタリウムの製造、演出、解説まで全部まとめて行なう人を、「プラネタリアン」といいます。

プラネタリウム開発者になったきっかけ

いつか見たオーストラリアの星空を再現したい

僕は小学生のころ、自分で紙に図面を描いて、切って電車を組み立てるなど、マニュアル通りではなくゼロから物を造るのが好きでした。おもちゃもお店で買うのではなく、自分で造るほうが楽しかった。中学校では鉱物に興味を持ち、山で水晶掘りをするなど、人とはちょっと違うことに熱中しました。また、メカも大好きだったので、自分でよく簡単なカメラを造ったりしたものです。

その後、地元川崎市の青少年科学館でプラネタリウムを見てから、星やロケットに興味を持ち、高校では物理部の天文班に所属しました。そして、オーストラリアで素晴らしい星空を見て、本格的なプラネタリウムを造ろうと思ったのです。

そこで、青少年科学館にプラネタリウムの造り方を聞きに行ったら、館長さんが親切に教えてくださり、プラネタリウムの操作もさせてもらうなど、とてもお世話になりました。今の僕があるのは、青少年科学館の皆さんのおかげです。

大学時代、本格的なプラネタリウムを造るために1年間休学したのですが、そのとき休学を認めてくれた大学にも感謝しています。休学中に、プラネタリウムを1台完成させることができ、卒業式ではプラネタリウムを開発したとして、大学から表彰までしてもらいました。

卒業後は、仕事をしながらプラネタリウムを造ろうと思い、CDを作る工場のエンジニアになりました。夜間や休日を利用して、プラネタリウム造りを続けていましたが、だんだんと本格的になり、ついにメガスターⅡが完成。それを各地で上映するために忙しくなり、会社を退職しました。

僕は、興味を持ったらとことんまでやらないと気がすまない性格です。将来は、宇宙船を飛ばしたいとも思っています。以前、一緒に仕事をした宇宙飛行士の毛利《もうり》衛《まもる》さんを、もう1回宇宙に連れて行ってあげようと、仲間と話しているんです。

メガスターⅡは、僕が目標にしているオーストラリアの星空を、まだ完全に再現できていません。プラネタリウムは平面の天井に映し出すので、実際の星空に比べ、立体感が足りないのです。これからさらに研究を進め、宇宙の真の姿を映し出せるプラネタリウムを完成させたいと思っています。また、これまで僕がプラネタリウムを造ってこられたのは、青少年科学館や大学の人たちなど、たくさんの協力者に恵まれたからです。

今も多くのスタッフに支えられています。常に感謝の気持ちを忘れず、たくさんの人たちに感動してもらえるような星空を造っていきたいですね。

POINT
この仕事につきたい！

簡単なプラネタリウムなら、電球とボール紙で造れます。興味を持った人は、一度造ってみましょう。造ればどうすればもっと美しいプラネタリウムができるかを考えたくなります。それが本格的なプラネタリウム造りへのスタートです。そして、プラネタリウムに行ってみましょう。

星へのあこがれが、この仕事を志す何よりの原動力です。

POINT
10代へのメッセージ

好きなことがあれば、それを夢中でやればいいし、もし今それができなくても、将来きっとかなう。助けてくれる人は、世の中にたくさんいるはず。一度しかない人生だから、自分流で生きていくのが大切かな。

職業▶
自《し》然《ぜん》解《かい》説《せつ》員《いん》（インタープリター）

概要▶ 山や公園を歩きながら、その土地の自然や歴史、文化を紹介するのが自然解説員の仕事。実際の体験を通してわかりやすく解説することから、「通訳する人」を意味する「インタープリター」とも呼ばれています。短時間で自然や文化を教えてくれる「ガイドウォーク」と、泊まり込みで行なう「キャンプ」があります。自然に興味があり、アウトドアが好きな人に向いている仕事です。

情報▶

INTERVIEW

氏名▶ 杉《すぎ》本《もと》幸《さち》子《こ》さん

経歴▶ 杉本さんは1973年、神奈川県生まれ。大学で林業を学んだあと、自然解説員になって8年目。現在は東京・奥多摩にある「山のふるさと村ビジターセンター」を拠点に、ガイドウォークなどの活動をしています。

自然解説員（インタープリター）の仕事とは？

自然の魅力を発見し、紹介する

自然解説員は遠足やキャンプなどの参加者と一緒に、自然の中を歩いて動物や植物に触れたり、歴史的な建造物を巡《めぐ》ったりして、その土地の自然や文化、歴史を総合的に紹介するのが仕事です。私が働いているのは奥多摩で、山を中心にその魅力を伝えています。

私が奥多摩で行なっている仕事には、短い時間で案内する「ガイドウォーク」と、泊まり込みでガイドする「キャンプ」の2つが主にあります。ガイドウォークは、親子連れや学校の遠足で来た生徒たちと一緒に山の中を歩きます。途中で立ち止まって虫を探したりしながら、約５００メートルの山道を40分くらいかけてゆっくりと歩きます。その際、毎回テーマを設けます。

たとえば、「上を見て歩こう」というテーマなら、上を向いて木の実やクモの巣などを探しながら歩くのです。見つければ、実際に触ってみます。真夏に、木の実を探して歩くこともあります。夏の時期の木の実は葉と同じ緑色をしているので、見つけるのが難しく、子どもたちは必死で探します。すると、どんどん熱中し、自然を楽しむことができるのです。こうして自然を楽しむ中で、「栗のイガも、夏はまだ小さいんだ」といった発見をしてもらうことが、私たちの仕事です。

私たちは自然に関してだけでなく、歴史や文化も紹介します。自然の中で人が生活して文化が生まれ、その営《いとな》みが歴史となり、その歴史の中で自然が変化するというように、この３つは密接に関係しているからです。たとえば、戦後、首都圏の水瓶として人工的に作られた奥多摩湖を案内するときは、「この湖の底には、何があるでしょう?」といったクイズを出すこともあります。実は奥多摩湖の底には、村が沈んでいるのです。少し難しい内容にも興味を持ってもらえるよう、クイズにして紹介するような工夫をしています。このように私たちのまわりを取り囲むものすべてに目を向け、それを楽しむのがガイドウォークです。

もうひとつの仕事「キャンプ」では、夜の自然体験も行なっています。真っ暗な山の中を歩きながら、小川の流れる音を聞いたり、夜に活動する野生動物の気配を感じたりします。今の子どもたちの多くは街灯のある町中《まちなか》で生活しているので、月明りの明るさにとても驚きます。

自然は、少しずつ姿を変えるものです。私もガイドをしながら毎回、新しい発見をします。参加した子どもに、「この虫、キュウリの匂いがする」と言われて嗅《か》いでみたところ、本当にキュウリの匂いがしてびっくりしたことも。私のほうが参加者に教えられることもあるわけです。自然は本当に奥が深いです。ただし自然の中では、不慮《ふりょ》の事故が起こらないとは限らないので、安全管理に一番気をつかいます。普段から歩きながら危険な場所をチェックして、参加者が安全に自然を楽しめるように気をつけています。

自然解説員になったきっかけ

自然と関わる仕事を探し やっと見つけた天職

子どものころ、スポーツ選手を追ったテレビのドキュメンタリー番組が大好きで、いつも感動して泣きながら見ていたものです。そこに出てくる人たちは皆、3歳ごろからスポーツを始めていたので、「私も始めなきゃ」と焦りました。

小学校4年生のころから、家の近くにできたカヌー教室に通い始めました。毎日2時間の練習はとても厳しく、真冬は前髪が凍るほどの寒さです。その後、高校3年生までカヌーを続け、オーストリアで開かれた世界ジュニア大会に日本代表として出場しましたが、世界のトップは本当にレベルが高く、いい結果が出せませんでした。

そこで完全に燃え尽き、何か別のことを始めようと決意したのです。

まず考えたのが、自然と関わることができる道に進みたいということ。ずっと自然の中でカヌーをしてきたので、きれいな空気や眩《まぶ》しい緑が大好きでした。そこで、木について学ぼうと、農大の林学科に進学しました。大学では、今まで川や湖から見上げていた山の自然を楽しみたくてハイキング部に入り、ひたすら山登りです。カヌーに打ち込んだ反動もあって、大学の4年間はひたすら楽しむことに集中しましたね。その結果、卒業後の進路に困りました。

大学4年生のとき、子どもたちに林業の作業を教えるキャンプをしたのですが、これがすごく楽しかったので、キャンプの指導をする仕事がしたいと思いました。しかしその仕事は当時、ほとんどがボランティアだったので、とりあえずアルバイトをしながらキャンプのやり方を教える研修に参加し、いつかチャンスをつかんでやろうと思っていました。2年がすぎたころ、私が参加した研修に、今の職場の上司が講師としてやって来たのです。このとき初めて、自然解説員の仕事を知りました。「これだ！」と思い、その場で「働かせてください」とお願いしたのですが、そのときは欠員がないという理由で断られました。それでもあきらめ切れず、後日電話をしたところ、「ちょうど欠員が出たから、面接に来て」と言われたのです。本当にラッキーでしたね。

ただし、就職してからが大変でした。私は林業を勉強していたので、木については勉強していたのですが、動物、特に鳥の名前を全然知りませんでした。最初は、わからないことは恥ずかしがらずに何でも聞いて、ひたすら知識を吸収しました。

仕事を始めて1カ月で、ガイドウォークを任《まか》せてもらえるようになりました。しかし、参加者に質問されても知らないことばかり。ガイド先から戻って、必死で調べました。また、クルミの種のまわりに付いている果肉は、触ると手が荒れてしまうのですが、それを知らずに参加者に触らせてしまったこともあります。このとき、自然と直接触れ合うこの仕事の怖《こわ》さも知りました。落ち込むことがあっても、参加者が驚いたり喜んでくれたりすると、この仕事をやっていてよかったと思います。目をキラキラさせて喜ぶ子どもを見るのが、一番の幸せです。

POINT
この仕事につきたい！

まずは、ガイドウォークに参加してみましょう。そこで興味が持てたら、自然解説員になるためのセミナーに参加してみてください。

セミナーは、インタープリテーション協会などが行なっています。自然に関する知識は仕事をしながらでも学べるので、今は体を鍛え、人との付き合い方を学んでおきましょう。

POINT
10代へのメッセージ

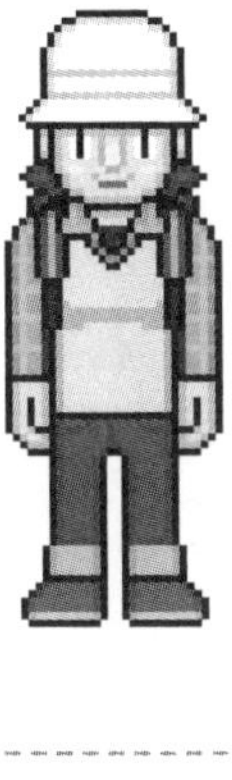

「自分って結構できる奴！」と思って、自分の持っているものに自信を持って伸ばしてください。他の人の評価より、自分に素直に向き合って、自分自身で「自分の力」を見つけ出して欲しい。皆、「すごい奴！」なんですから。

職業▶ 環境《かんきょう》クリエイター

概要▶ 環境クリエイターとは、環境を守り、人々が暮らしやすくなる新しいシステムを開発し、それを販売する人たちのことです。環境を守るとはどういうことなのか。たとえば、緑を守ったり、水や空気をきれいにしたり、ごみをリサイクルしたりすることです。その方法を考え、必要なシステムを開発して世の中に提案します。

情報▶
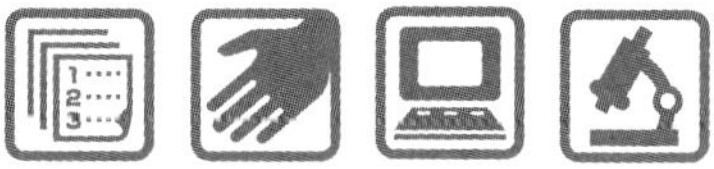

INTERVIEW

氏名▶ 松《まつ》尾《お》康《やす》志《し》さん

経歴▶ 松尾さんは1959年、福岡県生まれ。大学を卒業後、地元のデパートに勤務していましたが、40歳で退職し、生ごみを減らす処理機を開発し、それをホテルやレストランに販売する事業を始めました。現在は生ごみの他、使用済み割りばしのリサイクルにも力を入れています。

環境クリエイターの仕事とは？

世界規模の環境を守るリサイクルシステムを考える

環境クリエイターが行なっている仕事はいろいろありますが、僕は生《なま》ごみのリサイクルをしています。4人家族が1日3食のご飯を食べたら、約1キロの生《なま》ごみが出ます。レストランだと、パーティーなどがあれば1日400キロもの量になります。これをすべてごみとして捨てるのは、環境にとってよくありません。

そこで僕は、微生物の働きで生ごみを分解する生ごみ処理機を開発しました。処理機は横1メートル、奥行き1メートル、背丈は大人の身長ほどの大きさです。仕組みは、中に生ごみを入れると微生物が働いて、生ごみを水と炭酸ガスに分解してくれるというものです。水は環境に無害ですし、炭酸ガスは空気中に消えてしまいます。この処理機を開発するとき、さまざまな種類の微生物の中から、一番効率よくごみを分解する微生物を選ぶのに苦労しました。

どんなに苦労しても、ごみ処理機を作っただけでは意味がありません。それをホテルやレストランなどに販売し、利用してもらうための働きかけをする必要があります。これも環境クリエイターの大切な仕事です。ホテルなどの事業者のごみは回収にお金がかかるので、処理機を使ってコストを安く抑えるようなプランを提案し、交渉するのです。

僕は生ごみ以外にも、使用済み割りばしのリサイクルもしています。生ごみと一緒に捨てられることの多い割りばしは、かさばるし、ごみ袋を突き破ったりするので処理に困ります。

日本人が１年間に使う割りばしは、１人当たり２００膳。日本全体で考えると、年間で２５０億膳、重さは15万トンにもなります。それほどの量の割りばしを、ただ捨てているのでは資源のムダというものです。何とかうまくリサイクルできないかと、割りばしのリサイクル方法について考えたのです。

使用済みの割りばしを集めたとき、特に多かったのは竹の割りばしでした。これを紙にリサイクルするのは難しいですが、竹の炭なら作れるだろうと思いついたのです。そして現在、地元の福祉作業所の炭焼き釜などで竹炭にしています。割りばしで作った竹炭は、燃やすには少し細いですが、消臭や乾燥剤として使えるので、割りばしを出したホテルなどに納めています。ちなみに僕の家では、靴箱の中やピアノの下に置いていますが、効果があります。

生ごみ処理機で使う微生物は、もみがらの中で育てているのですが、この竹炭をもみがらに混ぜると、微生物の状態がよくなります。炭には無数の孔《あな》が空《あ》いていて、その孔が微生物の大きさとぴったり重なり、微生物にとって快適な環境を作るのです。これで、「微生物を使った生ごみ処理」

と「割りばしの竹炭化」、そして「竹炭による微生物の活性化」の3つがすべてつながって、循環型のリサイクルシステムを実現することができました。

　僕は今、割りばしの消費量を減らすことを一番の目標に掲げています。割りばしの主な産地である中国の森林を、守りたいと思っているからです。今後は、植林などの活動も予定しています。

環境クリエイターになったきっかけ

売れた物の後始末を考える時代

　僕の地元は福岡県北九州市です。田んぼや山に囲まれた自然豊かなところで生まれ育ちましたが、昔から大気汚染などの公害が問題になった街でもありました。その後、北九州市は環境先進都市へと変身し、今は公害のない街となりました。僕はこういう環境問題に身近で接するような土地で育ってきたので、もともと環境への意識は高かったのかもしれません。

　大学は、日本の歴史や文化に触れたいと思い、京都の大学へ進学。卒業後は地元に戻ってデパートに就職しました。当時はバブル崩壊前のイケイケの時代で、デパートでもよく物が売れました。しかし、僕が28歳のとき、ある人に「物が売れるのは今だけ。やがて今売れたものの後始末を考えないといけない時代がくる」と言われました。このひとことがきっかけで、僕はリサイクルに興味を持つようになったのです。

　自分の将来のことを考え、「35歳で文化に関わる活動をする」「40歳で環境に関わる仕事をする」「50歳で福祉活動をする」と目標を立てました。

　その目標通り、35歳のとき、家の近くに音楽ホールを作って音楽教室を始めました。それから地元の清掃活動に取り組むなど、いろいろなボランティア活動に参加して、多くの人に喜んでもらうことのうれしさを知りました。

　そして40歳でデパートを辞めて、リサイクルの会社を起こしたのです。デパートを辞めるとき、最初は家族に猛反対されました。でも、自分の人生だから自分がやりたいことをやらせてほしいと必死でお願いし、理解してもらうことができたのです。

デパートには19年間勤めましたが、今考えるとデパートでの経験は、今の活動にとても役立っています。デパートはお客様に物を売るだけではなく、どうすれば喜んでもらえるかを考えます。それは、どのように環境をよくすれば人に喜んでもらえるかを考える、今の仕事につながっているのです。

僕は環境の仕事を始めてからずっと、使用済みのポスターやカレンダーを利用して名刺を作っています。できることから1つずつ、環境にやさしいことをしていきたいと思います。

皆さんの生活の中でも、ごみの分別など環境のためにできることがいろいろあるので、少しずつでも環境に興味を持って、実践してほしいですね。

今後もいろいろな形で環境保護を訴え、リサイクルを実践することで、住みよい街づくりを進めていきたいと思っています。

POINT

この仕事につきたい！

学歴や資格は必要ありません。環境について真剣に考え、それをよくするために何かを始めることが第一です。まずは身近な環境について考えてみましょう。ごみ拾いでも、生ごみの分別でもいいので、まずはアクションを起こすことが大事です。

そして「もっとできることはないか」と考え、活動の幅を広げてみましょう。

POINT

10代へのメッセージ

人間の『脳力』は素晴らしいものですが、普通の人は一生にその3％くらいの力しか使わず、5％も使えれば天才だそうです。人間の脳は、できると思ったこと、楽しいと思ったことは達成できるようにできています。まずは目標を立て、第一歩を踏み出してください。その先に自分がやりたいことが見えてくるので、それに真剣に取り組んでください。

職業▶

ガーデナー

概要▶ ガーデナーは木や草花を植えて庭を造ったり、定期的に植物の手入れをする仕事です。また、ベランダなどに寄せ植えを造り、ディスプレイしたり一般家庭の小さな庭から植物園のような大きな庭の管理もします。植物の知識はもちろん、自然が好きで、体力に自信がないといい仕事はできません。

情報▶

INTERVIEW

氏名▶ 香山《かやま》三紀《みき》さん

経歴▶ 香山さんは1967年、東京都生まれ。都立農芸高校から恵泉女学園短期大学園芸生活学科を卒業し、農業高校で温室管理の仕事をしながらガーデナーの勉強をし、10年前に事務所を設立。個人宅を中心に、庭を造ったり管理をする仕事をしています。

ガーデナーの仕事とは？

庭を造り管理する 庭のマジシャン

ガーデナーには庭を管理する仕事と、庭を造る仕事の2つがあります。植木屋さんに似ていますが、植木屋さんが主に木を扱うのに対し、ガーデナーは木だけでなく、草花も扱います。ガーデナーは花の苗を売る花屋さんと、植木屋さんとの中間の仕事といってもいいかもしれません。

庭の管理は草取り、芝生《しばふ》や花壇の手入れ、病害虫のチェック、樹木の枝切りなどをします。毎月手入れをする家もあれば、年に1度だけの家もあります。作業は、いろいろな道具を駆使《くし》して行ないます。太い木を切るノコギリや花を切るハサミはもちろん、高いところを手入れするための脚立《きゃたつ》や高枝切りバサミなど、扱うのに力が必要なものばかり。相当な肉体労働です。

また、ガーデナーは屋外、特に花や木のそばで仕事をするので、虫に刺されたときのために、薬は必ず準備しています。

定期的に手入れをする庭には、私なりのちょっとした遊び心を加えることもあります。自分が気に入った花の苗を、お客さんに内緒で植えたりするのです。これには、お客さんを喜ばせたいという気持ちに加え、自分の気に入った花を実際に植えてみたいという気持ちもあります。しばらくすると、そのお客さんから電話がかかってきて、「庭に咲いている花、気に入ったわ！　何というお花？」と言ってくれる人もいます。

遊び心を受け入れてくれるお客さんの庭の手入れは、いろいろと考えようがあって楽しいですね。ガーデナーはお客さんを驚かせたり喜ばせたりする、庭のマジシャンです。

次に庭造りの仕事ですが、庭造りは土地の広さや日当たり、雨水の流れといった土地の環境を把《は》握《あく》し、その土地にふさわしい庭を考えていきます。

家族構成によって、お年寄りがいる家なら段差をなくすなどの安全面にも配慮しなければいけませんし、ペットがいるかどうか、お客さんはどんな花が好きかなどを考えて、それぞれのお客さんに合った庭を造ります。

単に素敵な庭というだけではなく、機能性も大切なのです。外から家の中が見えないように、常《じょう》緑樹《りょくじゅ》を使って目隠しにするなどの工夫も大切になります。

庭のデザインが決まったら実際の作業に取りかかりますが、レンガや石を積んで花壇や歩道を作る作業は、土木工事ですから大変です。植物がよく育つように堆肥《たいひ》を入れてかき混《ま》ぜて土を改良し、木や花を植えて完成です。庭造りで難しいのは、後々《のちのち》の管理も考えなくてはならないこと。花が咲く前に苗を植えるので、どのように咲くのかを想像して植えていきます。

せっかく造った庭が、しばらくすると雑草だらけになってしまうこともあります。そうならないように、庭に野菜を植えることをおすすめしています。野菜を植えると、収穫するために庭をよく見るようになるからです。中には、それがきっかけで庭いじりにはまり、建物をつぶしてまで庭を広くした人もいるんですよ。

私はもっと多くの人に園芸の魅力を知ってもらうために、園芸教室の講師をしたり、本を書いたりもしています。

その分、外で作業できる時間が減ってきたのが、現在の悩みですね。

ガーデナーになったきっかけ

自分の歩んだ道を確かめるため 毎年1つは資格を取る

現在の明るい私を知る人からは、「絶対にウソだ！」と言われるのですが、私は子どものころ、根暗なタイプで、人とワイワイやるよりも独り《ひと》でいることが好きでした。ただ、唯一騒げたのがお祭りで、25歳くらいまでは日本各地のお祭りに出かけ、神輿《みこし》を担いでいました。

私の実家は旅館を経営していたので、子どものころは大工さんが頻繁《ひんぱん》に出入りをしていました。その仕事を見て大工さんにあこがれたことも。そんな私を園芸の道に導いてくれたのは、親のひとことでした。高校受験のとき、勉強嫌いだった私に、「外での実習が多い農業系の高校はどう？」とすすめてくれたのです。

実際、農業系の高校に通ってみると、私の性《しょう》に合っていました。授業で作った野菜を家に持ち帰って、両親を喜ばすのもうれしかったですね。そして園芸にも興味を持つようになり、園芸科のある短期大学へ進学しました。

大学は全寮制だったので、植物とともに毎日を過ごし、その成長過程を観察できるという絶好の環境でした。

大学を卒業しても、ガーデナーになるにはもっと植物について勉強しなければいけないと思い、母校の大学に頼み込んで、半ば強引にアルバイトとして置いてもらいました。

学校のアルバイトは週に3日。休みの日には花屋さんや花農家を訪ねて話を聞いたり、花のイベントがあればそこでアルバイトをしたりと、できることは何でもしました。

　フリーターだからといって、何の収穫もないまま年を重ねたくないと思い、毎年1つは何かの資格を取りました。取った資格は園芸装飾2級、樹医、調理師、フォークリフトなど、園芸に関係あるものから、ないものまでいろいろです。私がそれまでにやってきたことを、あとで自分が確認できたり、人に認めてもらえるように、資格という形に残したかったのです。

　その後、徐々に農家の方や花屋さんとの人脈ができて、庭の手入れを任《まか》せたいという依頼がくるようになりました。

　一つひとつの仕事を丁寧《ていねい》に情熱を持ってやると、その結果は必ず実を結んで、依頼主から引き続き仕事がもらえたり、クチコミで他の人から依頼をもらえたりします。

　これからも庭という限られた空間の中で、花の魅力を最大限に引き出し、たくさんの人の生活に潤《うるお》いを与えていきたい。

　そして、若い人をこの魅力あふれる仕事に導いていければ、と思っています。

POINT この仕事につきたい！

　農業・園芸高校、大学、専門学校、または短期大学で勉強し、造園会社に入るのが一般的。花の知識、人との付き合い、体力、そして植物を愛する心が何よりも必要です。

　オフィスでの仕事とは違い、室内でじっとしていられないような人に向いているかも知れません。今も私が仕事に妥協しないでいられるのは、アルバイトのころから、自分が納得できるまで仕事を全《まっと》うするという姿勢があったからだと思います。

POINT 10代へのメッセージ

　夢や、やりたいことがある人は、目上の人や尊敬している人に自分の考えを話し、アドバイスを聞いて、早いうちから夢に近づけるように努力しよう。漠然《ばくぜん》としている人は、身近なものや人の仕事に進んで興味を持つことです。

職業▶

林《りん》　業《ぎょう》

概要▶ 林業とは単に木を切って売るだけではなく、木を植えて育てるという、「森林を守る」仕事でもあります。特に最近は、環境問題などで森林の重要性が叫ばれており、森林を守る林業の仕事が注目されています。日本の森林は急斜面が多く、斜面に立って大きな木を切り倒すには、体力はもちろん、経験や熟練した技術が必要です。

情報▶

INTERVIEW

氏名▶ 森《もり》田《た》洋《よう》平《へい》さん

経歴▶ 森田さんは1978年、東京都生まれ。高校で林業について学び、卒業後、東京都森林組合に就職しました。林業の仕事を始めて9年目。現在は現場監督として、東京・多摩地区の森林を守っています。

林業の仕事とは?

森林を育て、守る仕事に誇り

東京と聞くと、ビルが立ち並ぶ街のイメージしかないかもしれませんが、実は東京都の面積の約3分の1が森林です。木は木材にできる大きさまで育つのに、約50年かかります。米や野菜は毎年収穫できますが、林業は50年先なので、自分が植えた木を切ることはまずありません。僕が今切っているのは、戦後すぐに植えられた木なのです。

木材にするのは高さ20メートル、直径25センチ以上に育った木です。木はただ切って倒せばいいというわけではありません。山の斜面に沿って下向きに倒すと、切った木が滑り落ちて危険ですし、倒れたときに傷がつくと売り物にならなくなってしまいます。安全に、傷をつけないように倒す方向を決めるのが難しいのです。方向が決まったら、チェーンソーで幹《みき》の太さの4分の1程度を切ります。さらに斜め上からもチェーンソーを入れ、直角三角形の切り込み（受け口）を作ります。次に、受け口の反対側から、幹の太さの半分くらいまでチェーンソーを入れる（追い口）。すると、木の重心が移動して受け口の方向に倒れるのです。

1本の木を切るのにかかる時間は、わずか1分。しかし10本も木を切ると、チェーンソーの金属の刃も切れ味が悪くなってしまいます。だから、1時間に1回はチェーンソーの歯をヤスリで研《と》がないといけません。

木を切るというのとは、それだけ大変なことなんです。当然、体にも負担がかかり、帰るころにはグッタリするほど疲れます。そういう意味では、体を鍛えたい若者にはもってこいの仕事かもしれませんね。切り倒した木は、山から麓《ふもと》にロープを張り、滑車《かっしゃ》をつけて運び、ショベルカーやクレーンなどの重機で、トラックに積み込みます。ここまでが林業の仕事です。その後はトラックで木材の市場に運ばれ、売られていきます。

林業にはもうひとつ、木を植えて育てる仕事があります。木を切ったあとの土地に、木材に適したスギやヒノキ、紅葉がきれいな広葉樹《こうようじゅ》を植えます。大体、１ヘクタール（１００メートル四方）に３０００本。これは１・８メートル間隔で植える割合です。木は植えてから7〜8年はまわりの草と背丈《せたけ》が同じなので、まわりに生《は》える草を刈らないと日光が当たりません。暑い夏場の草刈りは、大変辛《つら》い作業です。

順調に成長し、木の太さがビール瓶くらいになったところで、樹高の半分ぐらいまでの枝を切り落とします。その部分の枝は上の部分の枝に覆《おお》われるため、切り落とさないと日が当たらずに枯れてしまうからです。枝が枯れると木材にしたとき、悪い節《ふし》になってしまうのです。これを防ぐために、枯れる前に切り落とす必要があります。

30年ほど経《た》ち、木の高さが15メートル以上になったら、植えた木の2〜3割を切り倒し、木と木の間に隙間《すきま》を作る「間伐《かんばつ》」を行ないます。間伐は森林を守るために欠かせない作業です。針葉樹《しんようじゅ》が生《お》い茂ると地面に光が届かず、草が枯れて地表や根っこがむき出しになり、木の育つ環境が悪くなってしまうのです。広い山を5人くらいのチームに分かれて分担し、1ヘクタールの広さを2日くらいかけて作業します。

僕は今、現場監督をしていて、チームのメンバーに担当範囲を割り振ったり、作業の注意点を指示したり、技術指導をするなど、作業全般の管理も任《まか》せられています。

こうして僕たちが植えて育てた木を、50年後の人が切るのです。森林には土砂崩れや洪水《こうずい》を防ぐ働きがあり、また地球温暖化の緩和《かんわ》にも役立ちます。僕たちはそんな森林を守る仕事に誇りを持っています。

林業になったきっかけ

きっかけは重機
奥深い仕事だと痛感

僕が生まれ育った家はすぐ近くに山があり、探検ごっこや秘密基地作りなど、いつも山で遊んでいました。また、ブルドーザーやショベルカーといった重機を見るのが好きでした。当時、父親の趣味だった園芸の手伝いをしていたこともあり、造園屋さんにあこがれていました。

林業の道へ進むきっかけとなったのは、高校の説明会でした。造園の勉強をするために、入ろうと思っていた林業科の高校の説明会に行ったのです。その説明会で見た林業を紹介するビデオに、ブルドーザーなどの重機が出てきて、心がひかれました。

そしてその高校に入学し、木が育つまでの知識やチェーンソーを使った木の切り方など、林業の仕事をひと通り学び、卒業後、東京都森林組合に就職しました。

最初の2カ月は、先輩の手伝いをしながら、仕事を覚えていきます。手伝いの内容は、木を倒すときにロープで倒したい方向に引っ張る役や、クレーン作業員の補佐役などです。

そうして仕事を覚え、初めて仕事で木を切るときはすごく緊張しました。1本切っただけで、グッタリしたほど。新人のころはよく失敗もありました。切った木が自分の真上に倒れてきたこともあります。運よく自分の上に落ちたのが枝の部分だったからよかったのですが、一歩間違えれば大ケガというミスでした。

　体力には自信があったのに70歳の大ベテランに、木を切る作業量でどうしても勝てなかったのもショックなことでした。その人は木の重心をすぐに見分けることができて、楽《らく》に倒せる方向を熟知していました。今なら僕も木を見ただけで重心がわかりますが、新人のころはさっぱりで、林業は経験が必要な仕事なんだと痛感したものです。その大ベテランに、「俺でもまだ勉強することがある」と言われ、とても奥が深い仕事だと思いました。

　最近は、全国の組合が若手の育成に力を入れていて、東京都でも若い人が増えつつあります。これからも多摩地区の山の環境を守り、新人育成にも力を入れていきたいと思っています。

POINT この仕事につきたい！

　林業科のある高校や大学に入学するのが近道ですが、一般の高校や大学を出た人、転職を考えている人向けにも、若手育成のための講習会を開いている森林関係の事業体があります。また、森林組合から仕事を請《う》け負う会社もあるので、そこに就職する方法もあります。

　この仕事は体力が資本。体力に自信があって、それを仕事に活《い》かしたい人は林業の道に進んでみましょう。

POINT 10代へのメッセージ

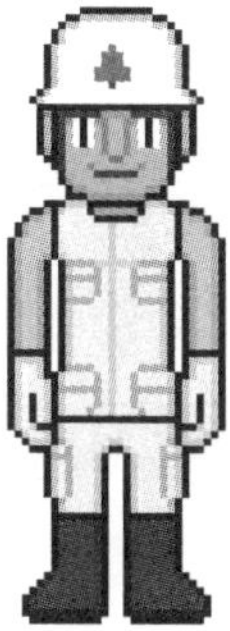

　皆さんも悩み、弱気になることがあるはずです。それは人間なら当たり前のこと。そして、それを乗り越えてきた人も、あなたと同じ人間です。ですから、恐れることなく前進してください。そして自分の道を広げるとともに、周囲の人の道も広げてあげてください。僕の座右の銘は、「気がつけ、気が利《き》け、気を磨《みが》け」です。

職業▶ 花《はな》作《つく》り農《のう》家《か》

概要▶ 花作り農家とは、観賞用の花や木を生産する農家のことです。新しい品種を作る品種改良を行なう農家もあります。一般的には花卉《かき》園芸農家と呼ばれ、花屋さんの店先に並ぶ鉢植えや切り花は花作り農家が育てたものです。花は生き物なので、育てるには手間と気配りが必要です。そのため、ほとんど休みなく働かなくてはなりませんが、農閑期にはまとまった休みが取れます。

情報▶

INTERVIEW

氏名▶ 高《たか》橋《はし》康《やす》弘《ひろ》さん

経歴▶ 高橋さんは1975年、千葉県生まれ。父親はシクラメンを栽培する花作り農家。大学で花作りについて学び、卒業後は父親と一緒に花作りの仕事をしています。2003年には、全国花卉品評会のシクラメン部門で、新品種大賞をはじめ8つの賞を受賞しました。

花作り農家の仕事とは？

花を育て、新しい品種を作る そして、流行の仕掛け人

僕の専門はシクラメンです。栽培《さいばい》したシクラメンを花屋さんに卸《おろ》しています。新しい品種を作る品種改良もしていて、これまでに『STフレーム』、『Tローザヘミングゴールド』など、オリジナルの品種を作ってきました。花作り農家は、単に花を栽培するだけでは商売になりません。品種改良をして、より美しく、環境に適合し、長持ちする花を作らなければならないのです。

花作り農家というと、1日中、花につきっきりで世話しているように思うかもしれませんが、実際はそうでもありません。毎日、花一本一本の状態をチェックはしますが、水まきなどは機械が自動でやっています。

農家の仕事は、1年単位です。うちではシクラメンの裏作として、4〜5月にカシワバアジサイの仕立てと出荷を行ないます。6〜7月にシクラメンの鉢替えをして、11〜12月に出荷をします。花を育てているシーズンは、毎日休みなく働かなくてはいけませんが、2月や8月などの農閑期は1カ月くらい休んで、海外ですごしたりします。僕はいつも、インドネシアに行って、大好きなサーフィンをしてすごします。

カシワバアジサイは、普通のアジサイとは少し違う変わった花なのですが、これを母の日などに出荷しています。母の日はカーネーションが定番ですが、他の農家と同じものを作っていては意味がありません。カシワバアジサイという他とは違うものを作ってブームを仕掛《しか》けることが、僕たち花作り農家には重要です。

次に品種改良ですが、これは違う品種同士を受粉させ、種を取って増やします。良い品種だけを掛け合わせても、遺伝の仕組みで悪いものができてしまうこともあり、1回や2回ではうまくいきません。

シクラメンはもともと暑さに弱い花で、昔は栽培が大変でした。父の時代には毎年、夏の暑さからシクラメンを守るため、シクラメンを涼しい山の上に運んでいたそうです。そこで父は、暖かい千葉県でも栽培できるよう、暑さに強い品種を作りました。今、僕がこうしてシクラメンの栽培ができるのは、父の努力のおかげです。そんな父が作った品種よりも、もっと栽培しやすく花持ちもよく、そして美しい品種を作ろうと、研究を続けています。

僕が作った品種に、『ＳＴフレーム』と名づけたシクラメンがあります。これは全国花卉《かき》品評会で新品種大賞を受賞した花で、花びらの先端が美しい紅色に色づくのが特徴です。この品種を作り始めたころは、紫外線を当てると紅色が落ちて白くなってしまうという問題がありました。そこで改良を重ねて、色が落ちないようにしたのです。

品種改良は、栽培して咲くまで結果がわかりません。だから、手間と時間がかかり、失敗したときはすごく落ち込みます。でもその分、期待通りの品種ができたときは、最高にうれしいです。

花作り農家になったきっかけ

経験豊かな父との衝突が本気にさせた

僕は子どものころから自然が好きで、よく山に行ってはカブトムシなどを捕ったりして遊んでいました。将来は僕の意志とは関係なく、父の跡を継ぐというレールが敷かれていて、大人になったら花作り農家になるんだろうと思っていましたが、心のどこかで、違うこともしてみたいという思いもありました。だから子どものころ、家の手伝いはしませんでした。

大学では、農学部で花作りについて学びましたが、あまり本気で勉強はしませんでしたね。それよりもサーフィンに夢中で、毎日のように海に行っていました。

大学卒業後、敷かれたレールの通り、父の仕事を手伝い始めました。いきなり栽培を任《まか》され、最初は勉強しながら、何とかこなしていきましたが、1年目は覚えることばかりで、本当に辛《つら》かったです。この仕事を一生続けていけるのか、自信が持てなくて悩んだ時期もありました。

そんな僕が仕事に本気になったのは、花が病気になったことがきっかけです。虫がつき、花がみるみる弱ってしまったのです。その対処方法で、父とケンカもしました。僕はインターネットで調べ、薬を使うのが一番効果的だと考えましたが、父は薬が嫌いで猛反対。しかし、自分の意見を貫いて薬を使ったところ、弱った花を元気にすることができました。花がきれいに咲いたときは本当にうれしく、初めて花を育てる喜びを知ったのです。

それからは本気で花作りをやっていこうと思い、仕事にも熱が入りました。

栽培だけでなく、オリジナルの品種改良にも取り組みました。学生時代に怠《なま》けた分を、必死で勉強して取り戻しました。今では、花作りの技術を高めるために、大学でもう一度勉強できたらなあと思います。学生のころは、先生の言うことをただ聞いていただけですが、実際に仕事を始めると、知りたいことがたくさん出てきて、今大学にいたら、自分から興味を持って、いろいろなことが勉強できると思います。

父とは今でも、毎日のように言い合いをしながら、仕事をしています。昔は言いくるめられてばかりでしたが、最近はある程度、僕のことを認めてくれたのか、理解を示してくれるようにもなりました。たまに、「いい花を作ったな」と褒《ほ》めてくれることもあり、そんなときは、やっぱりうれしいですね。

でも、まだまだ父にはかないません。農家の仕事は自然や生き物が相手で、経験が物を言う仕事だからです。頑張って追いつき、追い越したいと思います。

そしてこれからも、花を買ってくださった方に、「買ってよかった」と思ってもらえるような花を作っていきたいですね。また、「この花が欲しい」と思ってもらえるようなインパクトのある新しい品種作りにも、チャレンジしていきたいと思っています。

POINT この仕事につきたい！

花作りには、栽培するための土地が必要なので、いきなり自分1人で始めるのは難しい。だから、花作りをしている農家や企業に就職して勉強しましょう。農業系の大学には、花作りについて学べる学科もあるので、そこで勉強すると、就職先なども見つけやすくなります。

花の美しさがわかり、人を喜ばせるのが好きな人に向いているかもしれません。

POINT 10代へのメッセージ

どんなことにも、まずはチャレンジ。夢中になれることが見つかるはずです。失敗なんて当たり前。失敗を乗り越えるたびに夢に近づくと信じています。たくさんの人と出会って、いろいろなことを吸収して、夢に向かって走り続けましょう。夢はかなうよ。

職業▶ **アクティブレンジャー**

概要▶ アクティブレンジャーは、国立公園内に生息する希少な動物の保護や、管理の強化を目的として、2005年６月に環境省が設置した新しい仕事です。環境省の職員として、国立公園などのパトロールや調査、利用者への指導、自然解説などを行ないます。現在、全国47の地区で60人のアクティブレンジャーが活動しています。

情報▶

INTERVIEW

氏名▶ 若《わか》田《た》部《べ》　久《ひさし》さん

経歴▶ 若田部さんは1975年、栃木県出まれ。東京のレンジャー養成専門学校や、ニュージーランドでアウトドアについて学んだあと、世界自然遺産に登録された北海道の知床にある知床国立公園を管理する、環境省ウトロ自然保護官事務所に勤務しています。

アクティブレンジャーの仕事とは？

細心の注意を払いながら貴重な生態系を守る

日本には、国立公園などで自然を守る仕事として、「レンジャー」と「アクティブレンジャー」の2つがあります。

レンジャーとは「自然保護官」のことで、国立公園内での活動や建物の建設などを許可する許認可業務や、公園の区域を見直す公園計画業務、保護管理のための調査、パトロールなど、たくさんの業務を担当しています。そのため、公園内を実際にパトロールする時間が少なく、十分管理ができません。そこで、レンジャーの代わりにパトロールや調査、利用者への指導、自然解説などを行なうのが、僕たちアクティブレンジャーです。

僕が担当する北海道の知床《しれとこ》は、流氷《りゅうひょう》が到達する世界最南端の場所で、貴重な生態系を持つ世界遺産です。そこにある知床国立公園は約3万8００ヘクタールという広大な地域ですが、アクティブレンジャーはたった3人しかいません。そのため、仕事の量は半端ではありません。

アクティブレンジャーはパトロールを2人1組で行なっています。朝9時に車で出発し、羅臼岳《らうすだけ》登山道の入口や知床五湖、カムイワッカの滝など、観光客の多いスポットでは車を降りて周辺を歩きます。山道を登ることもあって、結構ハードです。夕方5時ごろまでパトロールを続け、その途中で立ち入り禁止の場所に入っている人を注意したり、ごみを拾ったり、怪我《けが》や具合の悪い人に対応したりしています。

パトロール中はクマに注意しなければいけません。知床はヒグマの生息地として有名です。山を歩くときはクマ撃退スプレーを常に携帯していますし、クマが人間に近づかない習性を利用して、定期的に「ホイ、ホーイ」と声をかけたり、鈴の音を鳴らしたりして、クマに人間の存在を気づかせるようにしています。

また、パトロールをしながら、自生している植物の調査をしたり、車で来た観光客が多いときはマイカー規制をしたり、お知らせの看板を設置したりと、現場の仕事を何でもやるのがアクティブレンジャーです。

アクティブレンジャーになったきっかけ

自慢の体力と好奇心で世界中の自然に目を向ける

僕の実家は自然豊かな栃木県の佐野市です。川で泳いだり、山で遊んだりと、外で遊ぶのが大好きな子どもでした。高校生のときには、夏休みに栃木から神奈川県の湘南まで自転車で旅行もしました。野宿をしながら一週間でも旅をしたくらいですから、体力には自信がありました。

僕は勉強する理由に疑問を持ち、人に聞いたり、図書館にある書物や漫画、映画などから答えを探し出そうとしました。そして高校1年生のときに図書館で読んだ本がきっかけで、レンジャーの仕事に興味を持っていました。

その本はエチオピアで公園を管理する「パークレンジャー」の経験を持つ作家、C・W・ニコルさんの著書だったのですが、自然の中で働くレンジャーの姿にあこがれました。高校3年生のとき、雑誌でニコルさんがレンジャー専門学校をつくるという記事を見て、そこに入学。2年間、レンジャーに必要な勉強をしました。

専門学校では、野宿や雪山スキーや川下りなど、自然の中を移動する方法から、水質調査の仕方、自然解説の実習、そして自分の身を守るために空手や棒術なども教わりました。また、海外のレンジャーの話を聞き、自然は日本だけでなく世界規模のものなので、もっと世界に目を向けることが大事だと教えられました。

レンジャーの学校を卒業したあとは、海外へ行こうと思い、3年間アルバイトをしてお金を貯め、ニュージーランドへ行きました。そこでは、鱒《ます》釣りに来た日本人向けのガイドの通訳をしていました。そして、ニュージーランドの国立公園に行ったとき、現地のパークレンジャーに出会ったのです。その人はどこでも裸足で歩き、冬でも半ズボン、大きな丸太を軽々とかつぐタフな人で、やっぱりレンジャーって強くてかっこいいと思いました。そこで、ニュージーランドのアウトドアの専門学校に入学。1年間、登山やシーカヤックなどの技術を学びました。

その後、アメリカでパークレンジャーのインターン募集に応募し、国立公園にある博物館の受け付けや公園内のパトロールなど、現地のレンジャーと一緒に3カ月間働いて勉強しました。欧米やアフリカでは、レンジャーは人々のあこがれの職業です。制服も格好よかったし、何より大自然を守るという誇りを持って働く姿に感動しました。

日本では、レンジャーは国家公務員なので、簡単にはなれません。僕はすぐに現場で働きたかったので、日光国立公園で働きました。レンジャーではありませんでしたが、シカ班というシカを扱う部署で、増えすぎたシカの侵入から奥日光の戦場ヶ原湿地を守るために柵《さく》で囲み、管理する仕事です。壊《こわ》れた柵を修理したり、シカの生態調査をしたりしていました。そして、3年間の任期が終わったとき、知床のアクティブレンジャーの募集を知って応募しました。応募者１０００人以上の中から念願のレンジャーになれて、本当にうれしかったですね。

　知床で働き始めて、最初は道に生《は》えているキノコの名前を観光客に聞かれても答えられないなど、恥ずかしい失敗もありました。また、注意すると怒り出す観光客もいるので、どう言えば理解してもらえるのか、ちゃんと伝わるのかを考えるのに苦労しました。アクティブレンジャーは、人とうまくコミュニケーションを取る力が重要です。

　僕は普通の人ですが、理想とするレンジャーは体力、海外経験、自然調査能力、人命救助などのアウトドア技術をすべて兼ね備えた『世界標準なレンジャー』。それに近づくために、体はもちろん折れない心と頭も鍛えていきたいです。日本でも、アクティブレンジャーをもっと多くの人に知ってもらって、仲間が増えればいいなと思います。

POINT この仕事につきたい！

　環境省のアクティブレンジャー試験を受けて合格すると、なることができます。特に資格は必要ありません。自然について全般的に興味があることはもちろん、アウトドアや動植物の生態といった、自分の得意分野を持っておくといいかもしれません。

　また、アクティブレンジャーには、自然公園法、鳥獣保護法、自然環境保全法などの法律や、動植物に関する知識も必要です。

POINT 10代へのメッセージ

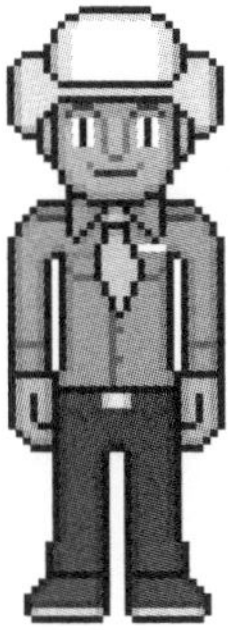

　今が楽しい人は、そのままたっぷり楽しもう。悩んでいる人には良い答えを渡してあげたいけれど、それは自分で見つけるしかない。本や漫画を読み、映画を観て音楽を聴き、自然を感じられる登山やサーフィンで体を動かそう。必ず誰かが見てくれています。素敵な友人や大人に出会いましょう。

職業▶ 畜《ちく》産《さん》農《のう》家《か》

概要▶ 畜産農家は、牛を育てて牛乳を出荷したり、肉にするための牛や豚、ニワトリなどを育てたりする農家です。動物が相手の仕事なので、朝から晩まで、ほぼつきっきりで世話をしなくてはならず、手間のかかる仕事です。また、大量の餌を運ぶなど力仕事も多く、体力が必要でもあります。安全でおいしい肉にするため、家畜をいかに快適な環境で育てるかを考えなくてはなりません。

情報▶ 

INTERVIEW

氏名▶ 森《もり》下《した》信《しん》祐《すけ》さん

経歴▶ 森下さんは1973年、三重県生まれ。実家が養豚《ようとん》農家をしているので、畜産について学ぶために、静岡県立農業経営高校に進学。卒業後、一度サッカー選手になりましたが、6年前、実家に戻り、食用の黒毛和牛を飼育する本格的な牧場を始めました。

畜産農家の仕事とは？

おいしい牛肉を届けるために付きっ切りで育てる

僕の牧場では、黒毛《くろげ》和牛《わぎゅう》を95頭飼育しています。多い牧場では300頭から500頭飼っているところもありますから、この数はまだ少ないほうです。

三重県には松阪牛《まつざかぎゅう》や伊賀牛《いがぎゅう》など、有名なブランド牛肉がありますが、それは清らかな空気と水があって、牛の飼育に適した土地だからです。僕はそういった恵まれた土地で日々、おいしい牛肉を皆さんに食べてもらいたいと頑張っています。

黒毛和牛とは、もともと日本にいる品種の牛です。黒い毛で全身が覆《おお》われているため、こう呼ばれます。僕が飼育している和牛は、オスだと体重７５０キロ、メスでも７００キロは超えます。他の牧場よりも大きめに育てていますが、これは大きいほうが1頭から採《と》れる肉が多いからです。とはいえ、単に餌《えさ》をたくさん与えて太らせればいいというものではありません。脂身《あぶらみ》ばかりの肉ではおいしくないので、健康的でほどよいサシ（脂身）が入った肉を作ります。

そのためには、いつ、どんな飼料《しりょう》を与えるかがポイントです。牛に与える飼料はワラ、麦、大豆かす、トウモロコシ、ビールかすなどを混《ま》ぜたもので、自分で配合を決めたオリジナルの餌《えさ》です。この餌になるまでいろいろな配合を試しました。与えてすぐ結果は出ないので、5年もかかりました。これを1日2回、朝と夕方に与えます。牛は1度胃に入った餌を口に戻し、また胃に入れるという動作を繰り返す反芻《はんすう》動物なので、2回で十分なのです。

牛は牛舎で育てています。健康な牛を育てるには、ストレスを感じさせないことが大事です。ストレス発散には屋外での運動も必要なので、自由に動きまわれるテニスコートぐらいの運動場も併設しました。牛の生活環境をよくするために、牛舎内の温度管理はもちろん、毎日の掃除は欠かせませんし、風通しをよくするために、牛舎のまわりの草取りもしています。

牛の体調は、鼻を見ることでわかります。鼻が乾《かわ》いていると体調が悪い証拠なのです。何十頭も飼っていて、全部の体調管理は大変ですが、それだけ愛情を持って育てないと、牛はちゃんと育ってくれません。牛に真剣に接していると、牛の性格もわかるようになります。気性《きしょう》が荒い子や、やさしい子もいます。どんどん愛着が湧《わ》いてしまって、出荷するのが辛《つら》くなってしまうこともあるのです。

子牛から出荷まで、2年半ほどかかります。毎月1回、名古屋の市場で2頭をセリにかけています。自分でトラックを運転して牛たちを運ぶのですが、そのときは、娘を嫁に出すような心境です。

多くの畜産農家は子牛を市場から買ってきて、育てて売るのが普通です。でも、僕はより効率的な一貫経営を目指して、自分の牧場で子牛を産ませて育てています。こうすることで、子牛を買うコストを削減できるのです。

　やっぱり、子牛が産まれる場面は、何度立ち会っても感動します。

畜産農家になったきっかけ

あこがれのJリーガーから畜産農家の道へ

　僕の実家は、三重県伊賀市で豚を育てる養豚農家をしています。子どものころは、養豚場の掃除や餌やりなど、家の手伝いをよくしたものです。そして中学生のころから、まわりには、「将来は、家を継ぐ」と宣言していました。

　高校は将来を見据えて畜産業の勉強をするために、静岡県立農業経営高校へ進学。もともと、豚の飼育をしようと思っていたのですが、ここで豚の飼育から牛の飼育に目標が変わる、運命的な出来事がありました。

　授業の一環で、牛の品評会に連れて行ってもらったのですが、そこで１００万円で売れた和牛がいたのです。そのとき、「牛って儲かるなあ」と思い、僕は肉牛を飼育しようと決めました。不純な動機かも知れませんが、それだけ強烈なインパクトを受けたのです。

　ただ、そのまま素直に牛を飼育する畜産農家になるはずだったのですが、ちょっと寄り道をしました。僕は小学校1年生からずっとサッカーをやっていて、高校時代、ヤマハフットボールクラブ（現・ジュビロ磐田）にスカウトされて入団したのです。まだJリーグが始まる1年前でしたが、チームメイトには、中山雅史選手もいました。

　サッカーが大好きでしたから、サッカー選手としてやっていけたらと思いました。でも、1年間サッカー選手として生活をしてみて、スポーツの世界は甘くないし、サッカー選手には引退があるので、一生食べてはいけない。それに、心のどこかに農家になりたいという気持ちも残っていたので退団しました。そして再び、畜産農家への道に戻ったのです。

　僕がサッカー選手になったり、豚ではなく牛をやりたいと言ったりしても、父は僕の進路について、「お前の好きにやれ」と言ってくれました。

サッカーをやめて、最初は1人で30頭の牛を飼育する農場を始めたのですが、そのとき父には、「牛のことだけでなく、経営についても学べ」とアドバイスされました。

餌に使う麦やトウモロコシの世界的な収穫量は、餌の値段に響きます。そこで、直接畜産に関係のない世界の天候や情勢についても勉強しないといけないと思い、毎日、新聞をチェックするようになりました。

父は昔、大阪から三重に来て豚5頭から始め、今では１０００頭の大農場に発展させました。僕も父のように農場を大きくしたいと思いますし、畜産農家の先輩として、父を尊敬しています。

今の僕の目標は、飼育する牛の数をとりあえず３００頭まで増やすこと。牛肉は豚肉や鶏肉に比べて割高ですが、手軽に食卓にのぼるようになればいいと思っています。そのためには、僕たち畜産農家が安くて安全で、おいしい肉牛をたくさん飼育すればいいのです。それを実現させるために、これからも頑張っていきます。

POINT

この仕事につきたい！

まず、農業高校や大学で畜産の基礎について勉強しましょう。そして、農場などに就職して経験を積みます。家族単位で行なう農場もありますが、最近は企業化した大きな農場も増えているので、そういう会社に就職する道もあります。

現場で覚えることはたくさんあるので、興味のある人はアルバイトでいいから、早く現場に出ることをオススメします。

POINT

10代へのメッセージ

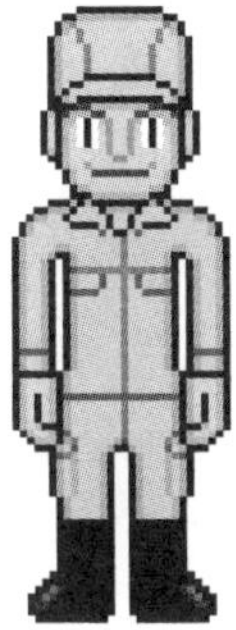

10代のうちは、大いにいろいろなことにチャレンジし、興味を持ってほしいと思います。そして、いろいろな相談をしたり楽しく笑い合えるたくさんの友だちを作ってほしいと思います。大きく羽ばたけ、10代諸君!!

職業▶ 獣医師《じゅういし》

概要▶ 獣医師とは、病気やケガをした動物の治療や予防注射などをする、動物専門のお医者さんです。動物園や水族館で働く人もいれば、自分で病院を開く人もいます。動物の治療は人間の治療とは異なり、内科、外科、歯科などに分かれていません。全部の科を、1人の獣医師が担当します。そのため、幅広い医学知識と診察の技術が必要です。

情報▶

獣医師の仕事とは?

外科から内科まですべてをこなす

獣医師には、馬や牛などの大きな動物を専門に診《み》る医師もいれば、私のように犬やネコ、ウサギ、小鳥、ハムスターなど、家で飼うペットを診る医師もいます。

動物の診療は人間の場合と大きな違いはありません。聴診器を使って心臓や肺の音を聞き、血液検査やレントゲンを撮ることもあります。人間の場合と異なるところは、動物の病院では内科や外科などの専門が細かく分かれておらず、1人の獣医師が内科、外科の区別なく治療をすることです。

INTERVIEW

氏名▶ 佐《さ》野《の》彰《あき》彦《ひこ》さん

経歴▶ 佐野さんは1971年、東京都生まれ。北里大学の獣医畜産学部を卒業後、資格を取って獣医師になりました。数年間、数カ所の動物病院に勤務していましたが、2001年に東京都板橋区で自分の病院を開業。主に犬や猫、ウサギなど、ペットの診療をしています。

そのため獣医師には、幅広い知識や技術が必要になります。

動物は言葉を話せず問診《もんしん》ができないので、飼い主さんのお話をよく聞くことや、動物をよく見て、触って、そのときの反応を確かめながら、症状を正確に判断しないといけません。ここが動物ならではの難しさですね。

診察中に、動物が暴れることもあります。時には噛《か》まれたり引っかかれたりして、医師がケガをすることもあるんですよ。私も以前、噛まれたり引っかかれたりして、その跡が今でも残っています。でも動物が暴れるのは、動物に対して安心感を与えてあげられなかった自分も悪いのです。正確に診察するためにも、獣医師は動物を安心させることが重要です。

私の1日は、病院に入院している犬たちを散歩に連れていくことから始まります。そして、午前中は外来の診療。お昼に一般の手術を行ない、午後に外来の診療。夜間は時間のかかる大がかりな手術をします。

最近はペットも人間と同じような生活を送るようになり医療と食餌《しょくじ》の発達で、高齢化が進んでいます。そのため、ガンや腎不全になるペットも増えています。

鳥の場合は、足や翼を骨折することが多いのですが、鳥は比較的早期に骨がくっつきやすいので、ストローを縦《たて》に切って、ギブスのように包み込んで固定すると、すぐによくなります。動物の治療に使う道具は決まったものがないので、自分で作ることもあります。

私は学校で飼っている動物を診療する、「学校動物医」も務《つと》めています。東京都板橋区と板橋区獣医師会が提携した活動で、学校で飼うウサギやニワトリなどの動物が病気になったときに診察したり、飼育担当の先生や児童の前で動物についての講義をしたりします。

まれにウサギとニワトリや水鳥とニワトリを同じ場所で飼育している学校があります。それぞれ生育する環境が異なる動物なので、別の場所で飼育するよう指導しています。

病院の外でも、動物を守るために活動しているんですよ。

獣医師になったきっかけ

命と向き合う仕事の難しさ

私は子どものころ、実家のリフォーム工事のときに見た大工さんや、テレビドラマで見た弁護士などにあこがれていましたが、すでに小学校2年生の文集で、「獣医師になりたい」と書いています。当時、小鳥を飼っていたこともあり、動物の病気を治せる獣医師に、心をひかれたのでしょう。

獣医師になるには、獣医師の国家資格を取らなければいけません。その試験を受けるためには獣医系の大学で6年間勉強する必要があります。しかし、獣医系の大学は人気があって倍率が高いので、数学や生物、英語などを、基礎からしっかり勉強しておかないと合格できません。僕も必死に受験勉強をしました。

大学では牛、馬、ヤギ、羊など、大きな動物の診療も勉強しましたが、僕が最終的に家で飼うペットの医者になることを選んだのは、犬や鳥が大好きだったからです。子どものころ、犬を飼いたくても父が犬嫌いだったので、ずっと我慢していました。我慢していると犬への思いは強くなるばかり。その後、何とか父を説得して、中学2年生でコロという名前の子犬を飼うことができたときは、最高にうれしかったです。

しかし、そのコロが、大学2年のときに不注意が原因で逃げていなくなってしまったのです。獣医師になってしばらくは、コロに似た犬が診察にくると、つい「コロ、コロ？」と飼い主の目を盗みながら、小さい声で呼びかけていましたね。

新人のころは、なかなか思うように診療の効果が出ずに悩む日々が続きました。今ではありませんが、暴れる動物を力任《まか》せに押さえてしまい、かえって具合を悪くしてしまったことも。診療のために必死だったとはいえ、ミスはミスです。

飼い主さんに心から謝《あやま》り、本当に申し訳ないことをしてしまったと落ち込みましたが、その動物が元気になったとき飼い主さんから、「ちゃんと治してもらってありがとう。いい獣医師さんになりますね」と言ってもらえて、少し気が楽《らく》になりました。もちろん、失敗はいけませんが、失敗してしまったときは、2度と同じことを繰り返さないよう反省することが何より大事です。

獣医師は、ペットが亡くなったときの悲しみを乗り越えないといけない場面もあります。以前、肝臓ガンの犬がいて、手術をしても治すことができませんでした。その犬が亡くなったとき、僕も泣きました。でも、その悲しみを引きずるわけにはいきません。次のペットを救うために、気持ちを切り替えてやっていくしかないのです。

これまで、本当に辛《つら》い気分の日もありましたが、治療がうまくいったときに飼い主さんからの「ありがとう」というひとことが心の支えになって、頑張ってこられたのだと思います。

私も、自分の病院を持つようになりました。診療には、私の獣医師としての腕を信頼してやって来てくださる人も多く、大きな責任を感じますし、それだけにやりがいもあるのです。これから、もっと病院の施設を充実させて、動物にできるだけ苦痛を与えない治療ができればと思っています。

そして地域に根ざして、1匹でも多くのペットを救っていきたいです。

POINT
この仕事につきたい！

獣医系の大学で医療知識や獣医師の技術を学んだあと、国家試験に合格して獣医師免許を取り、動物病院に就職するか、自分の病院を開業します。

学校で習う勉強が大切で、それは動物を救うための知識につながります。また、何よりも動物を思う優《やさ》しい心が必要です。その気持ちが言葉を話せない動物を治療するうえで不可欠です。

POINT
10代へのメッセージ

とにかくいろいろなことにチャレンジして、自分の世界を広げてください。その中から、必ず興味のあることを見つけられるはずです。小さなことにも目を向けて、「なぜだろう？」という疑問を持って、生きて欲しいと思います。

職業▶ 養《よう》鶏《けい》農《のう》家《か》

概要▶ 養鶏農家は、ニワトリを育てて卵や鶏肉を出荷する農家のことです。成長具合で餌の種類を変えたり、鶏舎《けいしゃ》の温度調節をするなど、生き物が相手なので細かい心配りが必要な仕事です。ニワトリは臆病な動物で、小さな物音にも驚いてストレスを感じてしまいます。ニワトリたちのストレスを軽減し、イタチなどの敵から守らなくてはなりません。

情報▶ 

INTERVIEW

氏名▶ 花《はな》田《た》正《しょう》一《いち》さん

経歴▶ 花田さんは1968年、秋田県生まれ。高等専門学校を卒業後、東京の機械メーカーで設計の仕事をしていましたが、2001年に脱サラし、実家のある秋田で比内地鶏の飼育を始めました。現在、花田さんの育てた比内地鶏は、秋田県はもちろん、東京や大阪など全国にも出荷されています。

養鶏農家の仕事とは?

ブランドの地鶏を育てる仕事
病気やストレスから動物を守る

　僕が育てている比内地鶏《ひないじどり》は、秋田県の北部・比《ひ》内《ない》地方で主に飼育されている鶏《にわとり》で、名古屋コーチン、薩摩《さつま》鶏などと並んで味がよいとされ、高級食材として全国的にも有名です。僕のところでは年間、６６００羽の比内地鶏を飼育しています。
　比内地鶏は肉質のよいメスしか販売しないので、メスのヒナを業者から買ってきて育てます。飼育期間は１５０日以上です。ブロイラーは通常70日ほどで出荷するのですが、比内地鶏はその倍の時間をかけて、じっくり育てています。また、単なる鶏舎ではなく、ハウスとクローバーやヨモギなどが生《は》えた草地を行き来できるように、放し飼いをしているのも特徴です。

大体、１５００平方メートルの広さに１０００羽の割合で育てています。放し飼いの利点は運動不足を防ぎ、草や土などからミネラル分を自然に摂《と》ることができるので、元気で肉がしまったよい鶏に育つこと。餌《えさ》は、トウモロコシやカルシウムが配合された比内地鶏専用のものを与え、成長過程に合わせてその配合を変えています。

僕が比内地鶏を育てるうえで特に気をつけているのは、鶏にストレスを与えないことです。自由に動きまわれるとはいえ、限られた空間にいるので、どうしてもストレスがたまってしまいます。

また、鶏はクチバシでものを突く習性があります。突くものがなくてストレスがたまると、ケンカを始めることもしばしば。そこで、ストレス発散のために、ハウスに果物や野菜などを入れます。クチバシで果物を突かせれば、ストレス発散になりますし、甘くておいしいので、鶏にとっては一石二鳥なのです。その他、鶏は木に止まる習性もあるため、ハウスの中に止まり木を作ってあげることも、ストレス発散になります。

養鶏農家の1日は朝がとても早く、午前4時には仕事を始めます。鶏のハウスを見まわりし、異常はないか、餌は足りているか、水はきれいかなどを点検し、卵の回収も行ないます。特にヒナの時期は、自分で十分に体温調節ができないので、こまめな見まわりが必要です。

特に鶏の病気には気を配《くば》ります。糞《ふん》の色がおかしくないか、動きがおかしくないかを確認し、定期的に獣医師さんに来てもらってワクチンを飲ませたり、ハウスに入るときは長靴を消毒したりして、鶏の健康を守ります。

鶏は餌や水をやっていれば勝手に育つものではなく、いつも注意深くチェックしていないといけません。それが何千羽といるわけですから、なかなか大変な仕事です。

注意しなければいけないのは、病気だけではありません。厄介《やっかい》なのは比内地鶏を狙う動物です。これまでにも、イタチが夜、ハウスの中へ入ってきて被害にあったことがあります。外から中が見えないように、黒い幕でハウスの窓を覆《おお》ったり、柵《さく》を高くしたりするのですが、動物もそれを突破しようとするので、まさにイタチごっこの状態。最近は、動物が人の声を怖《こわ》がるというので、ラジオを大音量でつけています。

養鶏農家になったきっかけ

脱サラして農家へ 地鶏飼育のチャンスにかける

僕の実家は兼業農家をしています。親の仕事を見ながら、子どものころから農業の技術者になりたい、バイオ関係の勉強をしたいと思っていました。中学の先生に、「技術者になりたいなら、大学以外にも工業高等専門学校（高専）に行く道もある」と教えてもらい、成績や経済的なことを考えて、高専を選びました。

　高専を卒業して、東京の紙袋やビニール袋などを作る機械のメーカーで、自動袋詰機の設計をしていましたが、5年ほど勤めたころ、やっぱり地元に帰って農業がしたくなりました。米を栽培したかったのですが、米農家になるには広い土地とコンバインなどの機械が必要で、大きな資金がないとできません。そのために、一生懸命お金を貯めていたのですが、なかなか目標まで達せず、農業だったら米に限らなくてもいいのではと思い始め、地元でオクラやアスパラガスを作ったりしていました。

　そんな僕が鶏の飼育を始めたのは、町の広報誌で見た「比内地鶏を始めませんか？」という記事がきっかけです。養鶏農家になりたい人を募集していたのです。僕はちょうど結婚をして、子どもも産まれたので、このチャンスにかけてみようと思いました。

　もちろん、鶏について何も知らないので、最初は不安だらけのスタートです。飼い始める前に、比内地鶏の農家を何軒も見学に行き、鶏を育てるハウスなどを見せてもらいました。ハウスは、夏の暑さ対策のために、遮光《しゃこう》幕とビニールシートを三重構造にしたり、雪が積もった冬でも窓を開けられるように、窓を上のほうに作ったりと、知らないことばかりで勉強になりました。

　最初の年は、２０００羽を育てましたが、不安で何度も見まわりに行ったり、寒い冬にはヒーターを用意して、鶏をヒーターのそばに移動させたりと、付きっきりでした。その結果、無事に1000羽出荷することができ、やっていける自信が持てました。

それでも、生き物相手というのは、なかなか思うようにはいきません。

台風の大雨で、鶏のいるハウスが水に浸かってしまい、700羽が死んでしまったこともあります。常に、「どうすればよい状態で飼育できるか？」を勉強しています。

また、もっとたくさんの人に比内地鶏を食べてもらいたいので、最近は比内地鶏のおいしさを知ってもらうための活動にも、力を入れています。

養鶏農家仲間と一緒に東京のデパートに出かけ、比内地鶏を使ったきりたんぽ鍋《なべ》を作って、試食してもらっているのですが、その場で直接消費者の感想を聞けるので、勉強になります。中には、何回も買っているというリピーターの人もいて、うれしかったですね。

今、養鶏を始めて4年目で、軌道に乗ってきたと感じています。今後はもっと飼育数を増やし、自分の育てた比内地鶏をたくさんの人に食べてもらい、おいしいと言ってもらいたいですね。

POINT この仕事につきたい！

ブロイラーを育てる養鶏業者がたくさんいるので、そこに就職するのが一番。自分で開業するには、土地やヒナなどの準備が必要なので、都道府県の営農相談室や農協に聞いてみよう。

鶏の飼育については、農業高校や大学の畜産科などでも勉強できるので、興味がある人はそういった学校に進学するといいでしょう。

POINT 10代へのメッセージ

僕の座《ざ》の銘《めい》は、「笑う門《かど》には福来る」。今まで良いことがなくても、必ず福はやってきます。

職業▶ 盲導犬訓練士《もうどうけんくんれんし》

概要▶ 盲導犬訓練士とは、犬を訓練して盲導犬に育て上げる仕事。通常、1人が数頭の犬を担当し、訓練のほか食事やシャンプー、トイレの世話もしています。言葉の通じない犬を教育するためには、犬への愛情や犬に負けないくらいの体力はもちろん、教えることが多くあるので、強い忍耐力も必要になります。そして「人の役に立ちたい」という気持ちが大切です。

情報▶ 

盲導犬訓練士の仕事とは？

犬を訓練するだけじゃない 人と犬を結びつける仕事

障害者を補助する犬には盲導犬、聴導犬、介助犬などがいます。その中で、目の不自由な人が外出するときの手助けをするのが盲導犬です。

INTERVIEW

氏名▶ 福井良太《ふくいりょうた》さん

経歴▶ 福井さんは1974年、大阪府生まれ。大学卒業後、オーストラリアの盲導犬協会で研修を受け、日本盲導犬協会の訓練士に。これまで6年間で、約100頭の盲導犬を育ててきた経験豊富な訓練士です。取材当時は㈶日本盲導犬協会訓練部主任。現在は㈶栃木盲導犬センター訓練部長です。

盲導犬を使う目の不自由な人を、私たちはユーザーさんと呼んでいます。そのユーザーさんの行きたい場所に案内するのが、盲導犬の仕事ではありません。あくまで、危険を回避《かいひ》する手助けをするだけです。基本的には、道路の左端に「寄る」、角や段差の前で「止まる」、障害物を「避ける」という3つの動作で、ユーザーさんに危険を知ら

せます。人に言われて何かをするのではなく、自分で判断して「寄る」「止まる」「避ける」という動作を行なうところが、ペットと盲導犬の一番の違いです。

盲導犬は、人なつっこいラブラドールレトリバーが9割を占めます。1歳になるまでは、人間への信頼を深め、家庭内の生活ルールを学習させるために、パピーウォーカー（盲導犬候補の子犬を育てるボランティア）に預けます。

1歳になったら訓練所に入り、ここから訓練士が関わります。訓練期間は半年から8カ月。生まれてからデビューするまでに、大体2年はかかるのです。

盲導犬はユーザーさんに無償で貸し出されるので、ほぼ募金だけで育てられています。

訓練では一度に、「寄る」「止まる」「避ける」を教えるのは不可能なので、4つの段階を踏んでいきます。

第1段階は、人間に集中させること。最初の1～2週間は、追いかけっこ、かくれんぼ、ボール遊びなどをしながら、人の言うことを聞くように教えます。第2段階は、犬の注意をドアや段差、障害物に向けさせること。街に出て段差やドアの前で止まる、できたら褒《ほ》める、ということを何度も繰り返し、習慣付けして覚えさせます。第3段階は、自分で行動させること。指示を出さなくても、犬が自分から段差やドアで止まるようになったら褒め、さらに習慣付けます。最後の段階で訓練士がアイマスクを着け、実際に路上を歩くテストをします。

標識に頭をぶつけることもありますが、自分の育て方が悪いので仕方ありません。褒めなくても、「寄る」「止まる」「避ける」ができるようになれば合格です。

その後、ユーザーさんと一緒に1カ月ほどの共同訓練を行ないます。共同訓練を行なうのは、訓練士としてある程度経験を積んだ歩行指導員。この歩行指導員になって初めて、一人前の盲導犬訓練士と言えるのです。

盲導犬の訓練で特に難しいのは、踏み切りや車のドアミラーなど、人の目線にあるものを教えること。犬の目線は人よりも低いので、初めのうちは遮断機に気づきません。踏み切りの場合はその場で止めて教えますし、ドアミラーの場合は訓練士がわざと頭をぶつけ、「ゴツッ」と大きな音を立てて犬に気づかせます。

　このような訓練を受けた犬のうち、盲導犬になれるのは10頭中3頭ほど。犬の性格によって向き不向きもあります。意外かもしれませんが、盲導犬に向いているのは昼寝が好きな犬。盲導犬のユーザーさんが外に出て歩くのは、平均すると1日のうち1時間くらいです。残りの23時間、じっとしていてくれるのがよい犬なんです。そのため、家にいるときは、「寝ること」が盲導犬の大事な仕事なのです。1日に20時間以上寝る犬もいますよ。

　訓練を受けても盲導犬になれなかった犬はパピーウォーカーさんや別の家庭で、ペットとして新しい暮らしを始めます。盲導犬は10歳まで、約8年間働き、引退後はボランティアの家庭に引き取られて余生をすごします。

　日本に現在、約９５０頭の盲導犬がいますが、必要としている人は約７８００人もいて、絶対数が足りない状態です。

盲導犬訓練士になったきっかけ

留学先で運命の出会い 偉大な先輩を追いかける

　小学生のころから小さい犬を飼っていましたが、盲導犬についてはほとんど知りませんでした。英語が好きで、将来は海外で活躍するジャーナリストになりたいと思っていたので、大学4年生のときにオーストラリアへ留学したのですが、そこで運命の出会いがありました。

　ガールフレンドに、「かわいい犬がいるから行かない？」と誘われて行った先に、映画にもなった盲導犬クイールを育てた多和田悟さんがいたのです。当時、オーストラリアで働いていた多和田さんが、盲導犬のユーザーさんにアドバイスしている姿を見て、「カッコいい！」と感じました。でも、そのときはまだジャーナリストになりたいと思っていたので、大学を卒業後、帰国。しかし帰国したのが3月で、企業の就職試験は終わっていました。途方に暮れていたとき多和田さんの顔が浮かび、自分も訓練士になろうと決心しました。

多和田さんに手紙で相談したところ、研修生としてオーストラリアの訓練所に呼んでもらえたのです。そのとき多和田さんから、「お前が訓練士に向いていないと思ったら、すぐに言うから日本に帰れ」と宣言され、気合いが入りました。

　研修は実際に犬を訓練しながら、その方法を学んでいきます。僕もいきなり3頭の犬の担当になりました。最初は何も知らなかったので、とにかく先輩のやることを見て、マネるのが精一杯。先輩が帰ったあとも1人で残って犬の訓練を続けました。今思うと、普通の人の倍は訓練したと思います。そして、最初の3頭のうち2頭が盲導犬になったことで、この仕事の楽しさを知り、やめられなくなりました。

　多和田さんの経験談を聞いていると、自分も早くそうなりたいと、ヤル気が出ましたね。研修後日本に戻り、今では若い人を教える立場になりました。少しは多和田さんに近づけたかなと思います。いつかは多和田さんのような世界で活躍する訓練士になるという夢を持って、頑張っています。

POINT

この仕事につきたい！

　日本には9つの盲導犬協会があるので、就職して研修を受けるか、日本盲導犬協会訓練学校に入学する方法があります。盲導犬訓練士として経験を積んだあとは「歩行指導員」として、視覚障害者とコミュニケーションをとりながら、盲導犬と安全に歩く方法を指導したり、スムーズに生活できるよう、相談にのったりします。

POINT

10代へのメッセージ

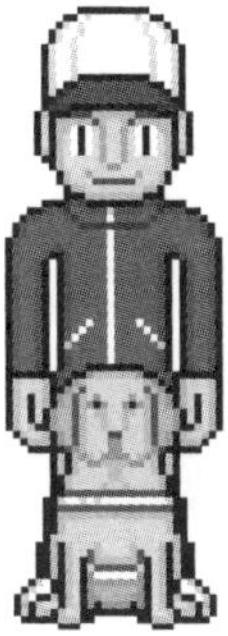

　最近、人間同士、正面切って「向き合う」時間が少なくなっているような気がします。特に大人が若者と真剣に向き合うことで、若者の人格はバランスよく形成されていくと思うので、皆さんが大人になったら、若者としっかり向き合って受け止められる人間になって欲しいと思います。

職業▶

イルカトレーナー

概要▶ イルカトレーナーは、水面からジャンプしたり、速く泳いだりという、イルカの運動能力を引き出して、水族館に来たお客さんに見てもらう人のこと。プレゼンテーションの他にも、イルカの食事や体調管理などの世話、さらにイルカの生態の研究も行なっています。いかにイルカと信頼関係を築くことができるかが、この仕事のポイントです。

情報▶

イルカトレーナーの仕事とは?

イルカの習性を研究し、能力を引き出す

イルカは水の中で生活していますが、哺乳《ほにゅう》類の「クジラ目《もく》」に分類され、肺呼吸をしています。そのため時々海上《かいじょう》に体を浮かして、頭のてっぺんにある鼻の穴の役目をする噴気孔《ふんきこう》から、息を吸ったり吐いたりしているのです。イルカとクジラは同じ仲間で、体長4メートルから4・5メートルを境に、それより大きいものをクジラ、小さいものをイルカと呼んでいます。バンドウイルカは、時速50キロの速さで泳いだり、高くジャンプしたりと運動能力に優《すぐ》れ、人なつっこく、好奇心が強

INTERVIEW

氏名▶ 山《やま》ノ《の》内《うち》祐《ゆう》子《こ》さん

経歴▶ 山ノ内さんは1979年、福島県生まれ。東京の水産大学を卒業後、福島県の水族館を経て、2004年に山口県下関市の水族館「海響館」のイルカトレーナーになりました。現在はイルカの他にも、アシカやアザラシのトレーニングも行なっています。

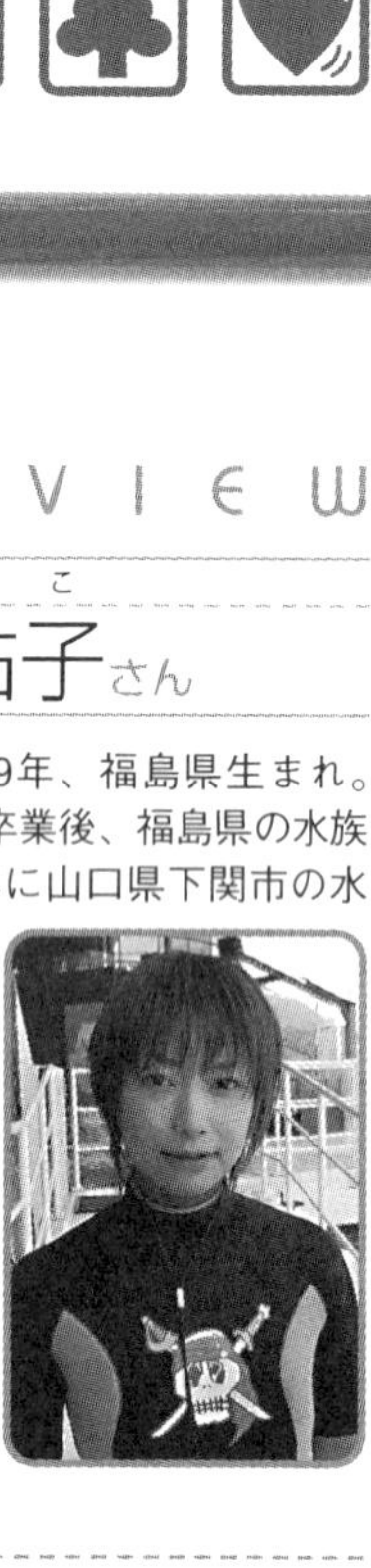

いのが特徴です。

そんなイルカの行動を披露するのがイルカプレゼンテーションで、イルカをトレーニングし、本番で指示を出すのがイルカトレーナーです。

トレーナーの1日は、朝8時半、プールで泳ぐイルカを観察することから始まります。普段と変わった行動をしていないか、体に傷がないかなどをチェックします。9時からは、その日のプレゼンテーションやトレーニングの予定、与える餌《えさ》の量などについて確認するミーティングがあり、10時半から2時間ごとにプレゼンテーションを行ないます。1回のプレゼンテーションは約20分。1年ごとにプレゼンテーションのテーマを変えますが、大河ドラマとリンクした、「義経《よしつね》と海天狗《うみてんぐ》」というテーマで行なったこともあります。

私たちトレーナーはプレゼンテーションの間、手の動きでイルカに指示を出し、ジャンプなどができたときはホイッスルを吹きます。このホイッスルが、「よくできました」という合図なのです。

プレゼンテーションの合間は、イルカのトレーニングをします。イルカがいくら人なつっこいと言っても、最初から人に馴《な》れているわけではありません。イルカとの信頼関係を築き、彼らの行動を引き出すのには、大変な時間と手間がかかります。まずは人間の手で与える餌を、イルカが警戒せずに食べられるようにします。これに馴れてきたら、餌をあげるときにホイッスルを吹き、ホイッスルの音は餌がもらえる合図だと条件づけます。たとえば立ち泳ぎを教える場合は、1メートルの棒の先についた的《まと》（ターゲット）を見せ、的に触れたときにホイッスルを鳴らして、餌をあげます。すると、的に触れれば餌がもらえると学習するのです。

こうして、的の位置をだんだん高くすると、イルカは自然と立ち泳ぎを覚えます。立ち泳ぎはイルカがもともとできる行動のひとつなので、早ければ1日でマスターするイルカもいます。

新しい行動を考えるときは、イルカをよく観察して、面白い動きをするまで待つこともあります。プレゼンテーションで披露する行動は、無理にやらせているわけではありません。イルカが自然とする動きを取り込んで披露しているのです。少しでもイルカが新しい動きをしたら、すぐに褒《ほ》めて餌をあげます。餌をもらうと、イルカは繰り返し行動するようになるのです。

夕方5時半ごろからは、その日の活動を報告するミーティングがあります。イルカの健康管理も、トレーナーの大事な仕事。体重や体長、体温を測って日誌につけます。定期的に採血、採尿、検便もして、異常がないかを調べます。そして1日の最後はトレーニングで締めくくります。プレゼンテーションでうまくできなかったことを、ここで練習するのです。

イルカトレーナーは、イルカといかに上手《じょうず》にコミュニケーションを取れるかが勝負。トレーニング以外の時間でも遊んだり、体をなでたりして、常にコミュニケーションを取っています。プレゼンテーションでイルカがよい動きをすると、イルカと一体になった気がして、最高にうれしいです。

トレーナーの仕事は重労働です。イルカは1日に20キロ近くも魚を食べるので、毎日その重たい餌を用意するだけで、ヘトヘトになります。

プールは屋外にあるので、冬はとても寒いですし、雪の日は手が動かなかったりもします。華やかな仕事に見えますが、実は体力勝負なのです。

イルカトレーナーになったきっかけ

目指すは、海と人との架け橋

私は小さいころから、海が大好きでした。でも実家が福島県福島市で、海が遠かったので、小学生のときは夏休みになると必ず千葉県に住む祖母の家に行って、近くの海で毎日遊んでいました。

そんな夏休みのある日、東京駅でシャチと人間が一緒にジャンプしている水族館のポスターを見て、心を奪われました。それがきっかけで、水族館に通うようになったのです。水族館では、海にいろいろな生き物がいることがわかり、ますます海への興味が湧《わ》きました。

将来は、海に関係する仕事に就《つ》きたいと思い、東京の水産大学に進学。魚を卵から育てる養殖の技術を勉強しました。卒業後は、大好きな水族館で働こうと、地元・福島県の水族館に就職。魚の飼育を担当し、毎日が充実していましたが、そのうち、もっとたくさんの海の生き物と触れ合いたいと思うようになりました。そんなとき、山口県の水族館の海響館《かいきょうかん》がイルカのトレーナーを募集していたので、それに飛びついたというわけです。

初めて間近でイルカを見たとき、想像以上に大きくて、餌をあげるのも怖《こわ》いくらいでした。餌を持ったまま、「どうしたらいいの？」なんて顔をしていると、イルカのほうも「やれやれ、新入りだな」というような表情で私を見ていましたね。そのあとは、餌をあげながら徐々に慣れていって、今ではイルカたちと、大の親友です。

イルカと接するときは真剣に付き合わないと、向こうから愛想を尽かされてしまいます。以前、「待て」の状態でイルカの前に手をかざしたまま、先輩と話をしていたところ、「いつまで待たせるんだ！」と怒ったイルカに噛《か》みつかれそうになったことがあります。これから、もっとイルカとの信頼関係を深めたいですし、イルカ以外の動物とも触れ合っていきたいです。そして、さまざまな海の生物をたくさんの人に伝える、海と人との架け橋のようなスーパーガイドになりたいですね。

POINT
この仕事につきたい！

イルカトレーナーになるための専門学校もありますが、水産関係の大学で海の勉強をしてから水族館に入って、トレーナーになる人もいます。今は水族館に入ってトレーニングをする人のほうが多いかもしれません。

水族館の試験では、生物に関する知識はもちろん、一般教養や時事問題も出題されます。何よりも一番大事なのは、「海が好き」という気持ちです。

POINT
10代へのメッセージ

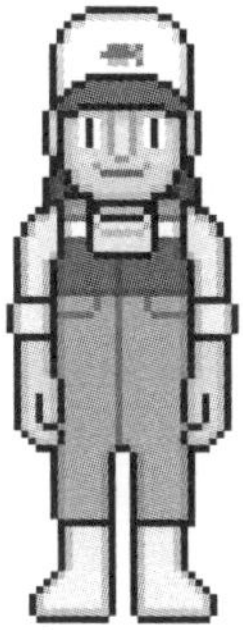

好きなこと、やりたいことが見つからない人は、興味を持ったことをとにかくやってみてください。その中で何かが見つかるかもしれない。自分がやりたいことが決まっている人は、迷わず突き進んでください。

職業▶ **トリマー**

概要▶ トリマーとは、ペットショップや動物病院で、犬や猫のシャンプー、カットなどを行なう人のこと。ペットをきれいに、かわいらしくするのはもちろん、爪切りや耳掃除など、体の隅々《すみずみ》まで手入れするので、ペットの健康管理をお手伝いする仕事でもあります。動物が好きなことはもちろん、飼い主と「どうカットするか」を話し合うことも大事なので、コミュニケーション能力も重要です。

情報▶

INTERVIEW

氏名▶ 神《じん》宮《ぐう》和《かず》晃《あき》さん

経歴▶ 神宮さんは1982年、群馬県生まれ。高校を卒業後、専門学校でトリマーの基礎を学び、ペットサロンに就職して、トリマーになりました。トリマーの技術を競う全国トリミング競技会で、2002年と2004年に、最高賞を受賞しています。

トリマーの仕事とは？

ペットにとって一番よいカットを言葉が通じない動物相手の難しさ

「トリマー」という呼び方は、「トリミング（毛をカットする意味）」からきています。シーズーなど毛の長い犬種は、自分で毛繕《けづくろ》いができないため、人が代わりにしてあげないといけません。それをするのがトリマーです。ヨーロッパでは古くからある職業ですが、日本で注目され始めたのはここ数年。現在、日本には20代、30代のトリマーが多く、若い人が活躍できる世界です。

　ペットの毛をカットするときは、まずお客様に希望を聞きます。お客様は、「うちの子をもっとかわいく」とか、雑誌を持ってきて「こういうふうにして」と言う人も少なくありませんが、飼い主の希望が必ずしもペットにとってよいこととは限りません。たとえば、雑誌の通りにカットをすると、犬が下を向いたとき、目に毛が入ってしまうこともあります。これではペットがかわいそうなので、飼い主さんの意見も聞きながら、ペットたちにとって一番よいカットを提案します。

どうカットするかが決まったら、毛の汚れや、もつれを取るために、ブラッシングをします。その次は爪《つめ》切りと耳掃除です。爪は伸びすぎると、歩き方や骨格にも影響が出てしまうので、定期的に切る必要があります。耳掃除では、耳の炎症がないかをチェックします。ペットは痛くても人に訴えることができません。だからこそ、僕たちトリマーがそれをいち早く発見してあげることが必要です。特に、飼い主が気づきにくい耳や皮膚などの病気を早期発見することを心がけています。

爪切りと耳掃除が終わったら、シャンプーとブローです。犬種によってドライヤーの当て方が違います。プードルであれば、フワフワのボリュームを出したいので、毛の流れに逆《さか》らってドライヤーを当て、逆に毛を寝かせたい犬種であれば、毛の流れに沿ってドライヤーを当てます。ドライヤーを当てる角度もそれぞれ違うので、犬のことをよく知らないと、ブローはできないのです。ブローがうまくできていないと、毛の向きがバラバラでカットしにくくなります。たかがブロー、となめてはいけません。

それらが終わって初めて、カットに移ります。カット用のハサミやすきバサミ、トリミングナイフなどを使って希望のスタイルにしていきます。同じ、「短くして」という注文でも、お客さんによって「短い」と感じる度合いが違うので、初めてのお客様はカットしながら確認して、その人の好みを覚えていくことが大事です。1頭の手入れがすべて終わるまでに約2時間かかるので、1日に手入れできるのは、大体4~5頭になります。

こちらは手入れをしてあげたいと思っても、ペットは何をされるかわからず不安なので、なかなかおとなしくしてくれない場合もあります。そんなときは、頭を優しく支えたり、声をかけたりしながらコントロールしますが、これが慣れるまで難しいのです。慣れてくれば、カット中に、ペットが気持ちよさそうにしているとか、これ以上続けたら怒るとか、表情や筋肉の緊張の具合でわかるようになります。ペットが気持ちよさそうにしてくれると、こちらもうれしくなります。

トリマーになったきっかけ

獣医師との間で揺れた学生時代にある犬と出会った

僕の実家は犬や猫をはじめ、カニクイザル、ハムスター、カメ、スナネズミ、アヒルなど、いろいろな動物を飼っていて、ミニ動物園状態でした。そんな環境で育ったので、ごく自然に獣医になりたいと思っていました。

獣医になるために、農林高校の動物コースに進学。学校では、トリマークラブに入りました。これがトリマーとの最初の出あいです。週に2回、専門学校の先生が教えに来てくれ、放課後2時間くらい、プードルのカットを勉強しました。その経験を通じて、自分の腕だけで犬の形を作ることに興味を持ちました。

高校3年生の秋ごろまでは、獣医になるための勉強を続けていましたが、だんだんトリマーもいいなあと思い始めていました。そんなとき、トリマークラブでシュナウザーという種類の犬を初めて見たのです。まゆ毛とひげが妙に長くて、体の毛は硬くて短い。足は棒みたいに細く、なんておもしろい犬なんだと思いました。その犬を先生がトリミングしているのを見て、僕もトリマーになってこの犬をカットしてみたいと思ったのです。さっそく、シュナウザーも自宅で飼い始めました。

こうして獣医への道を捨て、先生が教えていた専門学校に進学、シュナウザーを専攻して勉強を始めました。2年間でシャンプーやカットなどの実技や犬の病気、骨格、行動学、歴史、犬と人間との関わり、しつけ、訓練など、いろいろなことを学びました。

入学した専門学校では、いきなり犬のカットはできません。まずは毛糸のウイッグを使って、カットの練習です。布に毛糸が縫《ぬ》い付けてあり、櫛《くし》でとかすとフワフワの犬の毛のようになるので、それをカットするのです。僕は高校時代にカットの経験があったので、まわりからは注目されました。それがプレッシャーになって、「誰にも負けられない」と、家に帰っても鏡を見ながら、飼っているシュナウザーでカットの練習をしました。

その成果もあって、在学中の20歳のとき、全国トリミング競技会で最高賞を受賞できたのです。

専門学校を卒業後、ペットサロンに就職。僕は学校でシュナウザーの他にも、いろいろな種類の犬のカットを習っていましたが、実際お店では違ったラインのカットが求められ、ゼロから勉強し直しました。

学生時代は、競技でいかに美しくカットするかばかりを考えていましたが、お店では美しくするだけでなく、病気や異常を発見することも大切だということを知りました。耳の炎症や皮膚の異常、ノミやダニを見つけると飼い主さんにすごく感謝されるので、僕もうれしくなります。この喜びは、競技では絶対に味わえないものです。

僕はいつか、地元の群馬で自分の店を持ちたいと思っています。そして、地元でお客さんの犬をカットしながら、自分がこれまで教えてもらった技術を、次の世代の人にも伝えていきたいと思っています。

POINT この仕事につきたい！

トリマーの専門学校で基礎を勉強してからペットショップやペットサロンに就職する方法と、いきなり就職して技術を学ぶ方法があります。

トリマーには民間の認定資格があり、取っておくと就職に有利ですが、資格がなくても働けます。自分の腕次第で、独立して店を出したり、フリーのトリマーとして活躍したりもできます。

POINT 10代へのメッセージ

常に目標を持ち、情熱をもって邁進《まいしん》しよう！

情熱の持続が夢を開きます。

職業▶ 漁《りょう》 師《し》

漁師

概要▶ 漁師とは、魚を獲《と》って売ることを仕事にしている人のことです。海だけでなく、川や湖で魚を獲る人も含まれます。海の漁には、遠くの海で行なう遠洋漁業や、海岸から近いところで行なう沿岸漁業などがあります。沿岸漁業で効率よく、たくさんの魚を獲るには、海のことをよく知ることが大事です。魚群の位置を正確に把握する経験が物を言う仕事です。

情報▶ 

INTERVIEW

氏名▶ 栗《くり》山《やま》義《よし》幸《ゆき》さん

経歴▶ 栗山さんは1963年、神奈川県生まれ。神奈川県横須賀市で小型の船を操り、まき網漁をしています。東京湾で獲れた魚を市場に出すほか、直接、料理店や一般のお客さんにも販売。主にスズキの漁をしています。

漁師の仕事とは?

魚を獲って売る仕事 そのために海の環境を守る

僕は小型船で東京湾に出て魚を獲《と》る、小規模な沿岸漁業をしています。東京湾は汚れていて、魚が少ないといったイメージがあるようですが、最近は環境に対する意識が高くなってきて、よい漁《ぎょ》場《ば》に戻りました。江戸時代には、江戸に住む１００万人の食卓を支えていたくらいですから、もともとよい漁場なのです。

東京湾には２００種類くらいの魚がいますが、漁ではそのうち、スズキ・アジ・アナゴ・カレイ・タコなど約50種類の魚を獲っています。僕が主に獲っているスズキは、体長60センチぐらいの白身の魚で、成長するにつれてセイゴ、フッコ、スズキと名前が変わる出世魚です。夏が旬《しゅん》で、タイと並ぶ高級魚として人気があります。

僕が乗る船は、長さ6メートル、重さ２・５トンの3人乗りの小さな船です。

漁《りょう》の方法はまき網漁と呼ばれるもので、船を走らせながら、幅２２０メートルの網を円形状に広げ、逃げる魚群をすばやく取り囲み、その囲みを徐々に小さくして、漁獲します。1回約20分。これを魚群探索しながら5回ほど繰り返します。1回の網で5匹しか獲れないこともあれば、多いときは２０００匹以上獲れることもあります。網に入ってくる魚は、スズキのほかに、アジやカレイなどさまざまです。

ちょっと前の漁師にあった「大魚」を狙うといった考え方は現在では通じなくなっています。買っていただくお客様向けに高品質の魚を安定して供給できる漁獲があればよく、あとは資源として、次の漁にまわすといった「資源管理型漁業」をするようになりました。

漁はどこでも好きな場所で、できるというわけではありません。漁業協同組合が決めた範囲内でしかできないのです。それぞれの漁協には、「共同漁業権」という権利が国から与えられていて、漁協の組合員がその権利を借りて漁をする、という形を取っています。漁をするには、漁協の組合員にならなければなりません。

漁師の朝は早いです。獲れた魚を早朝開かれる市場に出すだけでなく、直接販売している場合は、お店の仕込み時間に合わせて届けなくてはならないからです。

僕の場合、朝4時に港を出て7時半には戻ってきます。そして港で船から魚を降ろし、10時に2度目の漁に出て、午後1時ごろ戻り、1日の仕事は午後3時に終わります。朝が早いので、寝るのは夜の9時ごろです。

漁師の休日は、おのおのが自由に決めることができます。海が荒れたり、台風などで漁に出られないときもあるので、普通、漁師が仕事をするのは1年間に約２２０日、週休2日か3日のペースです。

僕は市場だけでなく、お店や個人の方にも直売しているので、そういったお客様の要望に応《こた》えるためには、休んでばかりはいられません。今は週休1日のペースで働いています。どれだけ休むかは、人それぞれなのです。

漁師は体力的にきつい仕事だと思われていますが、最近は機械化が進んでいるので、昔ほどではありません。ただし、自然が相手の仕事なので、大変な部分もあります。海や魚に関する知識と経験がないと、漁師は務《つと》まりません。

これから先何年も魚を獲り続けるために、魚が育つよい環境の海を守ることも、漁師の仕事のひとつです。そのために僕は、ヒラメやカレイなどの稚魚を放流したりしています。

さらに、海の大切さや漁師の仕事について子どもたちに知ってもらうため、地元の小学校で年に数回、水産教室や体験教室なども行なっています。漁業は遠い昔から行なわれ、現在も続いています。そして、未来の漁師が漁を続けられるためにも、私たちは海を守っていかなければならないのです。

漁師になったきっかけ

父の背を見て漁師を志す
海と闘ってはいけない

父が漁師だったので、小さいころから僕も漁師になりたいと思っていました。父は毎日、「今日はこんなに儲《もう》かった」とか「大漁で気持ちよかった」と、家に帰ってきては自慢話ばかりしていました。

そんな話を聞いて育ったので、漁師の仕事に魅力を感じていたのです。

しかし高校は、漁師とはまったく関係のない工業高校に入りました。父に、「海のことは俺が教えてやる。高校では、他のことを身につけろ」と言われたからです。1日中黒板に向かうのは、性に合わないと思ったので、実習のある工業高校を選びました。

高校を卒業したら、漁師になろうと考えていたのですが、父が今度は、「漁師とは違う世界を知れ」と言うので、造船所に就職しました。

船が好きだったので、造船は楽しいだろうと期待していましたが、事務仕事ばかりで、2年で退職。これで、やっと漁師の道に進むことになりました。

漁の勉強のため、父について漁に出ていたのですが、父は何も教えてくれず、「漁の技術は経験以外にない。海が教えてくれたり、魚に聞けば上達する」の一点張り。高校に入るときは、「海のことは俺が教えてやる」と言っていたのに、ひどい話ですよね。

でも、人に教えられるより、自分で失敗しながら学んでいくほうが、覚えが早いことをその後、実感しました。失敗ばかりで大変でしたが、何も教えてくれなかった父のおかげで、今の自分があるのだと思います。

漁師になり今年で26年経ちましたが、今も父と出漁しています。魚群探知機での魚群探索や、投網のタイミングを見極める潮の判断などは、父にいまだにかないませんが、日々勉強の毎日です。毎年季節ごとに魚はやってきますが、毎年、少しずつ集結地点を変えながら移動しますので、経験を積み重ね、臨機応変《りんきおうへん》の対応が「漁師」へ近づく道だと考えています。それだけに、父の経験50数年は大きな目標となります。

POINT

この仕事につきたい！

漁業協同組合に入る必要がありますが、組合員になるには漁師に弟子入りして、修業を積まなければいけません。たとえば横須賀市東部漁協では、年間に120日以上船に乗って働くことを2年間続ければ、組合員の資格がもらえます。船を操縦する免許や無線の免許も必要です。

自分の船を持つにはお金が必要ですが、漁協に貸してもらえ、10年くらいで返済できる人が多いです。

POINT

10代へのメッセージ

学ぶ場は学校だけではありません。海や山、社会にも勉強の材料はたくさんありますので、何かひとつ見つけて研鑽《けんさん》を積んでください。

この本では、79個の職業を8章に分けて紹介していますが、その職種ごとにアイコンをつけて、さらに細かく示しています。

アイコンの見方は下記の通りです。自分が興味を持っているアイコンがついているページから読み進めるといいでしょう。

あなたの「これから」の参考にしてくださいね。

計画を立てることが好き

人と接するのが好き

人の前で話すのが得意

勉強が好き・資格に興味あり

体を動かすのが好き

子どもが好き

音楽が好き

食べることが好き

ものを作ることが好き

山・川・海などの自然が好き

美しいものが好き

人や動物の役に立ちたい

機械・科学が好き電化製品が好き

つきつめて研究することが好き

ワクワク・ドキドキすることが好き

※インタビューの収録は2004年から2006年にかけて行なわれたものです。
現在とは、内容が異なっている場合もありますが、ご了承ください。

第5章 人を楽しませる エンターテインメントのお仕事

職業▶ **落語家《らくごか》**

概要▶ 落語とは、庶民の日常生活の出来事をユーモラスなお話に仕立てたもので、人を笑わせたり、時には泣かせたりする伝統芸能です。「古典」と「新作」の2つの系統があります。この落語を演じることを仕事にしている人が、落語家です。高座と呼ばれる舞台で、すべての登場人物をたった１人で演じ分け、次々に笑いや感動を生み出します。

情報▶ 

INTERVIEW

氏名▶ 桂《かつら》　かい枝《し》さん

経歴▶ 桂かい枝さんは1969年、兵庫県生まれ。大学を卒業後、25歳のときに桂文枝師匠に弟子入りし、落語家になりました。2004年にNHK新人演芸大賞の落語部門で大賞を獲得。英語の落語にも力を入れています。

落語家の仕事とは？

人を笑わせることに命をかける伝統をアレンジする難しさ

落語家は寄席《よせ》や演芸場で、落語を演じます。落語には江戸時代から明治にかけて作られた「古典落語」と、戦後に作られた「新作落語」があります。古典落語は、今の人にはわかりにくい部分もあるので、言葉遣《づか》いを変えたり、シチュエーションを変えたりと、落語家それぞれが自分なりにアレンジします。同じ古典落語でも、演じる落語家によって違った内容になるのです。

　また、僕は新作落語にも力を入れています。NHKの新人演芸大賞を取った「ハル子とカズ子」

という噺《はなし》は新作落語でした。おばあちゃん2人が公園でボケボケトークを展開するというお噺です。

落語はセットや衣装《いしょう》、背景などの舞台装置を使わず、落語家が座布団《ざぶとん》の上に座ってしゃべるだけの、一見地味な芸です。しかし、言葉だけでいろいろな人物の心情や状況をお客さんに想像しながら楽しんでもらえるので、無限の可能性があります。脚本、演出、主演のすべてを自分の好きなようにできるのも落語の魅力です。

一人で何人もの登場人物を演じ分けるコツは、目線にあります。目線を交互に変えることで、複数の人物を演じ分けるのです。落語は単にしゃべるだけではなく、動きも重要です。さまざまな「しぐさ」（動作）を扇子《せんす》と手ぬぐいで演じます。たとえば、扇子は箸《はし》、筆、ソロバン、三味線《しゃみせん》のバチなどに。手ぬぐいは財布《さいふ》、本、焼き芋《いも》などに見立てて使います。この2つは落語家の大事な商売道具なのです。こういった落語の技術は、長い修業の中で師匠から盗み、身につけるものです。

僕は落語の魅力を世界中の人にも知ってもらおうと、英語で落語を演じるという活動にも力を入れています。１９９７年から毎年、海外で寄席を開き、これまでアメリカやイギリス、オーストラリアなど、世界11カ国で２１８公演を行なってきました。日本語の落語をそのまま英語に訳して演じるのですが、これがなかなか難しく、「ハトが何か落として行ったよ」「ふーん」というような駄洒落《だじゃれ》が英語では使えません。だから、細かい言葉遊びにこだわるよりも、オーバーアクションで演じることを心がけています。大きな動きのほうが外国人には受けがよく、国籍、年齢、性別に関係なく、爆笑してくれます。そんなとき落語は、国や文化の違いを超えているなと感じますね。

落語家になったきっかけ

辛《つら》い修業の支えとなった夢と憧れ

僕は子どものころから、人を笑わせるのが大好きで、いつも先生のモノマネなどをして友だちを笑わせていました。でも、落語にはほとんど関心がなく、学生時代は兵庫県代表としてインターハイに出場したほど、水泳に打ち込んでいました。

初めて落語に興味を持ったのは、就職活動をしていた大学3年のとき。自分の好きな旅行やオシャレを仕事にしたいと思い、旅行会社や服飾の会社を希望したのですが、なかなか決まりませんでした。そんな中、気分転換に生《なま》の落語を初めて見たのです。そこで師匠《ししょう》・桂文枝《ぶんし》の落語を見て、笑いながらなぜか泣いてしまいました。このとき、言葉にできないような感動を味わい、自分が一番好きなのは人を笑わせることだと気づいて、桂文枝師匠の弟子になろうと決めました。

しかし、簡単に弟子入りできるわけではありません。僕はまず、師匠に3回手紙を書きました。それでも返事がなかったので、直接会いに行き、土下座《どげざ》をして、「弟子にしてください！」とお願いしました。そのとき、運よくまわりにたくさん人がいたので師匠に、「恥ずかしいから、こっち来い！」と言ってもらえたのです。

ちょうど兄弟子がデビューしたところで、新しい弟子を取ってもいいと考えていたらしく、晴れて弟子入りすることができました。


落語家は皆、師匠に弟子入りをして大体3年は修業を積みます。かばん持ち、車の運転、犬の散歩など、師匠の身のまわりの世話をしながら勉強し、着物の着方やたたみ方、楽屋での挨拶《あいさつ》や作法《さほう》などを学んでいくのです。

修業時代は、本当に大変です。僕の場合、食事は食べさせてもらえたのですが、毎日１０００円の小遣いがもらえるだけで、給料はありませんでした。そこで夜は、カラオケボックスでアルバイトをしていました。

しかも、師匠に直接落語を教えてもらう時間なんてありません。「芸は見て盗め」と言われました。先輩の落語をたくさん見て、ひたすらマネして覚えるしかないのです。そして、自分が覚えたネタを師匠に見てもらい、アドバイスしてもらいます。僕が最初に覚えたのは「煮売屋《にうりや》」という噺。師匠に見てもらったとき、緊張して「え～え～」と何度も言ってしまい、「『え～』は絶対に言うな！」と怒られました。

そんな辛い修業を乗り越えられたのは、「絶対に落語家になりたい」という夢と、時々見せる師匠の優《やさ》しさがあったからこそです。たまに師匠が高級ステーキをご馳走《ちそう》してくれて、「こんな高い物が食べられるように頑張れ」と励《はげ》ましてくれました。本当に、最高の師匠です。特に師匠が高座に上がったとき、お客さんが「待ってました！」と拍手をするのですが、その拍手がすごくて、「この人の弟子になって本当によかった」と実感しました。そして同時に、「僕も師匠のようになりたい」と改めてあこがれたものです。

　こうして修業を乗り越え、念願の初舞台に立ったときは緊張しまくりでした。15分の噺なのに、つまりながら40分もかかってしまい、落語って難しいと痛感しましたね。今でも、まだまだ勉強の毎日です。昔、師匠に言われた、「ネタは刀みたいなもの。数じゃなく、どんな客でも笑わせられる、切れるネタを何本持っているかが勝負だ」の言葉を胸に、これからも精進《しょうじん》していきたい。そして、「落語」という言葉が世界共通語になるように、世界中の人を笑わせたいと思います。

POINT
この仕事につきたい！

　弟子入りをしないとプロにはなれないので、自分の好きな師匠に弟子入りします。これには運とタイミングが大事です。熱意を持ってアタックしましょう。最近は大学を卒業してから弟子入りする人も多いようです。

　一つひとつの人生経験が芸の肥やしになるので、いろいろなことにチャレンジしておきましょう。数多くの稽古と舞台を経験して、はじめて一人前になることができます。

POINT
10代へのメッセージ

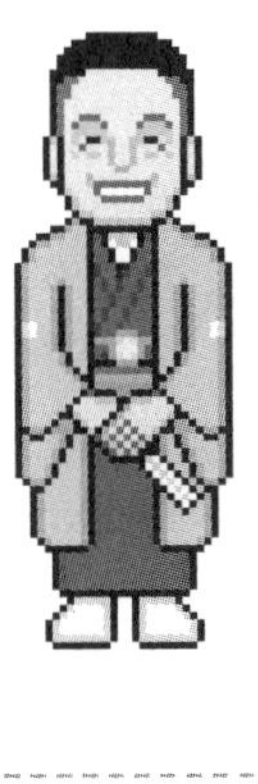

人の生き方には2通りあります。「仕事はあくまでお金を得るためのもの」という生き方と、「お金や成功はどうでもいいから、好きなこと、やりたいことを仕事にする」という生き方。僕は後者を選びました。成功するかどうかまだわからないけれど、これだけは言えます。

「僕は今の自分の仕事が大好きです」

職業▶ 声《せい》優《ゆう》

概要▶ 声優とは、アニメやラジオドラマの登場人物の声を演じたり、外国映画の吹き替えをしたり、CMで原稿を読むなど、いろいろなメディアに声で出演する俳優です。声だけで演じるので、豊かな表現力や演技力が必要ですし、正しいアクセントやイントネーションで話せなくてはいけません。声をいくつも使い分け、赤ちゃんから老人、男性から女性まで、いろいろな役を演じ分ける人もいます。

情報▶ 

INTERVIEW

氏名▶ 野《の》中《なか》 藍《あい》さん

経歴▶ 野中さんは1982年、福岡県生まれ。高校を卒業後、声優の学校に進学し、4年前に声優としてデビューしました。これまでに『ボボボーボ・ボーボボ』のビュティ、『魔法先生ネギま！』の近衛木乃香などアニメを中心にラジオドラマやテレビゲームで、幅広く活躍しています。

声優の仕事とは？

声だけで演じる俳優 アフレコはチームワークが命

私は声が高くて細いので、同年代か少し年下の女の子を演じることが多いですね。だから以前、30歳代のお母さんを演じたときは難しかったです。同世代や年下の役には共感できて、役に入り込めるのですが、年上の、しかもお母さんとなると、なかなかそれができず、このときはセリフの語尾を優《やさ》しくして、やわらかい空気をかもし出すなどの工夫をしました。

声優はこういった年齢だけでなく、気持ちの変化も声だけで演じなくてはいけません。同じ「大嫌い」というセリフでも、本当に嫌いな「大嫌い！」と、実は好きだけど強がって言うときの「大嫌い」では全然違います。その気持ちをうまく表現することが大事です。

いろいろなシチュエーションに応じて、声の出し方を工夫する必要もあります。お風呂場やトンネルなどの声が響くシーンでは、機械で声を加工してエコーをかけたりしますが、状況によっては機械を使わずにやることもあります。

たとえば、水の中でしゃべるシーンだと、ブクブクと口から泡が出る様子《ようす》を表現するために、唇を指やボールペンで上下にはじきながらしゃべります。こうすると、水の中で話しているように聞こえるのです。また、病気で息が苦しい人がしゃべるシーンでは、紙コップを口元にかぶせてしゃべったりします。

演技には感情移入も大事です。そのために、キャラクターと同じ動きをしながら演じています。涙のシーンでは私も本当に泣きながら演じますし、ケンカのシーンでは手を振り上げながら演技をします。声を録音するアフレコの現場を見ていると、声優がそれぞれ演技に合わせて動くので、すごくおもしろいですよ。

30分のアニメ番組の録音は、大体3～4時間かかります。まず、その日の映像をみんなで一度見てから、実際に絵に合わせてセリフを言う「テスト」を何回か行ない、監督から演技指導を受けて本番、という流れです。

ただしアニメの録音現場では、絵が完成していないこともあり、真っ白な画面に向かってセリフをしゃべることも多いんですよ。その場合、自分の役名が画面に表示されている間にセリフをしゃべるわけですが、キャラクターの表情や動きがわからないので、想像だけで演技します。そのため、実際の放送を見てキャラクターの表情が想像していたのと違い、「こうすればよかった」と反省することもあります。そうならないように、監督の意図を理解して演じることが重要です。

また、アフレコ現場に人数分のマイクはなく、自分の出番になると前に出てマイクに向かってしゃべり、他の人は後ろに下がります。息の合った演技をするには、現場のチームワークも大切です。

声優は体が資本です。風邪《かぜ》をひいたらアフレコができませんし、のどを痛めれば、仕事を続けられなくなることもあります。毎日、帰宅したら必ずうがいをし、調子がおかしいと思えば、すぐに病院に行って声帯を診《み》てもらいます。声を出すには腹筋《ふっきん》が大きな役割を果たすので、毎日腹筋を鍛えるトレーニングをしています。

声優になったきっかけ

厳しい声優のオーディション勝ち抜くには自分を知ること

私が声優に興味を持ったきっかけは、小学生のときに大好きだった『幽々白書』というアニメです。アニメ雑誌の記事で、声優さんたちの仲よく楽しそうな写真を見て、いつか自分も声優になって、一緒に仕事ができたらいいなあと思いました。

中学校に入って、声優になるには演技力が必要だと思い、3年間演劇部で活動。2年生からは役をもらって、アラビアンナイトの作品『すばらしいコーラ』で主演もしました。演劇のおもしろさに目覚《めざ》めた私は、宝塚の大ファンになり、福岡から宝塚（兵庫県）まで行って生《なま》で見て勉強するようになったのです。特に男役がかっこよくて、「将来、宝塚で男役をやろう！」と、声優から宝塚にあこがれが変わってしまいました。

男役をやるには身長が高くなければと思って牛乳をたくさん飲み、週に4日、バレエ教室に通いました。さらに、演劇を続けるためにはお金が必要だと思い、アルバイト代わりに自営業をしている母親の仕事を手伝って、貯金もしました。しかし身長がどうしても伸びず、宝塚の男役になる夢はあきらめることに。

芝居は続けたかったので、ずっと私の夢を応援してくれた母親に相談しました。その結果、私は自分の原点だった声優になる夢を思い出し、声優の学校に通うことにしたのです。

声優の学校はいろいろありますが、私は声優のマネージメントをしている青二プロが経営する学校に入学しました。ここは、「役者を育てる」という方針で、演技はもちろん、日舞やバレエ、声楽、発音の授業が中心。アフレコの練習はありませんでした。その学校で苦労したのは、言葉のアクセントやイントネーションです。福岡のアクセントを直すため、東京出身の人と友だちになって、おかしいところは指摘してもらいました。

アニメの配役は、ほとんどがオーディションで決まります。オーディションでは、監督などの前でキャラクターのセリフを演じますが、最初は緊張して思うようにできず、落ちてばかりでした。

合格できるようになったきっかけは、『宇宙のステルヴィア』のオーディションに受かったこと。元気な女の子の役を受けて落ちてしまったのですが、別のおとなしい子の役をもらいました。私はずっと、元気な子の役が得意だと思っていたのですが、実はおとなしい子のほうが地《じ》で演じられ、向いていると気づいたのです。でも、アフレコは大変でした。初の主役ということもあり、気負いすぎてNGを連発。このとき、共演の先輩が気をつかってスタジオの外に出て、私のパートが終わるまで待っていてくれました。この作品で私は、まわりの人に支えられ、今の仕事ができているのだと強く実感しました。

これからもずっと、声優の仕事を続けていきたいと思っています。今後はもっと役の幅を広げ、いろいろなことに挑戦していきたいです。

POINT
この仕事につきたい！

声優の学校に入って演技の勉強をし、声優の事務所に所属します。そして、オーディションのチャンスをしっかりものにしていくことが重要です。

声が商売道具なので、普段から風邪などひかないよう、体調管理ができる人でないと務《つと》まりません。人気声優になればオリジナルの歌を発売するなど、活躍の場は広がります。

POINT
10代へのメッセージ

声優になりたいと思っているあなた！　なりたいと言うだけなら誰でもできる！　行動を起こしてみては？

職業▶

マジシャン

概要▶ マジシャンとは、お客様の前でマジックをするエンターティナー。特別な仕組みと技で不思議な現象を作り出し、人々を楽しませます。マジックには、テーブルの上でするマジックもあれば、ステージ上で大掛かりな仕掛けを使うマジックもあります。プロとして成功するには、新しいオリジナルのマジックを作り出すことが必要です。お客さんを楽しませる演出力と創造力が求められます。

情報▶

INTERVIEW

氏名▶ KYOKO《きょうこ》さん

経歴▶ KYOKOさんは1978年、大阪府生まれ。高校卒業後、マジシャンの事務所にダンサーとして所属し、その後マジシャンになりました。2003年、日本奇術協会の「ベストマジシャン」第1位に選ばれ、世界大会「マジックオリンピック」にも出場。女性で最高の8位に入賞しました。

マジシャンの仕事とは?

陰の努力を見せないのがプロ

マジックには、テーブルの上でカードやボールなどを使ってやる「クロースアップマジック」、ショー形式で次々とマジックを披露する「ステージマジック」、人が浮いたり、消えるといった大がかりなものをチームで行なう「イリュージョンマジック」などがあります。

　マジックは昔から多くの種類がありますが、マジシャンとして成功するためのひとつには、常にオリジナルの新しいマジックを作り続ける必要があります。私はマジックで使うカードや帽子などの道具も、すべて自分で作ります。衣装もタネが仕込みやすいように自分で作るし、マジックで出すハトも自分で育てて、調教《ちょうきょう》します。

ショーは10人規模の小ステージから２０００人規模の大ホールまで、いろいろなところで行ないます。１年間に１００回ほどステージがあり、特に年末年始と夏休みが忙しいです。ショーでは、ルパン3世のイメージで、ヘリコプターから縄梯《なわはし》子《ご》につかまって登場するなど、派手な演出も取り入れてお客さんの心をつかむようにしています。

時にはステージ上で失敗してしまうこともありますが、失敗したときに重要なのは、笑顔でやり切ること。一度でも、「しまった」という顔をしては、ショーが台無しになってしまいます。失敗をしたときでも、「失敗していません！」という自信たっぷりの笑顔でショーを続けます。そして、終わったあとに楽屋で泣きながら、「次は成功させてやる」と心に誓うのです。私は失敗をバネにするタイプ。次にマジックを成功させ、お客様に大きな拍手をもらうと、最高にうれしいです。

お客様が感動してもらえるようなパフォーマンスをするためには、練習が何よりも大切です。私は毎日、最低4、5時間は練習しています。繰り返し練習してテクニックを磨《みが》くだけでなく、柔軟体操や筋肉トレーニング、ダンスも練習します。

3年に一度行なわれるマジックの世界大会マジックオリンピック「ＦＩＳＭ《フィズム》」の直前の練習は、特に過酷《かこく》です。前回出場したとき、昼間はショーがあって練習できず、夜9時から夜中の3時までの猛練習が2カ月続きました。

借りた練習場所は、服飾の専門学校の教室。その教室にはファッションショーができるステージがあり、しかもまわりの壁が鏡張り。カードのマジックはお客様に見せてはいけない角度があるので、それをチェックするのに鏡張りの場所は最適なのです。鏡があれば表情のチェックもできます。特訓の成果もあって、マジックオリンピックではベスト8に入賞しました。

マジシャンは皆、陰で血のにじむような努力をしていますが、それをお客様に感じさせてはいけません。陰の努力を見せないのがプロというものです。

マジシャンになったきっかけ

ダンスをするはずがマジックへ マジックは世界の共通語

子どものころからダンスを習い、学芸会では率先《そっせん》して歌ったり、踊ったりと、目立ちたがりでした。特にジャズダンスが好きだったので、高校を卒業して上京し、1年間ダンスの専門学校に通いました。卒業後、歌手のバックダンサーやテーマパークのショーなどの仕事をしていましたが、ブロードウェイにあこがれ、19歳のときにニューヨークへ渡りました。ミュージカルを見たり、ダンススタジオでレッスンを受けたりする中で、本場のダンスにカルチャーショックを受けました。リズムの取り方や表現力のレベルがまったく違うのです。「自分には無理かも」と、打ちのめされて日本に帰ってきました。

ブロードウェイの夢はあきらめましたが、やはり好きなダンスは捨てられず、ダンサーの仕事を探していたところ、たまたまマジシャンの事務所がアシスタントのダンサーを募集しているのを見つけました。手品に興味はありませんでしたが、ステージでダンスが踊れるならと思い、その事務所に入ることに。そんな私がマジックを始めたきっかけは、事務所の社長に言われた「やってみないか」のひとことでした。

実際にステージに上がると、それまでやってきたダンスだけのショーより、ダンスとマジックを組み合わせたショーのほうが、お客様の反応もいいし、私もマジックでお客様を驚かせることが楽しくなってきました。

マジックを始めた当初、私はカードマジックがカッコよく思えて、初心者のくせに上級者向けのカードマジックを覚えようとしました。しかし、ダンスの練習が体全体を動かすのに対し、カードマジックは指先だけの稽古なので思うようにできず、イライラしてしまうこともたびたびでした。四六時中、サウナの中でも、手のマメがつぶれても、練習し続けました。

私が生まれて初めて人前でマジックを披露したのは、練習を始めて間もないころにあった姉の結婚式です。花をテーマに、最後にブーケを出すマジックをしたら、姉は泣いて喜んでくれました。

その後、プロのマジシャンとしてデビューしました。東京・吉祥寺に、新人マジシャンが多くデビューするライブハウスがあり、そこのオーディションを受けました。しかし、1度目は緊張でマジックを忘れてしまい不合格。その悔しさがあって、それまで以上に練習に励《はげ》み、翌月のオーディションに合格。初舞台を踏むことができました。

手先が不器用な人でも、マジックは努力次第で必ず上手になります。私もまわりの人から、「カードマジックはやめなさい」と言われたほど手先が不器用です。しかし、すごく負けず嫌いなので人の何倍も練習してきましたし、今も腕を磨く努力を続けています。

私はマジシャンの仕事をしながら、心理学を専攻して通信制の大学を卒業しました。心理学を学んだ理由は、最近は病院や福祉施設で慰問活動を行なっているマジシャンがいて、私もそういう活動がしたいと思っているからです。その際、ただ励ますだけでなく、人の気持ちを理解できるようになりたくて、心理学を学んだのです。

マジックは世界の共通語。言葉は通じなくても、人を驚かせることができます。私は、世界を舞台に活躍できるマジシャンを目指しています。

POINT

この仕事につきたい！

プロのマジシャンに弟子入りしたり、マジックサークルに入っている人が多いようです。最近は弟子入りしないでプロマジシャンになる人も多いです。

プロのマジシャンに弟子入りするのが早道ですが、独学でも大丈夫。本やＤＶＤなどで練習して、友だちや専門の人たちの前で披露して腕を磨きましょう。学芸会などの大勢の前でマジックを披露すれば、ステージ度胸もつきます。

POINT

10代へのメッセージ

夢は必ずかなう！　かなえるために人一倍努力しよう！

職業▶ **スタント**

概要▶ スタントとは映画やテレビなどの撮影で、危険なアクションを俳優やタレントに代わって演じる人のこと。崖《がけ》や海といった場所での撮影や、自動車を使ったカーアクション、火薬を使った爆発など、危険なシーンを安全に演じるためには、専門的な技術が必要です。また演じるのは1人でも、仲間にサポートしてもらわないとできないアクションも多く、チームワークが求められます。

情報▶

INTERVIEW

氏名▶ 金《かね》子《こ》佳《か》代《よ》さん

経歴▶ 金子さんは1977年、千葉県生まれ。短期大学を卒業して1年間、会社勤めをしていましたが、養成所に入りスタントになりました。現在、テレビや映画、舞台など幅広く活躍しています。

スタントの仕事とは?

常に危険と隣り合わせ よりリアルに、派手に演じる

私は高い所が好きなので、高い所から飛び降りるシーンが得意。5メートルぐらいの高さから、海に飛び込むシーンを演じたことがありますが、下が水でも、実は結構痛いです。

また、事故の再現VTRで、車に跳《は》ねられるシーンの経験もあります。車にぶつかる瞬間にボンネットの上に転がり、そのままゴロゴロと車の上をまわって落ちるというアクションです。撮影では、車は15~20キロくらいの速度で走ってきますが、このくらいの速度でも、まともに当たれば大ケガをします。しかも速度が遅い分、リアルにそして派手に演じるのは難しいんですね。このときは、車にぶつかると同時に、持っていたカバンを思い切り放り投げて、派手にぶつかったような演技をしました。

スタントの仕事では、派手に見せながらもわざとらしくないリアルな演技力が不可欠です。そういったリアルなアクションの勉強は、先輩の演技を見て覚えていきます。ニュースの衝撃映像などを見て、参考にすることもあります。

スタントは高い所から落ちたり、車に跳ねられたりと、多少怖《こわ》い面もあります。でも、カチンコが鳴って本番になると、恐怖心はどこかに消えてしまいます。

ケガをしないのがプロの仕事。今のところ、私は大きなケガをしたことはありません。撮影現場には、ケガを防止するためのマットなどを準備していますし、日ごろからトレーニングを積んでいます。

毎週1回、事務所のメンバー全員が集まってマット運動や時代・現代殺陣《たて》をします。夏の合宿では、飛び降りやロープアクションを行ないます。また、仲間と近くの体育館で自主練習もします。それ以外にも、毎日家でストレッチ、ランニング、筋力トレーニングは欠かしません。

家での筋力トレーニングは腹筋、背筋を50回ずつやっていますが、腕立て伏せだけは、やりすぎないように気をつけています。そのわけは、私が筋トレをするとすぐに筋肉がつく体質で、腕が太くなってしまうからです。

スタントはメインの女優さんの代わりに危険な演技をするものです。腕が太いと、遠目で見ても違う人だとわかってしまうので、腕立て伏せのやりすぎは厳禁なのです。衣装《いしょう》のサイズが合わなくなるという問題もあります。衣装がギリギリだと、体を守るために衣装の下に身につけるサポーターが付けられず、危ないのです。

スタントの仕事は、1人でやるイメージがあるかもしれませんが、実はチームワークが重要です。殺陣やロープアクション、カーアクションは1人ではできませんし、飛び降りるアクションでも、下で受けとめる仲間との呼吸が大事です。それだけに普段のトレーニングから、仲間と息を合わせることを意識しているのです。

スタントになったきっかけ

ヒーローショーで見つけた一生の仕事

今でこそ体を使って、危ないシーンをやっていますが、私は小学校3年生まで、小児ぜんそくで学校も休みがちでした。そこで、母親のすすめで始めた水泳のおかげで、体が強くなりました。

中学校の3年間は器械体操部。アイドルグループ光ＧＥＮＪＩの大ファンで、自分もバック転がしたくて、体操部に入ったのです。毎日練習して、バック転は3カ月くらいでできるようになりましたね。

高校では体操部がなかったので、何か新しいものを始めようと思い、弓道《きゅうどう》部に入りました。負けず嫌いな性格なので誰よりも練習し、3年の最後の大会では、関東大会に出場しました。体を動かすことが好きなので体育大学を志したのですが、試験当日にストレスによる急性胃腸炎でダウン。スポーツはあきらめ、短期大学で国文学を勉強しましたが、弓道に代わって熱中できるものが見つからず、もやもやしたまま2年間をすごしてしまいました。

そして私は、子ども向けのテレビ番組やおもちゃが好きだったので、おもちゃメーカーに就職。ゲームセンターに景品を置いてもらう営業をしていました。

そんなある日、友人に誘われて遊園地のヒーローショーに行ったことが、スタントになるきっかけとなりました。ヒーロー役のスタントが、10メートルくらいの高い所から飛び降りて登場するアクションを見て、心から感動したのです。客席から拍手が巻き起こったし、すごくカッコよかった。そのとき、私がやりたかったのはこの仕事だと思い、反射的にスタント養成所の入所者募集の申し込み用紙を手に取ってしまいました。単純に、「高い所から飛び降りてみたい」という思いと、私が長年求めていたのは、カッコいいヒーローのような自分だったんだと、このとき初めて気づいたのです。

スタントになることを家族に言ったら、母親は猛反対。養成所の練習が始まってから3カ月間は毎日、「やめなさい」と言われ続けました。しかし、私が従わず、それまで勤めていた会社も辞めて稽古に集中してしまったので、母親もようやくあきらめて許してくれました。

　スタントはより高度なアクションを求められるため、練習もハード。今、同期で残っているのは私を含め3人しかいません。厳しい世界ですが、それだけに成功したときは気持ちがいいし、やりがいのある仕事です。

　私がスタントに突然チャレンジしたことは、ちょっと無謀なことだったかもしれませんが、「やらずに後悔するより、やって後悔するほうがいい」が私のモットーです。悪の幹部役で8メートルの高さから飛び降りるシーンができたときは、最高の気分でした。

　私はお客様の拍手を浴びるのが大好きなので、これからはテレビだけでなく、ショーや舞台にも力を入れていきたいです。

POINT
この仕事につきたい！

　まずはスタントの養成所に入ります。養成所に入るには、体力試験などのオーディションがあり、100人の応募で30人ほどが合格します。

　合格しても、養成所での練習は厳しく、殺陣、演技、ダンスなどをひと通り勉強します。体力とケガをしない、柔軟な体が求められるので、10代のうちに体を鍛えておくとよいでしょう。

POINT
10代へのメッセージ

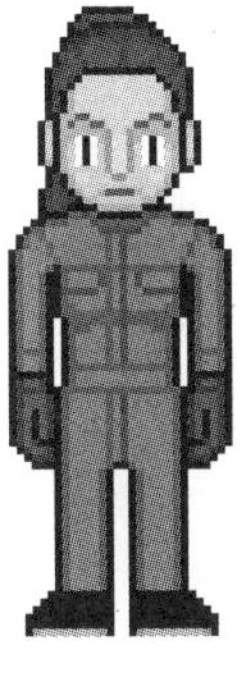

何がやりたいのか？　まだ見つかっていない人はいっぱいいると思います。私のようにある日突然、それが見つかったりすることもあるので焦ることはないけど、その間はムダにならないよう、10代だからできることをいろいろやってみてください。犬も歩かないと棒に当たりませんよ。

職業▶

ドラマー

概要▶ ドラマーとは、何種類もの太鼓やシンバルを組み合わせた楽器「ドラムセット」を演奏する人です。ライブコンサートやレコーディングでの伴奏が主な仕事で、1つのバンドで活躍する人もいれば、いろいろなアーティストと共演する人もいます。太鼓やシンバルをスティックで叩いたり、足でペダルを踏んで叩いたりと、全身を使って演奏します。

情報▶ 

INTERVIEW

氏名▶ 波多江《はたえ》　健《たけし》さん

経歴▶ 波多江さんは1969年、佐賀県生まれ。17歳でドラムを始め、大学2年のとき、世界的に有名なアメリカのバークリー音楽大学へ留学。在学中からライブやレコーディングに参加し、帰国後はプロのドラマーとして、さまざまなアーティストと共演しています。

ドラマーの仕事とは?

ドラムはバンドの柱 安定したリズムをキープ

僕はこれまでに、「RIP《リップ》　SLYME《スライム》」「上戸彩」、「CHEMISTRY《ケミストリー》」といったアーティストと一緒に仕事をしてきましたが、ポップミュージックだけでなく、ジャズバンドでもライブを行なうなど、幅広く活動しています。

音楽はメロディとリズムとハーモニーで構成されますが、ドラムはリズムを作る楽器です。ズンチャ、ズンチャとドラムが刻《きざ》むリズムに乗せて、ギターやキーボードなどのメロディを担当する楽器が演奏します。ドラムセットは太鼓《たいこ》やシンバルを組み合わせたもので、その組み合わせ方や数はドラマーによって違います。僕の場合、多いときは太鼓7個とシンバル14枚をセットすることがあります。太鼓やシンバルは直径や厚さ、材質によって音が違うので、そのとき演奏する音楽に必要だと思う分だけ用意し、一番叩《たた》きやすい場所に配置します。

ドラマーは力のある体格のいい人が多い、というイメージがあるかもしれませんが、実は叩く力はそれほど必要ではありません。スティックがバウンドするのをうまく利用して叩いているのです。親指と人差し指でスティックを持ち、そこを支点にして、全部の指でスティックをコントロールするのがコツです。そうすることで、連続して速く叩くこともできます。逆に、力を入れて叩くと音が響きません。ドラムは足も使います。中央の大太鼓「バスドラム」は右足で、対になったシンバル「ハイハット」は左足で演奏します。つまりドラムは、全身で演奏する楽器なのです。

僕がドラムを演奏するとき、常に心がけているのは、一定のテンポで叩くこと。ドラムの一番の役割は安定したリズムで音楽を支えることです。ドラムのリズムがずれると、ギターもキーボードもすべての楽器がつられてずれてしまいます。ライブでは気分が高まって、どうしても曲のテンポが速くなりかねないのですが、ドラムが安定したリズムをキープすることで、バンドをまとめるのです。まさにドラムは音楽の柱なのです。同じテンポでも、雰囲気を変えて演奏すれば、しっとり聴こえたりノリノリになったりします。単なる機械的な正確さではなく、正確でありながら躍動感のある演奏にするのが難しいところです。

ドラムは、レコーディングが難しい楽器とも言われます。最近は編集の技術が進み、他の楽器なら多少のミスは編集で修正できますが、ドラムは太鼓やシンバルの音が重なって響いているので、あとで修正することが難しいのです。レコーディングはかなりの緊張感をもって臨《のぞ》んでいます。

ドラムにも譜面《ふめん》はあります。しかし、レコーディングの現場で最初から完璧な譜面を渡されることは、ほとんどありません。現場でメロディの譜面を見て、自分で叩き方を考え、アレンジャー

（または編曲家）と話し合いながら演奏を作っていくのです。そこがドラムのおもしろいところであり、難しいところでもあります。

ドラマーになったきっかけ

CDを聞いて真似した少年時代 憧れの人との出会いで決めた

僕の叔父《おじ》がジャズの音楽プロデューサーをしていて、録音したCDをよく送ってくれました。その中の1枚にアメリカのドラマー、デイヴ・ウェックルの、流れるようなドラム演奏を聴いて、「僕もデイヴのようになりたい！」とあこがれました。もちろん家にドラムはなく、畳や床を叩いて練習していたので、叩いた部分はボロボロになり、よく親に怒られたものです。

17歳のとき、佐賀市内の練習スタジオを1人で借り、初めて本物のドラムを叩きました。意外にもうまく叩けてビックリし、どんどんおもしろくなって、2カ月に1回はスタジオに通うようになりました。高校を卒業後、音楽の道に興味があったのですが、父の反対もあり、地元の大学の経済学部に進学。それでも、勉強よりドラムをやりたくてジャズ研究会に入りました。さらに、アルバイトで50万円を貯めてデイヴと同じドラムセットを買うほど、ドラムに熱中していったのです。

さらに上達したいと思った僕は、夏休みに三重県で行なわれたヤマハ主催のドラム合宿に参加。その合宿の講師として、あのデイヴが参加していたのです。あこがれのデイヴの授業を受け、スムーズで音楽的な奏法を学びました。最終日に僕が演奏したあと、なんとデイヴが僕の元に駆け寄ってきて褒《ほ》めてくれたのです。このとき、プロのドラマーになろうと決意しました。

合宿で自信をつけ、プロの人たちと出会う機会が増え、世界的に有名なアメリカのバークリー音楽大学（ボストン）出身の人とも知り合いました。その人の話を聞いて、本場のミュージシャンから刺激を受けたいと思い、父の反対を押し切ってバークリー音楽大学に編入学しました。

当時の僕は音楽の専門的な知識がなく、英語もよくわからないので苦労しました。特に難しかったのが、3時間ぶっ通しで行なう「アンサンブル」

の授業。先生から何百曲もあるファイルを渡され、初めて見る曲を次々に演奏するのです。この授業で譜面を読む力、演奏の技術、集中力が鍛えられました。

3カ月もすると英語にも慣れ、放課後は演奏がうまい人を見つけては、声をかけて一緒にセッションし、腕を磨《みが》きました。バークリーの学生はプロの音楽関係者にも注目されていて、うまい人は在学中にスカウトされます。僕もライヴや録音に参加するようになりましたが、日本で活躍することが目標だったので、早く日本の現場に入ろうと、卒業前に帰国しました。

帰国後は、ヤマハのドラムイベントの手伝いから始まり、いろいろな人と出会い、演奏する機会も増え、やがてプロとしてライヴやレコーディングに呼ばれるようになりました。

今では「RIP SLYME」や「CHEMISTRY」のCDやツアーで演奏するようになりました。1万人が僕のドラムに合わせて踊る光景は最高ですね。人をハッピーな気持ちにさせるのがミュージシャンの仕事。これからも多くの人に演奏を聴いてもらい、楽しみ、癒《いや》され、踊ってもらえたら幸せです。

POINT
この仕事につきたい！

まずは生《なま》の演奏を聴くのが一番です。オススメはジャズクラブ。至近距離からドラムが見えます。とにかく何でもいいから叩いて、リズム感を養っていくことが大事です。そして、音楽の専門学校や楽器メーカー主催の教室などで勉強しましょう。

プロのドラマーには男性が多いイメージがあるかもしれませんが、最近は女性も増えていますよ。

POINT
10代へのメッセージ

自分が好きだと思うことがあったら、どんどんチャレンジして欲しい。最初は大変かもしれないけど、何か可能性が開けるかもしれないよ。

職業▶
ダンスインストラクター

概要▶ インストラクターは、「スポーツなどの訓練を行なう人、指導者」のこと。つまり、ダンスインストラクターとは、ダンスを人に教える仕事です。自分でダンスの振りを考え、それを教えることもあるので、ダンスインストラクターは振り付けもできなくてはいけません。ダンス教室やフィットネスクラブで一般の人を教えたり、テレビや舞台などで、プロのダンサーに振り付けをしたりします。

情報▶ 

INTERVIEW

氏名▶ 前田千代《まえだちよ》さん

経歴▶ 前田さんは1974年、東京都生まれ。大学でチアダンスを始め、卒業後はチアダンスのインストラクターに。2004年には、アメリカで行なわれた全米大会で神奈川県立厚木高校を率いてグランプリを獲得。同全米大会では3度の振り付け賞を受賞するなど、幅広くダンスの指導をしています。

ダンスインストラクターの仕事とは?

振り付けを考え、教えるのは自分が踊るよりも難しい

私は主《おも》にチアダンスを教えていますが、チアダンスとはチアリーディングから派生したもので、現在では独立したスポーツとして定着しています。チアリーディングは組体操のようなアクロバティックな演技で、観客を喜ばせるもの。一方、チアダンスはアクロバティックな演技をなくし、ダンスの部分に特化した競技です。

チアダンスは、4種類のダンスを組み合わせます。ポンポンを持って両手を手旗信号のようにテキパキ動かす「ポンダンス」、バレエのようなしなやかな動きの「ジャズダンス」、リズム感や足のステップが特徴的なストリート系の「ヒップホップダンス」、そして、全員が列に並んで足を上げる「ラインダンス」の4種類です。

チアダンスは5～30人で踊る団体競技なので、チームワークや協調性が大事。いかに統率が取れて、きれいに踊れたかが評価されます。

踊っているときの表情「ショーマンシップ」も重要です。チアダンスはもともと、誰かを応援するために踊るものなので、応援する自分たちに元気がないとダメなのです。しかし激しく踊っている間、元気な表情を保ち続けるのはなかなか難しいこと。常に元気な表情でいるために、練習では仲間と向かい合って踊ったり、お互いの表情を確認します。

ダンスの教え方は、まず自分が手本を見せ、生徒に同じことをマネしてもらいます。そして、「もっと足を上げたほうがいい」とか、「体をひねったほうがきれい」といったアドバイスをするのですが、その際、できるだけ具体的にイメージしやすいように言うことを心がけています。たとえば手を上に伸ばすとき、「きれいに手を上に伸ばして」と言ってもわかりにくいので、「上のほうにある空気をつかむように」と指示します。

ダンスインストラクターはダンスを教えるだけでなく、ダンスの振り付けも考えます。

チアダンス大会で踊る振り付けを考える場合、大会の3カ月前に、まずダンスで使用する曲を選んで組み合わせていき、曲を聴きながら全体の流れ考えます。

全員の振りがきれいに揃うパートや、1テンポずつずらして輪唱《りんしょう》のように踊るパート、全員がバラバラの動きをするパートなど、いろいろな種類のダンスをバランスよく織り交《ま》ぜていきます。さらに、真上から見ると全員がVやXの形に並ぶなど、きれいに見えるフォーメーションも考え、すべての振り付けが決まったら、パートを割り振って練習していきます。

練習をしていて、選手たちがなかなかうまくできないときは、一度頭を切り替えるため、踊らずに曲だけを聴かせます。踊りながらだと曲をじっくり聴けませんが、曲だけをよく聴いてみると

「意外にビートが強い曲」とか「思っていたよりアップテンポ」などと、それまで気づかなかったことに気づくことができます。そのとき気づいたことから、たとえば「この曲はビートが強いから、もっとアクセントをつけていこう」といったアドバイスをします。

ダンスインストラクターになったきっかけ

辞めるはずだったチアダンスで仲間と成しとげた喜び

私は小学生のころ、昼休みになると音楽室に行って、「白鳥の湖」や「くるみ割り人形」などのクラシックのレコードをかけて踊っていました。それを見た先生に、「友だちの前で踊ってみたら？」と言われ、衣装を作ってダンスを披露《ひろう》すると、次は「バレエをやったら？」とすすめられ、小学校3年生のときに、モダンバレエの教室に通い始めました。これが私とダンスとの出あいです。

その後、クラシックバレエにも興味を持ち、小学校5年生のころから両方の教室に通うようになりました。そして高校まで、ずっとバレエを続けました。いろいろな世代の人が通うバレエ教室では、小さい子どもと触《ふ》れ会う機会も多く、私は子どもが好きだったので、将来は幼稚園の先生になりたいと思っていました。そして子どもの心理を勉強するために、大学に進学。バレエ以外のダンスも踊ってみようと、できたばかりのチアダンスサークルに入ったのです。

サークルに入った直後、いきなりチアダンスの大会に出場することになり、猛特訓が始まりました。それまで私がやってきた、やわらかくしなやかに踊るバレエと違い、チアダンスには力強い動きが求められるので、先輩に「もっと強く！」と何度も怒られました。

さらに、激しい運動のため足首を捻挫《ねんざ》したり、じん帯を伸ばしたり、足の骨がずれてしまうなど、ケガも絶えませんでした。

サークルのメンバーは、私も含め初心者ばかり。なかなかうまく揃わず、みんな悔しくて泣きながら練習していました。このとき私は、「こんなに悔しい思いをしなくても、私にはバレエがあるから」と、大会が終わったらチアダンスをやめようと決めていましたが、なんと、大会の結果は優勝！　それまで悔しい思いをした分、何倍もの喜びを味わいました。みんなでひとつのことを成しとげた感動は、1人の競技では決して味わえない、格別のものでした。

　結局その後、私はバレエのほうをやめ、チアダンスに熱中するようになったのです。

　大学卒業後、日本チアダンス協会に所属してインストラクターになり、さらにチアダンス以外のダンスにも取り組んできました。現在は、アーティストの振り付けやスポーツジムでのダンス教室もしています。小さい子どもに教えることもあり、かつて幼稚園の先生になりたかった夢も、ちょっとだけかなった気分ですね。

　私はダンサーとして、ステージに立つこともあります。これからも踊ること、教えることを通してたくさんの人にダンスの楽しさを伝え、感動を与えることができれば、と思っています。

POINT
この仕事につきたい！

　各ダンス協会が主催するオーディションを受けて、ダンスインストラクターに認定されることが多いです。インストラクターやプロダンサーになるための専門学校や、ダンススクールもあります。

　チアダンスの場合、日本チアダンス協会の養成クラスを受けてオーディションに合格すれば、インストラクターになれます。ダンスのレベルだけでなく、教え方の上手さも求められる仕事です。

POINT
10代へのメッセージ

　たくさんの可能性を秘めた皆さんは、とにかく前向きに挑戦する気持ちを忘れないでください。いつも笑顔で人を元気づける「チアスピリット」、前向きで積極的な気持ちの「ポジティブスピリット」、社会のため人のために貢献《こうけん》する気持ちの「ボランティアスピリット」。これらの気持ちを持って、頑張ってください。そうすれば、どんな人でもチアリーダーになれます！

職業▶
電飾《でんしょく》プランナー

概要▶ 電球やネオン管などを使った電気の飾りのことを、「電飾」と言います。電球の色や大きさ、数、配置の仕方などを考え、電飾を作る人が電飾プランナーです。コンサートやテレビ番組の舞台セットから、遊園地やイベント会場、街やデパートに飾りつけられるクリスマスツリーなどの電飾も作ります。何万個もの電球を使って、光の空間を演出する仕事です。

情報▶

INTERVIEW

氏名▶
今《いま》村《むら》真《ま》紀《き》子《こ》さん

経歴▶ 今村さんは1973年、埼玉県生まれ。大学の英文学科を卒業後、電飾を手がける会社に入社し、電飾プランナーに。これまで、さまざまなアーティストのコンサートや芝居、テレビの歌番組で電飾を担当しています。他に、クリスマスツリーのイルミネーションも作ります。

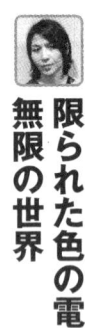

電飾プランナーの仕事とは?

限られた色の電球で表す 無限の世界

電飾プランナーは、舞台の場合、舞台監督やデザイナーが用意したイメージイラストをもとに、どうすればイラスト通りの舞台にできるかを考えるのが仕事です。どんな電球をどう配置するかなど、ラフな設計図を描いて電球の配置や色合い、大きさなどを決めます。考えがまとまったら、監督と打ち合わせをして最終決定。セッティングのとき、現場で電球の飾り付けをするオペレーターに指示を出すのも、私たちの仕事です。舞台には、同じ光を扱う照明の仕事をする人もいますが、2

つの仕事は似ているようでまったく違います。光を人や物に当てて見せるのが照明で、セットに電球を付けてその光を見せるのが電飾です。

私は特に、コンサートの電飾を得意としています。アーティストや曲調で電球の色を変えたり、曲に合わせて点滅させたりと、いろいろ遊べて楽しいですよ。

電飾で難しいのは、自分が見たことのないものを表現するときです。印象に残っているのが、あるコンサートのセット。ＵＦＯをイメージした電飾を作ったのですが、ＵＦＯなんて見たことがないのでイメージがしにくく、どう作ればいいか途方に暮れました。

テレビの歌番組のセットで、ロサンゼルスの夜景を作ることになったときも、本物の夜景を見たことがなかったので難しかったですね。実際にロスに夜景を見に行くのが一番いい方法ですが、そうはいかないので写真を参考にしたり、東京の夜景を見たりしてイメージしました。

電飾の夜景は穴を空《あ》けた板に電球を入れて作るのですが、夜景はよく見るといろいろな色が混《ま》じっているので、電球の色も一つひとつ細かく変えていかないと、奥行きのない単調な電飾になってしまうのです。今でも夜景を見ると、「この夜景を作るとしたら、どうやって作ろう?」と考えてしまいます。

電飾は、電球の色や予算の制約で、デザイナーが考えた通りにできないことがあります。デザインを考えるだけならさまざまな色のペンや絵の具で描けますが、電飾は電球で出せる色が限られるので、思うような色が出せないこともあるのです。

最近は電球だけでなく、ＬＥＤ（発光ダイオード）を使うこともあります。電球は、あたたかいボワッとしたノスタルジックな光を出しますが、ＬＥＤはまぶしいくらいの直線的な光です。最近、クリスマスツリーにＬＥＤを使った電飾が流行していますよ。

以前、私が手がけたクリスマスツリーに、高さ17メートル（ビル7階くらい）のタブの木を使ったお台場《だいば》海浜公園（東京・港区）の「台場メモリアルツリー」があります。電飾は電球と白、青のＬＥＤの3種類で、合計2万５０００個。大きなツリーだったので、全体をバランスよく光らせるのが難しかったです。しかも、ツリーの枝と枝の間が思ったよりも空《あ》いていたので、頭を悩ませました。電球は葉っぱに付けるので、枝と枝の間が空いていると、そこが真っ暗な空間になってしまうのです。そこで、枝と枝の間に針金を通して、針金に電球を付けるという工夫もしました。

点灯式では、たくさんの人に喜んでもらえたので、うれしかったですね。

電飾プランナーになったきっかけ

好きなコンサートの中から見つけ出した仕事

私は子どものころから夢中になると、とことんのめり込むタイプ。父親がハワイアンバンドを組んでいて、家にはギターと電子オルガンがあり、幼稚園から中学までは電子オルガンを習うなど、音楽にはまっていました。その後はロック好きな兄の影響で洋楽が好きになり、大学時代には、「ローリング・ストーンズ」「ストーン・ローゼス」などのコンサートに行ったりもしました。洋楽の影響で英語の授業が好きだったので、大学の英文学科に進学しましたが、授業よりもコンサートを見に行くほうが楽しかったですね。

大学では、これといって将来やりたいことが見つからず、いろいろな企業が参加する就職セミナーにも行きましたよ。そこで、コンサートなどの電飾を作る会社があることを知ったのです。それまで、好きなアーティストのコンサートに関わる仕事ができたらいいなあ、とは思っていましたが、そんな仕事があることは全然知らなかったので、運命的な出あいとなりました。

電飾の会社に入社しましたが、英文学科だった私は電気に関する知識がなくて、苦労しました。最初は当然、雑用ばかり。しかし、道具の名前もわからず、何かを取ってこいと言われても、「何それ？」という状態で雑用さえできません。専門用語が多く、たとえば普通のコンセントを「ひらがた」と呼んだりするので、道具の名前を覚えることが大変でした。

その後、現場の作業をしながら電飾について勉強していきましたが、電飾の仕事には数学が必要だと、このとき気づきました。自分でどういう回路で電球をつなげるかを考えなくてはならず、電気の容量の計算を間違えると、火災などの事故につながります。命の危険もあるので、必要に迫られて苦手な数学を必死で勉強しました。

新人のころは、いつも欠かさずにメモ帳を持っていました。ステージやテレビ番組は、同じセットを何回も使う場合があるので、新しいセットを作ったときは、必ず作り方をメモしておき、次に作るときに、そのメモを見て復習するのです。

仕事に慣れるまでは大変でしたが、自分の好きなアーティストのコンサートを手がけたいという夢があったので、耐えてこられました。それに、仕事を覚えていくと、だんだんと自分なりの電飾が作れるようになって、おもしろさもわかってきたのです。特にセットが完成したときは、何物にも代え難《がた》い満足感や達成感があります。また、自分の作品を見て、人が〝きれい〟と思ってくれるとうれしいです。

見に来た人たちの記憶に残る、そんな仕事ができたらと思っています。

POINT
この仕事につきたい！

大学や電気系の専門学校から電飾の会社に入るのが一般的です。しかし、現場で学ぶことが多いので、専門の勉強をしてなくてもなることができます。最近は作業がコンピュータ化されて楽《らく》になり、女性も増えています。

電飾の仕事の花形はコンサートなので、たくさん音楽を聴いておきましょう。そして、実際にコンサートに行くなど、プロの電飾を見て、勉強することが大切です。

POINT
10代へのメッセージ

10代という素敵な時間を楽しんでください。いろんなことに興味を持って、吸収してください。将来何になるのかの、ちょっとしたキッカケになるかもしれません。私もコンサートに行ったり、音楽を聴いたりしたのがきっかけになったので。

職業▶
アコーディオンプレイヤー

概要▶ アコーディオンは蛇腹《じゃばら》が特徴的な楽器で、蛇腹を膨《ふく》らませたり縮めたりして、楽器の内部に空気を送り込み、鍵盤やボタンで音程を決めながら音を出します。そのアコーディオンを演奏するプロがアコーディオンプレーヤーです。コンサートや舞台でアコーディオンを演奏したり、演奏をCDにまとめて販売するなど、いろいろな形で活動します。

情報▶

INTERVIEW

氏名▶
かとう かなこさん

経歴▶ かとうさんは1979年、大阪府生まれ。4歳からアコーディオンを始め、17歳で全日本アコーディオンコンクールに優勝。高校を卒業してフランスに留学し、全仏コンクールで1位になりました。現在、コンサートを中心に、CDの製作など、意欲的に活動しています。

アコーディオンプレイヤーの仕事とは?

左手の動きで決まる音の力

皆さんは鍵盤《けんばん》式のアコーディオンしか知らないかもしれませんが、ボタン式のものもあります。私はボタン式の「クロマティックボタンアコーディオン」が専門です。ボタン式の特徴は、鍵盤式よりも音域が広く、早いフレーズの演奏に向いていることです。私は6台のアコーディオンを持っていますが、私の大事なパートナーとして、「ピエコ」とか「にょろきち」「いくら」といった名前を付けて、可愛がっています。

アコーディオンは1台の重さが10キロ前後、一番重いのは14・5キロもあります。私のアコーディオンには右手に70個、左手に１２０個のボタンが付いていて、右手のボタンが鍵盤の役目をし、左手のボタンは和音を出します。右手でメロディーを弾き、左手で「ズンチャ、ズンチャ」とリズムを取って演奏するのです。

左手はリズムと同時に、蛇腹の開け閉めもします。アコーディオンの演奏は、この左手の蛇腹の使い方が命です。音の強弱や長さなど、演奏に大切な要素がすべて左手の動きで決まるのです。

たとえば、大きくて勢いのある音を出したい場合は一気に広げ、弱い音にしたい場合はゆっくりと開きます。アコーディオンは空気を吸って音を出す、まるで生き物みたいな楽器。それだけに扱いが難しいのです。

アコーディオンプレーヤーになったきっかけ

アコーディオンの専門学校を求めフランスへ

父親のアコーディオン好きがきっかけで、私は4歳からアコーディオンを弾《ひ》き始めました。小学校2年生からはプロの演奏家のレッスンを受けていました。毎日練習するのが習慣でしたが、友だちと遊ぶのと同じくらい、アコーディオンの演奏は大好きでした。

高校3年生のときに、全日本アコーディオンコンクールで優勝。このコンクールは3年に1度、開催されるものです。私はこれを目指して猛練習していただけに、優勝できてホッとしました。しかし、ふとまわりを見渡すと、友だちは受験勉強の真っ最中。自分だけ取り残されたような気がしてすごく焦《あせ》りましたが、将来のことは何も考えず、自分に今できることは、アコーディオンで上を目指すことだと、腹を決めました。

しかし、日本にはアコーディオンを専門に勉強できる学校がありません。どうしようかと悩んでいたとき、知人からフランスに学校があると教えてもらい、留学することに決めたのです。両親は留学に大賛成で、一緒にフランスへ学校を探しに行きました。

フランスはアコーディオンが盛んで、音楽系の学校には必ずと言っていいほど、アコーディオン科があります。

私はパリ市立音楽院とCNIMA《スニマ》国際アコーディオン学院で、それぞれ2年間勉強しました。出された課題曲を練習したり、先生が弾いた曲を楽譜に書いたりする授業や、音楽史の授業などを受けました。

私は、子どものころからずっと鍵盤式のアコーディオンを習っていましたが、フランスの生徒は皆、ボタン式のアコーディオンを使っているのにビックリしました。

フランスでは、アコーディオンといえばボタン式のことで、鍵盤式はアコーディオンピアノと言います。最初はどうしようかと思いましたが、日本では、ボタン式を習いたくても教える人があまりいませんし、せっかくフランスに来たんだからと思い、ボタン式に挑戦しました。最初はうまく弾けませんでしたが、自分がアコーディオンを始めたころを思い出して、一《いち》から練習。習うちに、鍵盤式に比べ丸くて小さいボタン式アコーディオンが、自分の体の一部みたいに思えてきて、楽しくなりました。


初めは順調だった留学生活ですが、留学して3カ月経《た》ったころ、突然ホームシックになってしまいました。母は、「辛《つら》いなら帰っておいで」と言ってくれましたが、「何も身につける前に帰るわけにはいかない！」と、負けず嫌いな性格のおかげで、何とか踏ん張ることができました。

その後、フランスの先生に、アコーディオンを弾くとその人の性格が出ると教えられました。蛇腹の使い方で、まったく違う演奏の味が出るのです。そして、「その個性があなたの持ち味だから、大切にしていきなさい」と言ってもらい、この言葉のおかげで、私は自分の演奏に自信が持てるようになりました。私にとっては、本当に大切な言葉です。

4年間の留学を終え、日本に戻ってすぐにアコーディオン奏者のｃｏｂａさんに誘われて、お芝居でアコーディオンを演奏することになりました。でも、その後しばらくは仕事がありませんでした。

アコーディオンに限らず、演奏家は仕事で演奏しなければ、ただの楽器好きの人です。大勢の人に聴いてもらってナンボの世界。そこで、病院で慰問《いもん》コンサートをすることにしました。実はフランスに留学していたとき、病院でアコーディオンを演奏したことがありました。そのとき患者さんが、「すごく元気になったよ」と言ってくれたのを思い出したのです。

病院にお願いをして、10カ所以上でコンサートを行ないました。

病院以外に、小学校でコンサートをしたこともあります。その活動が話題になってラジオにも取り上げられ、いろいろなところからコンサートをしないかと声がかかるようになりました。そしてついには、ＣＤを出すこともできたのです。もちろんコンサートを開いたり、ＣＤを出したりするには、演奏以外の部分のマネージメントをしてくれるサポートの人が必要で、たくさんの人たちに大変お世話になりました。

人との出会いや、つながりって本当に大事だなと思います。

私は今、作曲にも取り組んでいます。いつか、自分の曲だけでコンサートをするのが目標です。そのために、今以上に演奏の技術を磨《みが》きたいし、たくさんのものを見たり、感じたりしていきたいと思っています。まだまだ夢の途中ですね。

POINT
この仕事につきたい！

フランスやイタリア、ドイツなど、アコーディオンの学校がたくさんある国に留学して学ぶのが一番早い上達方法です。今は、日本にもアコーディオンを教えている人がいるので、レッスンを受けてみましょう。

アコーディオンの演奏は、最初は難しいかもしれませんが、思うように弾けるようになると、大変おもしろい楽器ですよ。

POINT
10代へのメッセージ

一つひとつを大切に。今できること、今の自分にしかできないことを一生懸命頑張ってください。

職業▶ 指揮者《しきしゃ》

概要▶ 管弦楽やオペラなどのクラシック音楽は、たくさんの楽器を使い、複雑に構成されています。オーケストラに指示を出し、演奏をまとめるのが指揮者の仕事です。英語では「誘導する人」を意味する「コンダクター」と呼ばれ、多くの演奏者をまとめ、ひとつの音楽に誘導するのが指揮者です。作曲者がどういう意図でその楽曲を作ったのか、自分なりに解釈して演奏家たちに指示を出します。

情報▶

INTERVIEW

氏名▶ 齊《さい》藤《とう》一《いち》郎《ろう》さん

経歴▶ 齊藤さんは1969年、福井県大野市出身。東京芸術大学の指揮科で学び、27歳でデビューしました。その後、ウィーンで研鑽《けんさん》を積み、現在は日本各地のプロ・オーケストラの指揮をしています。次世代を担う大型指揮者として、いっそうの活躍が期待されています。

©Katsuo Sakayori

指揮者の仕事とは?

作曲家の意図を汲み取り演奏をひとつにまとめる

僕は年間、約50公演の指揮をしています。さまざまなジャンルの音楽がありますが、僕は交響曲や協奏曲などの「管弦楽曲《かんげんがっきょく》」や「オペラ」、または吹奏楽をやることが多いですね。

指揮者には、経験や実績に応じてランクがあります。すぐデビューする人もいますが新人はまず、アシスタントとしてオーケストラの現場で学ぶ経験を積みます。そして、定期的にオーケストラに呼ばれる「客演指揮者」となり、さらに認められれば、オーケストラの顔とも言える「常任指揮者」

となります。指揮者の中には、オーケストラに対する人事権も持つ、最高責任者の「音楽監督」になる人もいます。

　実は指揮者がいなくても、オーケストラは曲を演奏できます。しかし、みんなが好きなように演奏すると、速さや音の大きさが違うバランスの悪い演奏になってしまうので、全員が同じ方向性を持ちながら演奏できるよう、指示を出して舵《かじ》取りをするのが指揮者の仕事です。指示は手や指揮棒の動きで、演奏者に伝えます。

　指揮者が出す主な指示の内容は、「曲のテンポ」、音を出したり止めたりする「タイミング」、作品の全体像や雰囲気を構成するなどの「音楽表現」の3つです。

　指示を出す指揮者によって、同じ曲でもまったく違う演奏になります。

　指示は手だけでなく、演奏者に目で訴えかけることも重要です。指揮者がイメージする音色が出ていない場合、その楽器の演奏者に「このような表情で！」と目で訴えます。また、楽しい曲なら楽しそうな目で、悲しい曲なら悲しそうな表情で指揮することで、オーケストラに作曲家の意図を伝えます。そのために譜面《ふめん》を読み込み、作曲家が曲に込めたメッセージを正確に理解することが大事です。オーケストラの楽器は、少ない曲で10種類、多い曲だと30種類以上もあり、指揮者の楽譜にはそれらすべてのパートの楽譜が並んでいます。これを読んで頭の中で音を鳴らし、コンサートのシミュレーションをします。そして、自分が思い描く演奏を完全に認識してから、オーケストラとの練習に臨《のぞ》むのです。

　練習はコンサート前に2～3日間行ない、本番当日はステージでリハーサルをします。1日の練習はだいたい3～4時間。ずっと立ちっ放しで指揮棒を振るので、指揮者は体が資本です。毎日、ストレッチや腕立て、腹筋、スクワットは欠かしません。

　練習では、演奏者とのコミュニケーションが大切です。主なオーケストラの団員は平均70人。調子の悪い人もいるし、バイオリズムがうつの人やプライドの高い人もいます。

　性格の異なるメンバーすべてに思いやりを持

ち、いかにうまくコミュニケーションを取って練習していけるかが、よい演奏を作りあげて行くためのポイントです。

　指揮者にとって一番大事なのは、音をしっかりと聴くことです。練習に限らず本番でも、演奏の音を聴きながら、さらにどうすればよりよくなるか、その場で判断して指示を出します。

　プレイヤーも人間ですから演奏中には小さなミスもありますが、大した問題ではありません。オーケストラが持っている能力を十分に引き出し、よい演奏ができたときは、最高にうれしいですね。

指揮者になったきっかけ

本物の指揮者を見て感動
過去の名曲を受け継ぐために

　僕は6歳からピアノを習っていましたが、男子でピアノを習う人は少なく、恥ずかしかったので、ずっと友だちに隠していました。音楽の成績も5段階評価の1か2。まさか自分が音楽の道に進むなんて考えもせず、子どものころは野口英世の本を読んだり、医者にあこがれていました。医者になってガンを治す薬を開発し、ノーベル賞を取りたいという夢を持っていたのです。

　そんな僕が音楽の道に目覚《めざ》めたのは、高校生のとき。親のすすめで、地元にやってきたドイツのオーケストラのコンサートを聴きに行き、有名な巨匠チェリビダッケの後光《ごこう》が差したような指揮を見て、「絶対指揮者になる！」と決意したのです。それまでは嫌々《いやいや》やっていたピアノの練習を、毎日7〜8時間もやるようになり、音楽全般の知識や作曲の勉強も始めました。

　大学では指揮について学びたいと思いましたが、高校から音楽の勉強を始めたため、受験勉強が間に合いませんでした。そこで、東京学芸大学で音楽の基礎と作曲を学び、卒業後に1年間浪人をして、東京芸術大学の指揮科に入学。

　そのときの試験科目は歌、ピアノ、音の聴き取り、指揮の実技、楽器演奏、作曲の基礎などでした。

　僕が通った大学では、指揮科の先生に弟子入りをして学んでいきます。僕は故・遠藤雅古《えんどうまさひさ》先生に弟子入りし、オーケストラに自分の意思を伝える方法を学びました。「指揮棒の先に全神経を集中して、なるべく重心を低く指揮をしろ」と、よく言われましたね。また、指揮者はたくさんの人に見られる仕事なので、姿勢やお辞儀《じぎ》など、ステージでの立《た》ち居《い》振舞《ふるまい》いが大事だと教わり、鏡を見ながら歩き方の練習などをしたり、座禅《ざぜん》や武道を習ったこともありました。

指揮者としてデビューしたのは、大学3年のときです。地元の福井で大阪センチュリー交響楽団を指揮しましたが、初めてのことで段取りが悪く、練習にすごく時間がかかってしまって、オーケストラの皆さんには本当に迷惑をかけました。

その後、大学を卒業して、本場の音楽を学ぶためにウィーン国立音楽大学に留学。ハンガリーやチェコ、ルーマニアなどで客演指揮者も務《つと》めました。本場で伝統的な音楽に触《ふ》れたおかげで、クラシックの名曲を次の世代に引き継《つ》ぐことが、僕たち指揮者には求められているのだと強く感じました。そのために僕は、若い人がクラシックに興味を持ってくれるよう、学校で行なうコンサートには積極的に参加しています。これからもよい音楽を多くの人に聴いてもらい、過去の名曲を受け継いでいってもらいたいですね。

POINT
この仕事につきたい！

音楽大学の指揮科に入り、先生に弟子入りする人が多いですが、プロの演奏家になってから指揮者に転向する人もいます。指揮者を目指すなら、何かひとつの楽器を極めるべきです。

作曲の知識や、オーケストラとの信頼関係を築くためのコミュニケーション能力も必要です。指揮者は体が資本の仕事なので、学生時代から音楽の勉強はもちろん、体を鍛えてのもよいでしょう。

POINT
10代へのメッセージ

自分が好きだと思うことがあったら、どんどんチャレンジして欲しい。最初は大変かもしれないけど、何か可能性が開けるかもしれないよ。

この本では、79個の職業を8章に分けて紹介していますが、その職種ごとにアイコンをつけて、さらに細かく示しています。

アイコンの見方は下記の通りです。自分が興味を持っているアイコンがついているページから読み進めるといいでしょう。

あなたの「これから」の参考にしてくださいね。

- 計画を立てることが好き
- 人と接するのが好き
- 人の前で話すのが得意
- 勉強が好き・資格に興味あり
- 体を動かすのが好き
- 子どもが好き
- 音楽が好き
- 食べることが好き
- ものを作ることが好き
- 山・川・海などの自然が好き
- 美しいものが好き
- 人や動物の役に立ちたい
- 機械・科学が好き 電化製品が好き
- つきつめて研究することが好き
- ワクワク・ドキドキすることが好き

※インタビューの収録は2004年から2006年にかけて行なわれたものです。現在とは、内容が異なっている場合もありますが、ご了承ください。

第6章

美をつくり出す

アート&美容系のお仕事

職業▶

ファッションデザイナー

概要▶ 新しい洋服やベルトなどの小物をデザインするのが、ファッションデザイナーの仕事。自分のブランドを立ち上げる人もいれば、メーカーに所属して商品のデザインを専門に行なう人もいます。ファッションデザイナーには、時代を先駆けるセンスや流行を分析する力、多くのスタッフと協力してひとつの商品を作り出すコミュニケーション能力が必要です。

情報▶

ファッションデザイナーの仕事とは?

流行を先読みしてデザイン 絵が苦手でもできる仕事

INTERVIEW

氏名▶ 須《す》崎《ざき》恵《え》美《み》さん

経歴▶ 須崎さんは1974年、東京都生まれ。高校を卒業して洋服店の店員を経て、ファッションデザイナーになりました。現在は、中高生に人気のブランド「Jassie(ジャッシー)」のチーフデザイナーとして活躍しています。

私がデザインしているブランドは、主に14～16歳の女の子がターゲットです。かわいいロゴをプリントしたものや、男の子のファッションを取り入れたデザインが特徴です。

ファッションデザイナーには、デザインした洋服を自分で作るタイプと、デザインだけを専門に行なって、作るのはメーカーに任《まか》せるタイプの2つがあります。

私はデザイン専門で、洋服を作る作業はメーカーに任せていますが、出来上がりは必ずチェックするようにしています。

洋服作りは、デザインのアイデアを出すことから始まります。まず、洋服のシルエットやプリントの柄《がら》、襟《えり》の形、ポケットの位置などのデザインを考えます。アイデアがまとまったら、デザイン画を描きます。デザイン画は洋服のイメージを膨《ふく》らませるためだけでなく、スタッフにデザインを正確に伝えるために必要です。

でも、「絵が苦手な人は、ファッションデザイナーになれないの?」なんて心配しなくても大丈夫。私は絵が苦手なので、デザイン画ではなく絵型を描いています。絵型とは、紙で作った着せ替え人形のようなもの。女性のシルエットに紙で描いた洋服を当て、着たときの雰囲気をチェックできます。最近は、この絵型を使うデザイナーもたくさんいます。

絵型の次は、サンプル作り。メーカーに実際の生地《きじ》でサンプルを作ってもらい、イメージと違うものはボツにします。

私が指定した生地の値段が高すぎるとか、技術的に難しいという理由で、メーカーから生産できないと断られることもあります。そんなときは、どうすればその問題が解決するか、柔軟に考えることが必要です。サンプルのチェックは、ショップの店員さんにもお願いします。普段からお客さんと接している店員さんの意見は、とても参考になるのです。

時には、「今、これを出しても売れない」などと厳しいことも言われますが、心の中で、「何を!」と思いつつ、それらの意見を参考にデザインを直したりもします。

サンプルのチェック後、工場に生産の注文を出します。洋服の色は季節や流行に大きく左右されるので、発売ギリギリの段階で決定します。こうして工場で生産された洋服が、各ショップに並ぶというわけです。

アイデア出しから発売まで、Tシャツだと2週間くらい、ニットやアウター、デニムなど時間のかかるものは1カ月半くらいかかります。この間、翌月の新作も並行して考えるので、常に締め切りに追われている状態です。

うちのブランドの場合、多い月には１００点ほどの新作を出しますが、そのうち約50点は私のデザイン。残りは外部のデザイナーさんに出してもらったデザインを、私がアレンジします。さすがにそれだけの点数を手がけると、アイデアに詰まることもありますね。

そんなときは、原宿などオシャレな街を歩いて、気分をリフレッシュ。また、最先端の流行を知るために、毎月20〜30冊の雑誌を読みますね。特に海外の若者向け雑誌や、パリ・ニューヨークなどの有名コレクションを特集した雑誌を読むと、新しい洋服のイメージが浮かんできます。

ファッションデザイナーになったきっかけ

売り上げを達成できないことが転機になった

私は子どものころから、お小遣いの大半を洋服に使うほど、オシャレが大好きでした。服を買いすぎて、帰りのバス代がなくなり、家まで1時間くらいの道を、歩いて帰ったこともあったほど。

高校時代に洋服店で接客のアルバイトを始めたことがきっかけで、将来はショップ店員になりたいと思いました。人に商品を買ってもらうことが、うれしかったのです。お店には1日の売り上げ目標があって、あと５０００円で目標達成となったときなど、「その５０００円は私が売る！」と人一倍張り切ったものです。

高校卒業後は、どうせやるなら自分がいつも着ているブランドのショップ店員になりたいと思い、そのお店でアルバイトを始めました。面接で、「店長になりたい」と言ったら、3カ月後、いきなり店長に抜擢《ばってき》されました。とてもうれしかったのですが、店長の仕事は予想以上にハードでした。毎日の売り上げ目標を達成できないときは、足りない分を自腹で買ったり、売り上げが悪くて泣いたりした日もありましたね。

あるとき、私の店が売上げ目標を達成できず、社長面談で叱《しか》られました。しかしその席で、「もっとこういう商品が欲しい」と具体的な提案をしたところ、社長から店長兼バイヤーを任せられたのです。バイヤーとは店に並べる商品を選ぶ仕事。これでメーカーに、「こういう商品が欲しい」と言えるようになりました。そうして、いろいろとうるさく注文をつけているとメーカーの人から、「自分で作ってみない？」と誘われたのです。

私はデザインを専門に勉強したことがなかったので少し戸惑《とまど》いましたが、おもしろそうだからやってみたいと飛びつきました。実際、最近の若者ファッションのデザイナーは、ショップ店員からなる人が多いんですよ。

しかし、それまでデザインの勉強をしていない分、現場に出てから必死に努力しました。私はデザイナーになってから、デザインの基礎を一《いち》から叩き込まれたんです。最初は絵型も描けなかったので、スタッフに自分のイメージを正確に伝えることができず、全然違うサンプルが出来上がってしまうなどの失敗もありました。


最初の100点くらいで自分のアイデアを出し尽くしてしまい、新作のアイデアが浮かばなくなったときは、この仕事を続ける難しさを、つくづく感じましたね。

それでも、自分がデザインした洋服を着ている人を街で見るとうれしくて、「もっと頑張ろう！」とヤル気が出ます。これからも、今まで以上に10代の女の子から支持される洋服を作り続け、いつか自分のブランドを立ち上げ、お店を持つことが私の夢です。

POINT
この仕事につきたい！

方法はいろいろあります。服飾やデザインの学校を出てからなる人もいれば、ショップの店員からなる人もいます。

ファッションデザイナーは何よりも感性が大事です。可愛い洋服を着る、おもしろい映画を観《み》る、おいしいものを食べる、といった経験をたくさんして感性を磨《みが》きましょう。デザインの専門知識は、学校や会社に入ってから学んでも遅くはありません。

POINT
10代へのメッセージ

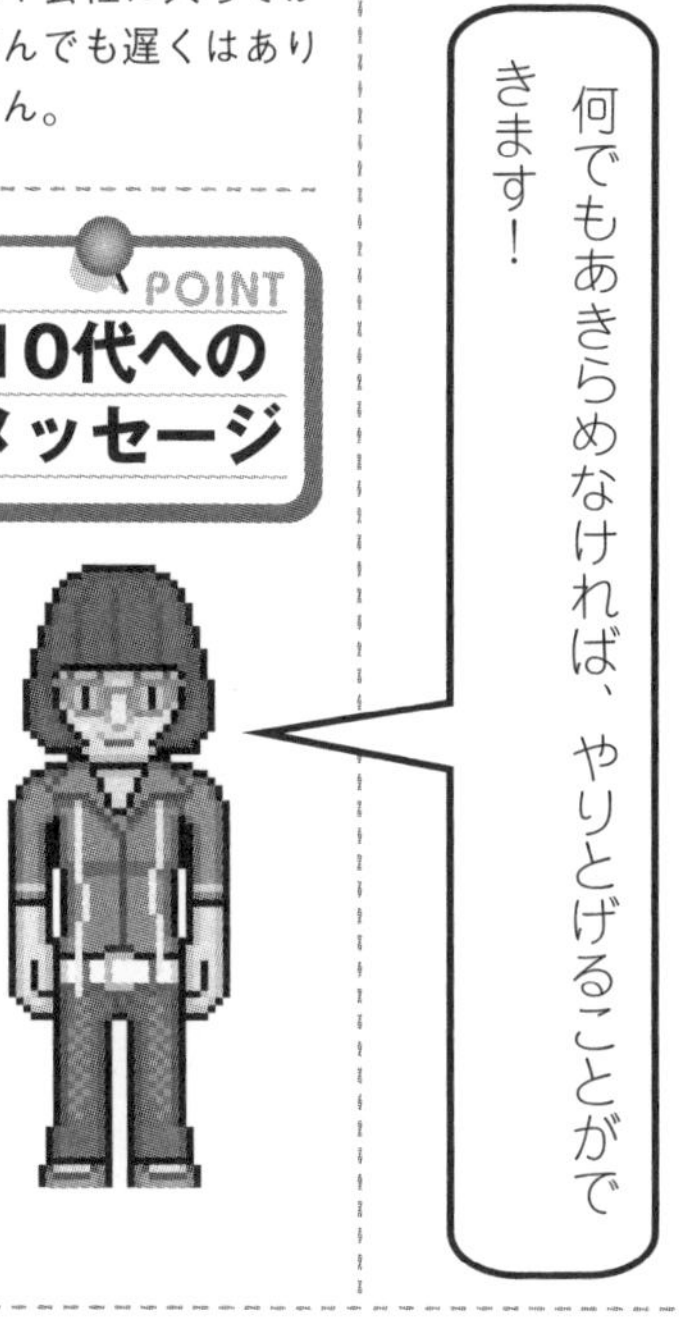
何でもあきらめなければ、やりとげることができます！

職業▶

インダストリアルデザイナー

概要▶ インダストリアルデザイナーとは従来、「工業デザイナー」と呼ばれていた仕事です。飛行機や自動車、家具、家電製品、文房具など、あらゆる工業製品の形をデザインする仕事です。見た目だけではなく、機能的で安全なデザインを考えます。多くの人に使ってもらえるものを作るためには、美的センスはもちろん、日々の生活の中での観察力も重要です。

情報▶

INTERVIEW

氏名▶ 塚《つか》本《もと》カナエさん

経歴▶ 塚本さんは1968年、香川県生まれ。大学で工業デザインを学んだあと、家電メーカーに就職。家電のデザインを担当。その後はヨーロッパに留学して陶器のデザインを勉強して、帰国後、事務所を設立。家具や食器など、さまざまな製品をデザインしています。

インダストリアルデザイナーの仕事とは?

自分が使いたいものを作る商品開発の指揮者になる

私は現在、取っ手の取り外しできる鍋《なべ》や、指が不自由な人でも使いやすい形のマグカップといった日用品を中心に、家電製品などもデザインしています。

私のようなデザイン事務所のデザイナーは、メーカーに依頼を受けてからデザインを考えます。考えるポイントは、「デザイン性」「機能性」「安全性」、そして「使う人」のこと。誰がどう使うのかによって、デザインは決まるからです。アイデアがまとまったら、具体的な形をスケッチブックに描いたり、ラフモデルを作ってイメージを膨《ふく》らませます。

鍋のデザインなら、素材や鍋の縁の曲線がどうなっているか、取っ手が取り外しできるかなど、デザインだけでなく機能面まで考えます。次に、そのスケッチをパソコンで立体的な絵にし、デザイン画を作ります。ただし、プリントアウトした2次元の絵では立体的な曲線部分はなかなか伝わりにくいので、試作品を作ることもあります。鍋の取っ手の場合は、実際に持った時の感覚を伝えるために、発泡《はっぽう》スチロールのようなものを使ってモデルを作りました。

デザイン画や試作品が完成したら、メーカーにプレゼン（提案）します。メーカー側からは、「取っ手がこの位置だと手が熱くなる」など機能性の問題を指摘されるので、それを踏まえて修正。大体2〜3回は直し、最終報告書を提出します。ここまでがデザイナーの仕事です。商品によりますが、早くても2カ月はかかります。

最終報告書を出したあとにメーカー側が急遽《きゅうきょ》、新機能を追加したり、生産が難しいなどの理由でデザインを変更することもあります。工業製品は私1人ではなく、大勢の人が一緒に作り上げるものです。たくさんの人が命を吹き込むことで力のある商品が生まれるので、他の人の意見を取り入れられる余地を残してデザインします。デザイナーはオーケストラの指揮者のように、大勢のスタッフにデザインの方向性を示すのが仕事です。

私は商品をデザインするとき、いつも自分が使いたいものを作るように心がけます。自分が使うならこういう機能が欲しいとか、こうだったら安全なのに、という視点を大切にするのです。

アイデアを考えるのは、静かな所が一番。夜中、クラシックなどの厳《おごそ》かな曲を聴きながらだと、アイデアが出やすいですね。しかし、ずっとイスに座りっ放しで考えていると、気が滅《め》入《い》ってくることもあります。これではよいアイデアも出ません。

そこで最近、モダンダンスを始めました。モダンダンスにはもともと関心がありましたし、いつもはペンだけで表現しているので、全身を使って表現することに挑戦したいと思ったのです。実際に始めてみると、体調がよくなったのはもちろん、デザイン面にもよい影響がありました。

　私が通うダンス教室の先生は、指先まで神経を使って踊るので、指先の動く軌跡がすごく美しい。それを見て、デザインの線1本1本について、さらに考えるようになりました。

インダストリアルデザイナーになったきっかけ

あこがれた画家から方向転換
きっかけは、何とトイレ！

　子どものころから絵を描くのが好きでした。父が家具店で働いていたこともあり、小学校の卒業文集には、「インテリアデザイナーかイラストレーターになりたい」と書いています。中学校では美術部に入って油絵を勉強し、美術科の高校に進学。将来は画家になろうと思っていましたが、美術大学に落ちて浪人することになり、「画家になれるのは、ごくひと握りの人。自分はこのまま画家を目指していいのか」と真剣に悩みました。

　ここで、私の将来を決めるきっかけとなったのがトイレの便器でした。便器を見てふと、その質感や形が気に入り、「トイレを作っているのは、どんな人なんだろう？」と気になったのです。調べてみて、インダストリアルデザイナーの存在を知り、「これだ！」と工業デザイン科のある大学に進学しました。

　大学ではアイデアのスケッチ方法やパソコンを使った画像、図面の描き方といった技術的なことからプレゼンの仕方まで、いろいろなことを学びました。一番戸惑《とまど》ったのは、それまでに習ってきた油絵とアイデアスケッチとの違い。油絵はたくさんの色を使って味わいのある絵を描きますが、アイデアスケッチに味わいは不要で、ただ本物により近く描くだけ。同じ絵でも、全然違うのです。

　教授に、「紫色の影なんてない！　黒だろ！」と指導されたりもしました。さらに苦労したのは、アイデア出しです。3年目くらいに、「自分ならどんなものが欲しいか」という視点から考えるようになって、ようやくアイデアが出るようになりました。

　大学で工業デザインを学ぶうちに、昔から好きだったインテリア、特に「照明器具」と「家具」、「食器」のデザインをしたいと思うようになりました。そこで照明器具のデザインができそうな家電メーカーに就職しましたが、担当は携帯電話。次に総合デザイン事務所に転職し、公園のベンチなどを作ろうとしたのですが、建築環境的アプローチを求められ、やりたい方向と異なっていました。そして今度は食器をやろうとしたのですが、粘土《ねんど》やガラスなどの素材について知識がないと、焼いたときに割れてしまうので、簡単にはできません。

　そこで私は、思い切って仕事を辞め、食器について勉強するため、私が好きな食器メーカーのあるフィンランドの専門学校に留学して、素材の粘土作りから学びました。2年目からはイギリスでガラスの食器を勉強。留学では食器作りやデザインの技術を学んだだけではなく、いろいろな人と出会い、貴重な体験ができました。

　イギリスの学校の卒業制作でガラスの花瓶と水差しを作って展示したところ、バイヤーの目に止まり、帰国後、日本でも販売されることになりました。それが私のデビュー作となりました。1度就職し、その後学生に戻って、今度は自分の事務所を作ってと、いろいろやってきましたが、私はいつも、「人生を楽しもう」と考えています。それが私のパワーの源《みなもと》なのです。

POINT この仕事につきたい！

　工業デザインの学科がある大学や専門学校などで、デザインの基礎や工業製品について学ぶことが第一です。

　卒業後はメーカーの商品開発部や、デザイナー事務所に就職します。日ごろから自分が使う工業製品について、どこが便利で、より使いやすくするにはどうすればいいかを考えておくとよいでしょう。機能性とデザイン性が求められるため、いろいろな知識を吸収することも必要です。

POINT 10代へのメッセージ

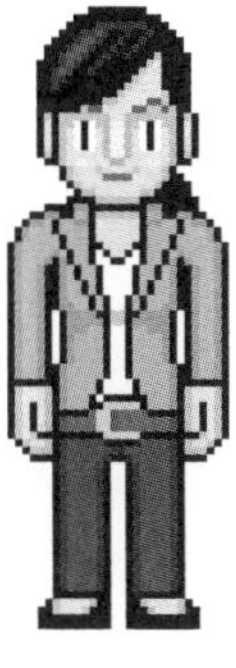

将来については、自分から積極的に動かないと扉は開きません。

職業▶ **ジュエリークラフト**

概要▶ ジュエリーとは、宝石や貴金属で作られた指輪やネックレス、ブローチなどの宝飾品のこと。ジュエリークラフトは、宝飾品を作る人です。デザインを描き、貴金属を加工して、それを形にしていきます。高価な宝石や貴金属を使うため、失敗は許されません。細かい部分まで、きっちりと作り上げる高度な技術と集中力が必要な仕事です。

情報▶

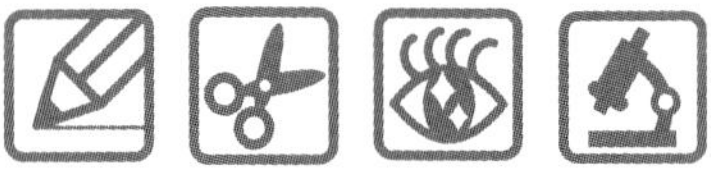

INTERVIEW

氏名▶ 廣海貴晴《ひろうみたかはる》さん

経歴▶ 廣海さんは1977年、大阪府生まれ。祖父の代からジュエリークラフトという家系。高校卒業後、実家を離れて名古屋の職人に弟子入り。技術を競う「技能五輪全国大会」で優勝し、国際大会でも日本人初の金メダルを獲得しました。現在は、大阪にある自分の工房で、創作しています。

ジュエリークラフトの仕事とは?

必要なのは根気と繊細さ ゴミが出ない究極のエコ仕事

指輪を例に、ジュエリー作りの手順を説明しましょう。まずはデザインを描くことから始まります。デザインは自分で一《いち》から考える場合と、宝石メーカーから案を渡される場合があります。しかし、渡されたデザインだけでは指輪の細かい部分まではわからないので、その部分は自分で考えてデザイン画を描きます。

次にプラチナや金などの地金《じがね》の棒をバーナーで熱して、金づちで叩《たた》いて伸ばします。これは地金の間にある空気を出すための作業なのですが、熱しては叩いてを何度も繰り返す、根気のいる作業です。地金がある程度細くなったところでローラーに入れ、さらに伸ばします。直径2～3ミリの細さになったら、木づちで叩いて丸め、溶接して輪にします。そのリング全体をヤスリなどで削って、指定の幅や厚みに合わせて0・1ミリ単位で調整します。それから研磨剤《けんまざい》などで磨《みが》きます。細かい作業だけに、非常に神経を使いますね。

これでリングは完成ですが、宝石を乗せるタイプの指輪なら、宝石を固定するための部品を地金で作っていきます。1ミリの小さいダイヤを固定する部品は、ルーペで見ないとわからないほどです。そして、出来上がった部品を溶接でリングに付け、そこに宝石を固定します。固定前のダイヤや部品は、少し息を吹きかけただけで飛んでいってしまうので、細心《さいしん》の注意が必要です。完成までにシンプルな指輪で4日、複雑なものだと1週間以上はかかります。

ジュエリークラフトは、宝石をいかにキレイに見せられるかが勝負です。もともとキレイな宝石なら、さらに魅力が増すように、また、そうでない宝石でも、キレイに見せられるような工夫をします。

具体的には、宝石を乗せるリング全体を丁寧《ていねい》に磨き上げます。このときパーツの裏側など、死角になって見えない所までピカピカにします。すると、地金同士で光が乱反射し、リングだけでなく、宝石も美しく光るようになるのです。

指輪が完成したからと言って、それで仕事が終わりではありません。作業後の掃除も重要な仕事です。ジュエリーを作るときに出るゴミは、高価な貴金属ばかりなので、削って出た粉は全部集めて再利用します。紙ヤスリについた細かい粉まで集めます。だから、ジュエリークラフトはゴミをまったく出しません。

ジュエリークラフトになったきっかけ

財産を預かる重大な責任に応えられる技術を身につける

僕の家は、祖父の代から続くジュエリークラフトの家系です。しかし、子どものころはこの道に進もうとは、これっぽっちも考えてはいませんでした。家と作業場が車で45分ほど離れていて、父は朝早くに出かけて夜中に帰って来るか、徹夜して帰って来ない日もあり、仕事の内容をよく知らなかったのです。「ダイヤモンドを扱う仕事」くらいに思っていました。

ジュエリークラフトという仕事を意識するようになったのは、高校で就職先をどうしようかと考えていたころです。職人になりたいという思いがあったのですが、学校紹介ではそれに見合う魅力的な仕事が、なかなか見つかりませんでした。

そんなある日、父から「名古屋にすごいジュエリークラフトマンがいて、お前を弟子にしてくれるらしい」と言われたので、一度見学に行くことにしました。その人が今の僕を育ててくれた親方なのですが、明るくて優《やさ》しい人です。親方のジュエリーはとても繊細で温《あたた》かみがあり、初めて見たときは本当に感動しました。そして、「自分もこんなすごいものを作ってみたい」と思い、親方の気が変わらないうちに、すぐに弟子入りを決めたのです。

本来なら、父に仕事を教わるのが普通なのかもしれませんが、父は親子だと甘えが出てしまうので、「他人の釜《かま》の飯を食ってこい」と考えたようです。親方の所へ行く前に予備知識をつけたいと思い、父に少しだけ教えてもらおうとしたのですが、「職人が違えばやり方も違う。俺のやり方を覚えてしまうと、親方が教えにくくなる」と、何も教えてくれませんでした。

ジュエリーの知識がゼロだったので、修業は大変でした。ガスバーナーのつけ方やヤスリの持ち方など、技術以前の道具の使い方から教わりました。その後、加工しやすい真鍮《しんちゅう》（銅と亜鉛の合金）で、「叩く」「切る」「付ける」の基礎を練習。しかし真鍮で練習したのはわずか1週間だけで、2週目からはいきなり商品を修理することになりました。「実戦で学ぶほうがいい」という親方の考えのためです。そのときは、主に指輪のサイズ直しをしました。リングをカットして小さくするか、新しい地金を入れて大きくします。

最初はもちろん失敗もありました。修業を始めて1カ月ぐらいのころ、指輪を熱しすぎて溶かしてしまったのです。すぐに親方が修理してくれ事なきを得ましたが、ひやひやして足が震えました。

初めて自分のジュエリーを作らせてもらったのは、修業を始めて2年目。真ん中に1センチのパール、まわりに涙型の小さなダイヤが10個付いた指輪でした。しかし、いざ作ろうと思っても、何から始めていいかが分からず、結局親方の指示通りに作りました。このとき何もできなかった自分が本当に情けなかったし、悔《くや》しく思いました。

実はそれまで、給料が少なかったので夜はアルバイトをしていたのですが、この日からきっぱりと辞め、夜の時間も修業に費やしました。

父と親方の間では、「一人前にして、技能五輪で優勝できるまで面倒をみる」という話になっていたようです。技能五輪とは、22歳以下の若手職人が技術を競う大会です。僕は修業4年目に日本の大会で優勝し、翌年の国際大会で金メダルを獲得。その年に、親方の元での修業を卒業しました。

現在は父と一緒に仕事をしています。これからも人を感動させる美しいジュエリーを作り、世界中の人々につけてもらえるよう、頑張っていきたいと思います。

POINT
この仕事につきたい！

ジュエリーの専門学校や彫金《ちょうきん》学校で技術を学び、製造会社に就職するのが一般的。学校で、求人を出している職人を紹介してもらえることもあります。また、写真などを見て、気になった作品を製作している職人を探し、弟子入りする方法もあります。

手先の器用さ、デザインを考えるときの感性、宝石の良し悪しなどを見極める目を養うことが大切です。

POINT
10代へのメッセージ

何をやるにしても体力が必要です。やりたいことを見つけたときに、目一杯打ち込むことができるよう、学生のときに体力をつけておいてください。あと、素直な心を失わないようにしてくださいね。

職業▶

フラワーデザイナー

概要▶ 切り花を生《い》けて飾りつけた作品を、フラワーアレンジメントと言います。そのデザインを考え、生けることを仕事にしている人がフラワーデザイナーです。結婚式やパーティー、お店のディスプレイに使う飾りを作ったり、教室を持って一般の人に教えるなど、いろいろと活躍できる仕事です。また、雑誌やCM、テレビ番組のセットの飾りつけをしたりもします。

情報▶

フラワーデザイナーの仕事とは？

お客様のために心をこめて世界にひとつだけの花を作る

私はお客様の注文を受けて、世界にひとつしかないフラワーアレンジメントを作ります。花というと、明るい色のイメージが強いかもしれませんが、個人的にはシックな色が好きです。そのため、私の作品はクラシックな渋い色使いが特徴です。フラワーアレンジメントを作るうえで大事なのは、お客様のことを第一に考え、気持ちを込めること。

私はいつも、まずお客様と直接会って、何に使う花なのかを確認します。結婚式で使う花なのか、

INTERVIEW

氏名▶ 恒《つね》石《いし》小《さ》百《ゆ》合《り》さん

経歴▶ 恒石さんは1968年、高知県生まれ。大学を卒業後、社長秘書をしながらフラワーアレンジメントの教室に通い、27歳で自分のアトリエを開いてフラワーデザイナーに。ディスプレイをはじめ、雑誌やテレビに作品を提供するなど、幅広く活躍しています。

誕生日などのプレゼントなのかを聞き、贈る方、贈られる方がどういう方かを考えてデザインします。

　結婚式のブーケなど衣装《いしょう》に合わせた作品を作るときは、事前にウエディングドレスなどの衣装を触らせてもらい、生地《きじ》の質感まで確認します。花にも質感の違いがあるので、衣装の質感に合わせて花の組み合わせを決めるのです。頭の中でデザインが決まれば、必要な花を仕入れ、実際に形にしていきます。

　まず、器《うつわ》の中に水を吸わせた吸水スポンジ（オアシス）を入れ、角を削《けず》っていきます。次にハサミで花の茎《くき》を斜めに切って尖《とが》らせ、吸水スポンジに1本1本挿《さ》していきます。その際、吸水スポンジが隠れるように挿すのですが、何度も挿したり抜いたりすると花が弱るので、手早く正確に行ないます。

　フラワーアレンジメントで難しいのは、花の状態を見極めることです。花によって咲くスピードや適した温度が違います。結婚式なら、式が行なわれる時間に、花が最も美しい状態になるように作らなくてはいけません。

　その美しさを長時間、キープできるように作るのも難しいのです。特にショップのディスプレイには、長持ちする作品を作ります。週に2～3回は同じ種類の花に差し替えるメンテナンスをしていますが、できるだけ長い間、美しい状態を保たないといけないのです。そのためには、花の性質や状態をよく知ることと、過去の経験がとても大事になります。

　フラワーデザイナーは、天気予報に敏感です。花は気温や湿度によって咲き具合や見え方が変わってきますし、天候は花の仕入れに関わってくるからです。雪や台風で天気が荒れると、市場に欲しい花が入荷せず、予定していた作品が作れなくなってしまうこともあります。

　その場合は、手に入る花だけで新しいデザインを考えますが、お客様の期待に応《こた》えられないと、本当に残念ですね。

　私は根っからの花好きですが、それ以上に人間が大好きです。私が作った作品を見て、誰かが喜んでくれるのがうれしく、それが私のやりがいになっています。多くの人と直接ふれ合うために、フラワーアレンジメントの教室も開いています。

　教室では、まず私が見本を見せ、同じものを生徒さんに作ってもらいます。作品には人それぞれの性格が出るので、同じ見本でも、人によってまったく違うものができます。その個性を消さず、なおかつ、生徒さんが満足してくれるように手直ししながら教えていくので、自分が作るのとは違う難しさがありますね。

フラワーデザイナーになったきっかけ

運命的な花との出あい　まわりの人に支えられて夢を実現

　今では花が大好きな私ですが、昔から花に興味があったわけではありません。

　10代になってからは、やりたいことが見つからず、目標がないまま大学を卒業して女性用の下着メーカーに就職しましたが、そこに人生の転機が待っていました。社長秘書に配属され、社長室に飾る花を生《い》けることになったのです。うまくできない私に社長は、「生け方がわからないなら、花でも習ったら？」とすすめてくれました。このひとことが、私の人生を変えました。

　フラワーアレンジメントの教室に行って最初の作品を作ったとき、花はきれいだし、花の色を組み合わせるのが楽しくて仕方ありませんでした。先生が素敵な人で、会社に就職したばかりなのに私は、「将来は、花の仕事をしよう！」と、決めてしまいました。

　花の知識がないので、すぐに転職できるわけがありません。私はもっと花について勉強しようと思い、近所のお花屋さんに押しかけ、「夜しか働けないけど、ただでもいいので働かせて欲しい」と頼み込み、アルバイトを始めました。昼は秘書の仕事、夜と週末はお花屋さんのアルバイトや教室に通う生活を、5年間続けたのです。実は就職して3年目に、転職したいと社長に相談したことがありました。すると、「ちゃんと人脈を作ってからやれ。会社で教室を開いてみたらどうだ」とアドバイスされ、社員を相手に花の教室をやらせてもらいました。

　そういうきっかけを作ってくれた社長には、心から感謝しています。

5年目に退職し、アトリエを開きました。

しかし、仕事のあてがあったわけではなく、退職金もなくなり、どうしようかと思ったとき、ある会場のお花を飾ってほしいと頼まれました。そして会場となった結婚式場の方が、私の作品を気に入ってくださり、いきなり年間150件もの結婚式で使う花の仕事が決まったのです。それから毎週末、多くのブーケやテーブル装花を作りました。

仕事が決まったのはよかったのですが、初めのころは花の特徴もよくわからず、ブーケに使う花が当日つぼみのまま咲かなかったり、しおれてしまったりと失敗もありました。結婚式の前日は心配で眠れず、よく徹夜をしていましたね。ハードな毎日でしたが、母の日などの忙しいときに友人が配達の運転手をしてくれるなど、まわりの人がサポートしてくれました。そういったまわりの人たちの協力があったからこそ、私の仕事はうまくいったのです。

花はすごいパワーを持っています。花を組み合わせることで、そのパワーを引き出し、皆さんに分けてあげたい。人の心を動かす作品を作ることで、それができたらいいなと思います。

POINT この仕事につきたい！

フラワーデザイナーの資格はありますが、持っていなくても仕事はできます。だから、明日からでも「私はフラワーデザイナー」と言えばなれますが、人から認めてもらうには、フラワーアレンジメントの教室に通って勉強したほうがいいでしょう。

資格は日本フラワーデザイナー協会のフラワーデザイナー資格や、厚生労働省のフラワー装飾技能検定などがあります。

POINT 10代へのメッセージ

とにかく何でも頑張ってほしいです。イヤなことがあっても、必ずプラスに変えられると信じて、すごしてほしいと思います。

職業▶ **ネイル アーティスト**

概要▶ ネイルアーティストとは、手や足の爪をケアしたり、マニキュアを塗って、その上に絵を描いたり、アクセサリーを付けたりして、爪を美しくデザインする人のことです。ネイルサロンだけではなく、エステサロンや美容室で働く人もいます。ていねいに細かい作業をこなす力や、お客さんと楽しく会話をするコミュニケーション能力が必要です。

情報▶ 

INTERVIEW

氏名▶ 松《まつ》下《した》美《み》智《ち》子《こ》さん

経歴▶ 松下さんは1973年、東京都生まれ。1999年にニューヨークで開かれたネイルの国際大会で優勝し、世界チャンピオンになりました。現在は、東京の代官山と銀座で、サロンとネイルスクールを経営しています。

ネイルアーティストの仕事とは?

ネイルアーティストは爪の健康と美しさを守る

ネイルアートは、爪にカラフルなマニキュアを塗って、絵やかわいい柄を描くオシャレのひとつです。爪が短い人には、付け爪に絵を描いて貼り付けることもできます。最近は、「ジェルネイル」という人工爪も流行《はや》っているんですよ。

直接爪に絵を描く場合は、まずニッパーやヤスリで爪をカットし、甘皮《あまかわ》を上に押し上げてキレイに形を整えます。そして爪の脂分を拭き取り、爪を保護するベースコートを塗ります。マニキュアは爪の先端から2回ずつ塗るのが基本。その上に絵を描き、最後にマニキュアを保護するトップコートを塗って完成です。

私は、ネイルアート用の筆には特にこだわっていて、100種類以上の筆を持っています。お客様によって爪の形や大きさ、描いて欲しい絵も違うので、どんなお客様にも対応できるよう、いろいろな大きさや形の筆を用意しています。時には、習字で使う細い筆を使うこともあります。

絵は動物や人物、花など、大体何でも描けます。お客様の中には、「愛犬の顔を描いてほしい」という人もいて、そういう場合は、事前に写真をもらって練習し、希望に応《こた》えるようにしています。

ネイルアーティストの仕事は、爪をキレイにデザインするだけではありません。爪の健康と美しさを守るためのケアも、大切な仕事。ハンドマッサージ用のオイルを手や甘皮に擦《す》り込むようにマッサージします。甘皮は次の爪を作る部分で、適度な刺激を与えることで新しく生えてくる爪を強くすることができるのです。また、ベースコートを塗るだけでも爪の乾燥を防ぎ、補強して割れにくくなります。爪のケアは、今や身だしなみのひとつ。男性のお客様も大勢いらっしゃいます。

ネイルアートやケアをしていると、1人のお客様に数時間はかかります。じっくりやるので、お客様との会話もこの仕事の楽しみのひとつです。お客様と近所のおいしいレストランの情報交換をしたり、流行のファッションについて話したり、時には、恋の相談に乗ることもあります。

昼食を抜いて仕事をしても、1日に5人担当するのが精一杯です。忙しい毎日ですが、今は雑誌の撮影やイベントなどでネイルアートを披露したり、時には、色のプロフェッショナルとして、雑誌で自動車の色についてコメントしたりしています。

ネイルアーティストは、幅広い分野で活躍できる仕事なのです。

ネイルアーティストになったきっかけ

目標はトータルビューティーアドバイザー

オシャレには、小学校3年生のころから興味を持っていました。初めてのマニキュアもそのころ。

母親のピンク色のマニキュアを使いましたね。そのあと、小学校4年生から中学校までは陸上に打ち込んでいました。マラソン大会の日などは、母に「今日は1位を取ってくる」と宣言し、本当に取ってくるタイプ。その反動か、高校時代はおしとやかなことをしたいと思い、文化部に入りましたが、結局性《しょう》に合いませんでした。

実家はお寿司屋さんなのですが、お店を継ごうと思ったことはありません。でも、自分も何か自営業がしたいとは思っていました。母に、「手先が器用だから美容師はどう？」と言われ、小学校の卒業文集には、「美容師になってお金を稼ぐ」と書き、将来は「美容」に関わる仕事をするという、はっきりとした目標を持っていました。

美容の仕事をするために、高校を卒業後、美容関係の会社に入社して、会社が経営するエステスクールで勉強しました。さらに、働きながら美容師の専門学校にも通って、両方の資格を取得。その後、メイク、ヘア、エステだけでなく、全身美容をアドバイスする「トータルビューティーアドバイザー」になるためにネイル技術を勉強したのですが、そこでネイルの面白さにとりつかれました。エステだとお客様が気持ちよくて寝てしまいますが、ネイルはずっとお客様とおしゃべりができたのが、何よりの魅力でしたね。今でも、仕事中にお客様と話をするのが楽しみです。

それからは、ネイルのスクールに通って基礎を学び、自宅でも寝る間を惜しんでひたすら勉強。薬品で手がかぶれ、指紋がなくなるほど練習したり、アメリカにネイルの達人がいるとわかれば、その人を訪ねて教えてもらったりと、とにかく貪《どん》欲《よく》に知識や技術を身につけました。そんな生活が2年間、続きましたね。

そのころの私の目標は、ネイルの国際大会で優勝して、世界一の看板を引っさげて自分のお店を出すこと。お店を持てば、私のことを必要としてくれるお客様が来てくれるので、やりがいも十分です。

しかもそのころ占いで、「２０００年にお店を出せば成功する」と言われたので、それまでに優勝しようと目標を定《さだ》めて頑張りました。期間を自分で決めたことで、辛《つら》い練習の毎日を乗り越えられたと思います。

練習の成果があり、国際大会で優勝を果たし、計画通り、２０００年にお店を出すことができました。念願のお店を持ったときは、本当にうれしかったですね。今も修業時代のように、ほとんど休みなく働いていますが、子どものころからやりたいと思っていたことなので、毎日が充実しています。

忙しい毎日の中で、私の息抜きは食事の時間です。お客様から聞いた、おいしいお店にいくのが好きですね。時間の合間を縫って、ジムに通って運動もしています。私たちは美を提供する仕事なので、自分も美しくないと説得力がありません。ネイルアーティストは屈《かが》んで作業することが多く、肩、腰の痛みと、足のむくみなどが職業病。マッサージにもよく行きますね。

私は、後進を育てるためにネイルのスクールも開いています。私の弟もネイルアーティストですし、最近は男性の生徒も増えています。これからも、たくさんの人を私の技術で美しくしていければと思っています。美しくなって笑顔になった人を見ると、私も幸せな気分になれるのです。

POINT
この仕事につきたい！

ネイルアーティストになるための資格は特にありませんが、専門的な知識や色彩の感覚など、必要な知識や技術はたくさんあります。

ネイルアートの学校で勉強するのが基本ですが、プロとして活躍したいなら、家でも練習するぐらいでないといけません。努力次第で技術は上達します。自分の爪や、友達の爪を借りて練習に励みましょう。

POINT
10代へのメッセージ

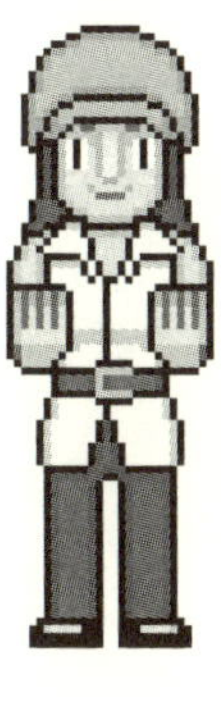

人生の目標を持って、夢に向かって一歩一歩、努力を重ねていきましょう。夢に日付けを入れて、夢が実現するその日まで、あきらめずに頑張ろう！

職業▶ 理《り》容《よう》師《し》

理容師

概要▶ 理容師とは、理容店やヘアサロンでカットやシャンプー、パーマ、顔そりなどを行なう人のこと。髪型やヘアケアに関して的確にアドバイスをするカウンセリングも行ないます。時代の流行を反映する仕事です。ハサミやカミソリなどを扱うので、衛生、消毒、薬学などの専門的な知識が必要ですし、きめ細かな接客の技術も要求されます。

情報▶

INTERVIEW

氏名▶ 佐《さ》藤《とう》秀《ひで》樹《き》さん

経歴▶ 佐藤さんは1973年、山形県生まれ。高校を卒業後、上京して専門学校で学び、20歳で理容師になりました。25歳のとき、理容師の技術を競う全国理容競技大会に史上最年少で優勝。29歳で東京都三鷹市に自分の理容店を出店し、2004年にはイタリアで行なわれた世界大会で、優勝しました。

理容師の仕事とは?

理容師はヘアドクター

理容店というと、男性のお客様が多いイメージがあるかもしれませんが、うちのお店では約3割が女性のお客様です。理容師はみんな、女性のカットも勉強しているので、女性のお客様にも満足してもらえます。

僕は1日に、だいたい20人くらいをカットします。僕を指名してくれるお客様は、トータルで300人。わざわざ神奈川、埼玉、千葉などの遠方から来てくださるお客様もいらっしゃいます。

カットは、カウンセリングから始まります。お客様の希望を聞いて、それに合った髪型を提案します。次にシャンプーをしますが、これはカットをしやすくするためだけでなく、髪の毛の流れや頭の形を知るためでもあるのです。シャンプーが終わると、カットをしていきます。

僕は、すきバサミで髪の毛の量をある程度減らしてから、毛先に向けて削ぐように切る「スライドカット」が得意です。カットのあとは、パーマやカラーリングをしてシェービング、仕上げのシャンプーという流れになります。最後に、トニックをつけて頭皮をマッサージし、さらに首や肩のマッサージもします。そして、お客様にアドバイスしながらスタイリングをして完成です。

理容師はカットに使う道具にも、こだわります。ハサミやクシは使いやすいものがいいので、全部オーダーメイド。長さや刃の角度が違うハサミ8種類を、お客様の髪の長さや切る量によって使い分けています。

時代とともに流行が変われば、お客様が要求する髪型も変わります。いつでもそれに応《こた》えられるよう、練習を欠かしません。毎日スタッフ全員で、朝晩練習しているので、閉店後も夜中まで店の電気はついています。

僕たち理容師は髪のエキスパートとして、「ヘアドクター」とも言われます。お医者さんのように、お客様の髪のカルテも作るのです。一度カットしたお客様の髪の流れや質感、頭の形などを記録しておくと、次に来店したときに髪型のアドバイスがしやすいですし、もし僕がいないときでも、他のスタッフが対応できます。

カットの際、僕はお客様によく話をするように心がけています。髪のはえ方や質感を見ると、髪が伸びたときにどうなるかがわかるので、「お客様の髪型は、ここがうまくいかないですね」なんて話をすると、「よくわかりますね！」と会話が弾《はず》み、リラックスしてカットもしやすくなるのです。そしてカット後は、「家でこうやってブローしてくださいね」とアドバイスをします。

理容師をしていてうれしいのは、一度来たお客様がまた来てくれることです。「前のカットを気に入ってくれたんだ」と、やる気が出ます。中には、お父さんをカットしたら、その後奥さんやお子さんも来て、今や家族全員がうちのお客様というご家庭もあります。確かな仕事を続ければ、お客様がクチコミで評判を広げてくれるので、どんなお客様でも、1回1回が真剣勝負です。

理容師になったきっかけ

世界一の技術を身につけるための厳しい修業時代

実家が山形で理容店をやっていました。子どものころから床の掃除をしたり、タオルを渡したりと親の仕事を間近で見ていたこともあり、僕も理容師になりたいと思っていました。理容師で成功し、ビルを建てようと思っていたくらいです。

高校を卒業し、東京の理容専門学校に入学しました。僕が上京を決めたのは中学生のとき、実家のお店にあった理容の業界誌を見たことがきっかけでした。パーマの特集で出ていた、のちに僕が弟子入りをする世界チャンピオンの田中トシオ先生の技術を見て、「スゴイ！」とあこがれ、先生がいる東京に行こうと思ったのです。

理容の専門学校では、国家試験に合格するためのカットの基礎、パーマの巻き方といった実技と、学科の勉強をしました。学科は理容師に関する法律、皮膚《ひふ》や毛髪《もうはつ》に関する医学知識、カラーやパーマで使う薬品の化学的な知識です。

最近はトータル美容ができなくてはいけないので、フェイシャルトリートメントやネイルケアの知識も必要です。僕には田中先生のお店に入るという目標があったので、学校の勉強だけでは足りず、当時住んでいた寮に戻ってからも、ルームメイトを相手にカットの練習をしていました。

専門学校を卒業後、念願の田中先生の店に就職できたのですが、お店での修業は厳しいものでした。朝6時に起きて開店前に練習し、閉店後も夜中3時まで練習の毎日。シャンプー、シェービング、カット、カラー、パーマの順に練習し、店内のテストに合格しないと、お客様を担当することができません。

僕はシャンプーのテストに合格するのに4カ月もかかりました。何とか上達しようと街頭で、「シャンプーしていきませんか？」と人を呼び止め、練習させてもらったこともあります。

こうしてひとつずつテストに合格し、お客様のカットをさせてもらえるようになったのは、僕がお店に入って1年後のことでした。

カットを始めて間もないころは、お店で普通にお客様を待っていたのでは、みんな先輩にカットされてしまいます。僕は一人でも多くのお客様をカットして、技術を磨きたかったので、シャンプーを担当したお客様に「次は僕にカットさせてください」と、よくお願いしました。「練習させてやって4000円も払っているんだから、しっかり勉強しろよ」と言ってくれるお客様もいて、先生だけでなく、お客様にも育ててもらったという感謝の気持ちは決して忘れません。

その後は、理容師の技術を高めるために世界規模で行なわれる大会で優勝し、世界一にもなれました。今は独立して、子どものころの夢だったビルとまではいきませんが、自分の店を3店舗開いています。僕にあこがれて、うちのお店に入ってくれる若手もたくさんいます。彼らの手本となるように、またこれからもお客様に喜んでもらえるように、理容師の道を究《きわ》めて行きたいと思います。

POINT
この仕事につきたい！

理容の専門学校で2年間（通信制は3年）勉強し、国家試験に合格します。試験は筆記のほか、カットやシェービングなどの実技もあります。その後、理容店に就職して働きながら経験を積み、一人前になっていきます。

お客さんと直接ふれ合う仕事なので、笑顔が大切です。また、常に流行に敏感でないといけません。雑誌や美容関係の本に目を通す習慣をつけましょう。

POINT
10代へのメッセージ

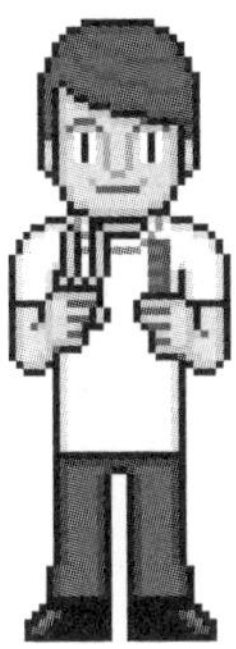

どんな小さな夢でもいいから、持ち続けて努力して欲しい。そうすると、どんどん夢が現実になり、夢が大きくなっていく。何事にもあきらめず、熱意を持って突き進んで欲しい。僕はまだまだ夢の途中です。

職業 ▶ 美容師《びようし》

概要 ▶ 美容師は、美容院などでお客さんの希望に応じてヘアカット、パーマ、スタイリング、カラーリングなどを行ない、その人に合った髪型を作る仕事。雑誌やテレビでヘアメイクの仕事をする人もいます。ハサミひとつで、どれだけ他の美容師とは違う、オリジナリティあふれる髪型を作れるかが勝負です。　また、センスや技術だけでなく、お客さんへの気配りも大切です。

情報 ▶

INTERVIEW

氏名 ▶ 朝《あさ》日《ひ》光《みつ》輝《てる》さん

経歴 ▶ 朝日さんは1976年、新潟県生まれ。高校を卒業後、上京して専門学校に通い、美容師になりました。東京・麻布、青山、銀座にある美容院「air」のディレクターであり、雑誌モデルのヘアメイクアップアーティストとしても活躍している美容師です。

美容師の仕事とは?

美容師は女性を変えるマジシャン

僕はお店で、朝10時半から夜10時まで昼休みもほとんどなく、1日に約30人くらいのお客様のヘアカットをしています。お店の場合、お客様とどんな髪型にするか話し合いながらカットします。

しかし、雑誌モデルのヘアメイクの場合は、モデルさんという素材を使って自分の美的センスで髪型を作る仕事なので、求めるものがまったく違います。どちらも大切な仕事ですが、僕は1人でもたくさんの人を美しくしたいと思っているので、お店に立つことを第一に考えています。月に最低10日はお店に出るようにし、忙しくてそれができないようなら、雑誌の仕事は断ります。

　カットはまず、お客様に希望を聞いて、その人に合う髪型を提案しますが、毛の硬さや流れなどの「髪質」「毛の生え方」「頭の骨格」の3つを見れば、その人に向いている髪型がわかります。これに逆《さか》らった髪型にすると、朝起きたときに撥《は》ねたり、崩れたりします。

　僕はお客様に必ず、毎朝ブローするかどうかを確認します。毎朝ブローする人なら、寝て多少髪型が崩れても自分で直せるので、お客様の希望通りにしますが、ブローしない人には、寝ても崩れにくい別の髪型を提案します。美容師の仕事は、ヘアメイクのように撮影のときだけの髪型を作るのではなく、その人が毎日すごす髪型を作るので、家でどうやれば、その髪型を再現できるかを考えないといけません。

　髪のカットには、これが正解！　という答えがなく、僕が１００点の出来だと思っても、お客様が気に入らないと意味がありません。単に高度な技術を使って、きれいにカットすればいいというのではなく、その人が何を求めているのかをちゃんと聞き出し、常にその人に合った答えを探し続けるしかありません。

　髪は第一印象を決める大事なパーツなので、髪型を変えると見た目の印象がガラッと変わります。たとえば、おどおどした人でも、ストレートの髪にすると意志が強い人に見えますし、カールさせれば、やわらかさと落ち着いた印象を与えることができます。

　外見だけでなく、性格も見た目の変化に合わせて変わっていくことがあります。美容師は女性を変えるマジシャンなのです。

美容師になったきっかけ

コンプレックスで選んだ道　こっそり練習した日々

　僕はずっと自分の髪型にコンプレックスがありました。中学校に入って髪の毛を伸ばし始めたら、クルンクルンのすごい天然パーマで、パーマをかけたわけではないのに先生に怒られたり、先輩にからまれたり、本当に悩みました。

天然パーマを隠すため、髪がカールしやすい雨の日は、彼女に会わないよう隠れたりしていました。だから、自分でストレートパーマがかけられる美容師になりたいと思っていたのです。ただし当時は男性の美容師が少なく、父親に反対されました。

絵や工作が好きだったので、工業高校で建築の勉強をしました。建物のデザインはすごく楽しかったのですが、僕は数学が苦手で寸法を測るときなどに数学がどうしても必要となり、2年目で挫折。目標を失ったころオシャレに目覚め、ドレッドヘアにするために隣町の美容院へ行きました。

その店に、東京で修業してきた美容師がいて、「美容師になるなら、絶対東京で勉強したほうがいい」と、アドバイスをしてくれました。そこで再び美容師になりたい気持ちが高まり、高校卒業後、東京の美容専門学校へ通いました。

学校では、美容師の国家試験に合格するために、カツラをかぶせた人形を使ってカットやパーマ、シャンプー、ブローのやり方など、基礎的な技術を学びます。僕もしっかりと勉強して、国家試験に合格できました。

しかし、国家試験に合格したからといって、すぐにお店でカットをするのは無理です。

美容院はそれぞれ、独自の新人育成カリキュラムを作っていて、僕の勤めたお店は「マナー、挨拶」から始まり、シャンプーのときに髪の毛を濡らす「お濡らし」「シャンプー」「パーマ」「ブロー」、そして最後の「カット」まで、約40項目のカリキュラムがありました。1項目ごとにテストがあり、それに合格しないと先に進めません。だから毎朝一番にお店に来て練習し、さらに閉店後も夜中の12時まで練習していました。

僕はシャンプーが一番苦手でした。シャンプーのテストは、「お湯の温度」「シャンプーの音」「流し方」「水や泡《あわ》が飛んでいないか」「顔に水がかかっていないか」など、事細かにチェックされます。僕は毎日猛練習をしたおかげで、今ではシャンプーが得意です。

僕は人より、たくさん練習してきたと思っています。普通、お店に入ってから美容師としてデビューするまで4年くらいかかりますが、僕は2年半でデビューできました。でも、一生懸命練習している姿を見られるのが恥ずかしくて、こっそり練習していたので、仲間からは「要領のいい奴」とよく言われました。

美容師をしていて一番うれしいのは、初めて来たお客様に、「友だちの紹介で来ました」と言われること。僕がカットした友だちの髪型を見て、気に入《い》って来てくれたんだなということと、その友だちが、僕がカットした通りにちゃんと毎日、自分でスタイリングしてくれていることがわかって、二重にうれしいのです。

これまでいろいろなお客様をカットしてきましたが、特に印象に残っているのは、ガンで手術を控えていたお客様です。僕のスタイリングで、「きれいになって、生きる気力が湧《わ》いた。あなたのおかげで元気が出た」と言ってくれたのです。このときばかりは、美容師という仕事を選んで、本当によかったと思いました。

美容師はカットがよければ評価され、ダメならお客様が来なくなる、厳しい一発勝負の世界。相当なプレッシャーもありますが、だからこそ自分の力を出し惜しみせず、常に全力投球でやっていきたいです。

POINT
この仕事につきたい！

厚生労働大臣指定の美容師の養成学校を卒業し、国家試験に合格します。養成学校には、高校を卒業してから入るのが一般的です。

国家資格を取ったら美容院などに就職し、仕事を身につけていきます。新しい技術や流行のヘアスタイルを日々勉強していく努力が必要です。髪の毛に限らず、自分にコンプレックスがあって、人の悩みがわかる人が向いています。

POINT
10代へのメッセージ

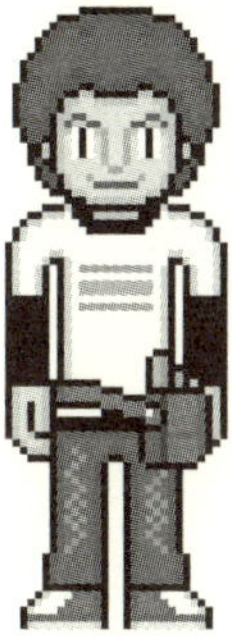

自分の好きなものが見つかるといいですね。そのための努力は努力ではなく、素直に一生懸命できるから。

この本では、79個の職業を8章に分けて紹介していますが、その職種ごとにアイコンをつけて、さらに細かく示しています。

アイコンの見方は下記の通りです。自分が興味を持っているアイコンがついているページから読み進めるといいでしょう。

あなたの「これから」の参考にしてくださいね。

計画を
立てることが好き

人と
接するのが好き

人の前で
話すのが得意

勉強が好き・
資格に興味あり

体を
動かすのが好き

子どもが好き

音楽が好き

食べることが好き

ものを
作ることが好き

山・川・海などの
自然が好き

美しいものが好き

人や動物の
役に立ちたい

機械・科学が好き
電化製品が好き

つきつめて研究
することが好き

ワクワク・ドキドキ
することが好き

※インタビューの収録は2004年から2006年にかけて行なわれたものです。
現在とは、内容が異なっている場合もありますが、ご了承ください。

第7章

体力で勝負する

体育会系のお仕事

職業▶ 救《きゅう》急《きゅう》救《きゅう》命《めい》士《し》

救急救命士

概要▶ 急病人やケガ人を救急車で病院に運ぶ救急隊員の中で、特に症状が重い急病人に、気道の確保や点滴など緊急の救命処置を行なうのが救急救命士です。救急救命士は1分1秒を争う危険な状態にある人を救うために、1991年に創設された資格で、全国にいる救急隊員の数は、約5万8000人（2005年4月1日現在）。救急救命士の資格を持つ人は、約1万5000人います。国家試験に合格しないといけません。

情報▶

INTERVIEW

氏名▶ 相《あい》内《うち》加《か》寿《ず》美《み》さん

経歴▶ 相内さんは1975年、東京都生まれ。高校卒業後、公務員になるための専門学校に通い、21歳で東京消防庁に入庁。救急隊員になってから、25歳で救急救命士の国家資格を取りました。現在は、東京消防庁玉川消防署に勤務しています。

救急救命士の仕事とは?

救急隊員のエキスパート 現場では、ひと呼吸置いて冷静に

私たち救急救命士は、救急隊の一員です。救急隊員は日本各地の消防署に勤務し、119番通報があると、3人1組で救急車に乗り込んで出動します。救急車の中では1人が運転、1人が後部座席で電話やコンピュータを使った搬送《はんそう》先探し。隊長は助手席に座ってマイクで交通整理をしたり、隊員に指示を出したりしています。

現場に到着したら、心電図測定器や酸素ボンベなどの医療資器材を持って急患のもとへ行き、血圧、脈拍《みゃくはく》、呼吸、体温などを調べ、必要に応じて心電図《しんでんず》を取ります。このとき、測定した数字だけにとらわれず、顔色や手の冷たさなどを確認するのも大事です。

患者さんの症状が軽い場合は応急処置をしますが、重症の場合は救急救命士が高度の技術が必要な「救命処置」を行ないます。

たとえば、人工呼吸の効果を高めるためにチューブを使って口からのどに空気の通り道を作る「気道《きどう》確保」や、心臓マッサージの効果を高めるための点滴をする「静脈《じょうみゃく》路確保」などです。

これらの救命処置は、昔は医師にしか認められていませんでしたが、心臓が停止した患者は3分放置されると死亡率は50％になってしまうので、一刻も早い救命処置が必要です。そのため、医師以外でも救命処置が行なえる、救急救命士が生まれました。

救命処置を終えたら、患者さんを救急車で病院へ運びます。患者さんが危険な状態になれば、救急車の中でも救命処置を行ないます。病院に到着したら、担当の医師に患者さんを引き渡し、それまでの症状や処置の内容を報告。ここまでが救急救命士の仕事です。

患者さんの命を救うために1分1秒を争う大変な仕事ですが、現場では常に冷静でいなくてはいけません。

私はいつも、救急車を降りたらまずひと呼吸置き、まわりをよく見渡して気持ちを落ち着けます。また、現場ではなるべく走らないように気をつけています。走って息が切れてしまったら、的確な処置はできませんし、救急隊員があわてていると、まわりの人に不安を与えてしまうからです。事故現場では私たちに危害が及ぶ場合もあるので、まわりをよく見て冷静に行動します。

救急隊員は24時間ぶっ通しで勤務し、翌日、次のチームと交代します。勤務中は、いつ出動の指令が入っても対応できるよう署内で待機し、外出は一切しません。その間、ミーティングや訓練を行なっています。食事はメンバーが持ちまわりで作りますが、出動が続く日はなかなか食べられないこともありますね。

２００５年1年間の統計を見ると、東京消防庁全体で1日に平均１８８１９件の出動がありました。東京消防庁には約２２０台の救急車があるので、1台の救急車が1日に約9回出動した計算になります。救急車を呼ぶ人は急病人が61%、ケガ人が15%、交通事故が12%です。

救急救命士になったきっかけ

子どものころからあこがれた仕事 一人でも多くの人を助けたい

私の母は看護師です。大変そうだけど、人を助ける仕事。私もいずれは、医療関係の仕事がしたいと思っていました。特に、人のために役立つ救急隊員に興味がありました。高校を卒業するとき、私は4人兄弟の長女なので、就職か進学かで迷ったのですが、母は自由に好きな道を選べと言ってくれました。それで、子どものころからのあこがれだった救急隊員になるため、公務員試験の勉強をする専門学校に進学。21歳のとき、念願の東京消防庁に入りました。

消防庁の新人はまず、消防庁にある消防学校で隊員としての心得や、消防、救急に関する基礎を勉強します。その後、配属先を指定され、1年間の研修を行ないます。当初、私は府中消防署の予防課へ配属されましたが、救急隊員を目指していたので、2年目に救急隊員になるための研修「標準課程」を受けました。救急隊員として救急車に乗るためには、消防学校で応急手当の方法やシミュレーション訓練など、合計２５０時間の研修を受けなければいけません。

私が救急隊員として初めて出動したのは、ひどい腰痛《ようつう》で動けなくなった男性の患者さんのところでした。命に別状はありませんでしたが、緊張して頭の中が真っ白に。隊長の指示がないと、何もできませんでした。そのとき隊長から、「焦《あせ》らずに自分ができることから始めればいい」と言われ、気が楽《らく》になったのを覚えています。

救急隊員は、患者さんや重い医療資器材を運ぶので、女性にはきつい仕事かもしれません。でも、人を救う仕事には大きなやりがいがあります。体を鍛えるために、休日はジムに通っています。

救急隊員になったあと、救急救命士を目指そうと思ったのは、現場で経験を積むにつれて、人を救うことにもっと深く関わりたいと思ったからです。救急隊員は重症で苦しんでいる患者さんに救命処置ができないので、それができる救急救命士になりたいと思いました。

救急救命士になるには、国家試験に合格しないといけません。国家試験を受けるには、救急車に合計2000時間乗るか、または救急隊員として5年間勤務することが条件です。さらに試験の前に半年間、消防学校で気道確保など救命処置の研修を受けなくてはならず、資格を取るには時間がかかって大変です。私は入庁してから4年目で、国家試験に合格しました。

この仕事をしていると、搬送中に患者さんが亡くなる場合もあり、精神的につらいこともありますが、時には元気になった患者さんが、消防署まで挨拶に来てくれることもあります。そういった人の笑顔を見ると、「この仕事をやっていてよかった」と思います。

今後、救急救命士ができる医療行為はさらに増える予定です。

ますます高度な医療技術が求められるので、もっと勉強して、一人でも多くの人の命を救えるように頑張っていきたいと思います。

POINT
この仕事につきたい！

救急救命士になる方法は2つあります。ひとつは、救急隊員になって実務経験を積み、講習を受けて国家資格を取る方法。もうひとつは、大学などで公衆衛生学や解剖学などの科目を受け、国家試験に合格してから、各自治体の消防官採用試験を受ける方法です。

一般的には、救急隊員の経験を積んでから資格を取る人が多いです。習得すべき知識も多く、また体力も要求される仕事です。

POINT
10代へのメッセージ

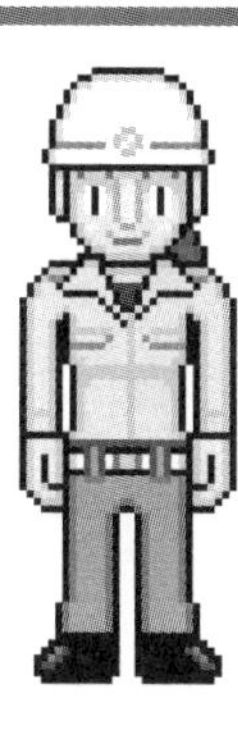

何でもいいので自分が一生懸命になれること、夢中になれることを見つけてください。頑張れば、たとえ結果が出なくても、あとで必ず自分の力になります。

職業 ▶

カーレーサー

概要 ▶ 世界や日本で開催される自動車のレースにレーシングチームのドライバーとして出場し、順位を競うのがカーレーサーです。レースによっては、車の最高速度が時速300kmを超えます。一瞬のミスが大事故につながることもあるので、運転技術はもちろん、冷静な判断力や集中力が必要。また、マシンの性能を十分に引き出すために、自動車に関する知識も要求されます。

情報 ▶ 

INTERVIEW

氏名 ▶ 井《い》原《はら》慶《けい》子《こ》さん

経歴 ▶ 井原さんは1973年、東京都生まれ。大学時代に生《なま》で見たカーレースに衝撃を受け、26歳でカーレーサーになりました。これまでに、フランスF3で入賞4回、マカオグランプリで女性初の3位、そして、2005年はイギリスF3に日本人女性として、初のフル参戦を果たしました。

カーレーサーの仕事とは?

クラッシュの恐怖より スピード感が気持ちいい

カーレースは車のタイプによって、いくつかの種類があります。F1のようにタイヤがむき出しで、屋根のないマシンで走る「フォーミュラーレース」や、乗用車タイプの車で走る「GTカーレース」などです。私はフォーミュラーレースのひとつ、イギリスF3に参戦しています。

イギリスF3はイギリスを中心にイタリア、フランスなど、ヨーロッパ各地を舞台に年間24レースを行ないます。マシンの最高速度は280キロ。F1ドライバーの佐《さ》藤《とう》琢《たく》磨《ま》さんもイギリスF3での活躍が認められ、Ｆ１に抜擢《ばってき》されました。つまり、Ｆ１ドライバーへの登竜門《とうりゅうもん》と呼ばれるレースなのです。

私はいつもレースの前に、コースを自分の足で歩いて下見します。歩くことでコースを覚えるだけでなく、路面の摩擦《まさつ》力を足で感じたり、道の傾斜や縁石《えんせき》の高さなども調べたりできるからです。そうしてコースをしっかりと確認してから、練習のフリー走行に臨《のぞ》みます。そのとき、実際にマシンで走って得た感覚を技術スタッフに伝え、マシンのセッティングを調整します。そして、いよいよ予選です。

予選はコースを1周するタイムを競い、速かった順に、本選のスタート位置が前になります。予選1位はポールポジションと呼ばれる、レーサーあこがれの場所です。私もポールポジションを取ったことがありますが、最高に気持ちのいいものです。そしてレース本番。すごいスピードで走り、相手を抜く瞬間がたまりません。

高速で走るレースに、スピンやクラッシュはつきもの。私は時速２００キロ以上でスピンしたことがあります。でも、マシンは安全第一に作られているので、大ケガすることはほとんどありません。シートベルトが両肩、両もも、腹と胸に計6本もあるのです。クラッシュの恐怖より、レースのスピード感が気持ちよく、スタッフが用意してくれたマシンを操ってよい成績が残せたときの達成感は、もうたまりません。

レースに出るためには、いくつか乗り越えなくてはならない壁があります。ひとつは体力。時速２８０キロのスピードで走ると、非常に強い風を全身に受けます。さらに急発進、急停止をすると、時速２８０キロの場合、自分の体重の3倍の力が体にかかります。レース中は風圧と重力で体が極限状態になり、心拍数が１６０ぐらいにまで跳《は》ね上がります。１００メートルを、全力疾走し続けているようなものなのです。

それに耐えるため、持久力や筋力を鍛えなければなりません。特に女性である私の場合は、男性の2倍のトレーニングをします。

また、レースに出るには、特別なライセンスが必要です。国内Ｂ級、国内Ａ級、国際Ｃ級、国際

Ｂ級、国際Ａ級と階級が上がり、その階級によって出られるレースが決まっています。イギリスＦ３だと国際Ｂ級のライセンスです。

もうひとつの壁が、お金です。レースに出るには、たくさんのお金がかかります。たとえばＦ３の場合には、マシンの開発だけでも億単位のお金が必要です。実は、ドライバーも自分が乗るマシンの開発費の一部を出しているので、営業活動をしてスポンサーを見つけなくてはいけません。レースの才能だけでなく、お金を集められる人でなければ、トップにはいけないでしょう。

カーレーサーになったきっかけ

レースクイーンからレーサーへ 傘を持っている場合じゃない

子どものころからスポーツが大好きで、テニス、水泳、スキーをしていました。スキーは、インストラクターの資格を持っています。夢はオリンピック選手で、高校生のころはモーグルスキーに熱中し、国内のいろいろな大会に出場しました。

そんな私に転機が訪れたのは、大学の合格発表の帰り道のこと。モデル事務所にスカウトされたのです。最初は迷いましたが、モーグルスキーの遠征費用が欲しくて、モデルを始めました。モデルの仕事のひとつにレースクイーンがあり、初めてカーレースのサーキットに立ったのです。そしてＦ３０００のレースを見たとき、音やスピード、サーキットに漂う緊張感を肌で感じて、「傘《かさ》なんて持っている場合じゃない！　私も走ってみたい！」と思ったのです。

普通免許を持っていなかったので、すぐに教習所に通い、免許を取ったあと国内Ｂ級のライセンスを取りました。国内Ｂ級ライセンスは、日本自動車連盟の講習会を受ければ取得できます。

ライセンスを取ったあともレースクイーンをしながら、トレーニングやマシンの勉強をしました。さらに、ドライビングスクールのインストラクターの仕事も始め、コースでドライビングの練習をしたり、開発者にメカのことを教えてもらったりと、夢中で勉強しました。またレースにはお金が必要なので、洋服も買わずにひたすら貯金して、１０００万円くらい貯めました。

そしてようやく26歳でレーサーデビューし、GTカーレースに出場しました。最初は怖《こわ》くて本気でアクセルを踏めずにいたら、スタッフに「やる気があるのか！」と怒鳴られ、吹っ切れて無我夢中で走ったところ、結果は3位。表彰台でF1チャンピオンのシューマッハー選手に、「君もレーサーなら、僕のところにおいで」と声をかけられ、絶対にF1に行くと決めました。

　その後、イギリスのレーシングスクールでフォーミュラカーの練習を始め、数々のレースに参加し、何度も表彰台に立ちました。順調にステップアップしていったのですが、２００２年、不況のためにスポンサーが降りてしまい、レースに参加できなくなりました。その間、日本に帰ってスポンサー探しをしました。企画書を書いてたくさんの企業をまわりましたが、いい返事をもらえず、本当に辛《つら》い半年間でした。

　その辛《つら》い時期を乗り越え、今年もF3で走ります。私の夢は、今も変わらずF1ドライバーになること。シューマッハー選手に会ったら、「あのとき、夢と希望を与えてくれてありがとう！」と伝えたいですね。

POINT

この仕事につきたい！

　まずは、日本自動車連盟（JAF）の会員になって、ライセンスの講習に参加。レーサーの国内B級ライセンスを取り、レースで実績をあげます。子ども用のカートレースもあるので、子どものうちから経験を積んでおくと有利。

　エンジニア、メカニック、スポンサーなど、多くの支援がないとできない仕事なので、他人の気持ちがわかる人間になり、人間関係を大事にしましょう。

POINT

10代へのメッセージ

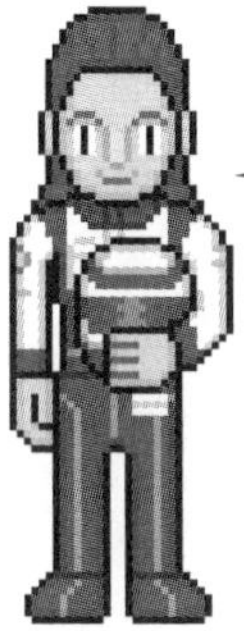

既成概念を持たなければ、不可能ということはないと思います。何事もあきらめず一歩一歩頑張ってください！

職業▶
ライフセーバー

概要▶ ライフセーバーとは、海やプールなど水辺で起こる事故を防ぐためにパトロール活動を行なう人のこと。遊泳禁止の場所で遊ぶ人や、溺《おぼ》れている人がいないかを監視し、万が一事故が起こったときには救助活動を行ないます。そのため、人工呼吸、心臓マッサージなど人命救助の技術も必要です。そして何よりも、人々の安全を守りたいという熱いハートが求められます。

情報▶

INTERVIEW

氏名▶ 石《いし》井《い》英《えい》一《いち》さん

経歴▶ 石井さんは1975年、岡山県生まれ。大学まで競泳の選手として活躍。卒業後、泳ぎを活《い》かせるライフセーバーになりました。その後、さらに腕を磨《みが》こうとオーストラリアへ1年半留学。5年前に帰国し、現在は日本各地の海水浴場で活躍しています。

ライフセーバーの仕事とは?

一番大事なのは、事故を未然に防ぐこと

ライフセーバーは１００年くらい前にオーストラリアで生まれ、世界中に広がりました。国際ライフセービング連盟という国際的な団体があり、89の国と地域が加盟しています。日本では、日本ライフセービング協会がライセンスを発行していて、そのライセンスを持っている人は全国に１万８０００人。そのうち、実際にパトロールなどの活動をしているのが７０００人と言われています。一見、たくさんいるように思えますが、実は足りなくて、約１３００カ所の海水浴場のうち、

ライフセーバーがいるのはわずか177カ所で、全体の2割にも満たないのです。だから、もっとライフセーバーになる人が増えて欲しいですね。

僕は千葉の富津《ふっつ》海岸や茨城の波崎《はさき》海岸、神奈川の辻堂《つじどう》海岸など、いろいろな海岸でライフセービングの活動をしています。パトロール中、溺《おぼ》れた人を救助したこともありますが、実は、ライフセーバーの一番の仕事は人を救助することではなく、事故を未然に防ぐこと。救助よりもパトロールが大事なのです。

ライフセーバーは、海水浴客が来る前にトレーニングをするため、朝の早い仕事です。大体朝の6時には、ビーチに行きます。朝のトレーニングが終わると、パトロール前に海岸のゴミ拾いをします。ビーチに落ちているガラスや缶などを踏んで、ケガをする人もいるからです。

その日の波の高さや風の強さを見て、泳ぐのに問題がなければ「青」、注意したほうがいいときは「黄」、危険で遊泳禁止のときは「赤」の旗をビーチに立てます。

何より重要な仕事は、海のその日の水の流れを確認することです。波は通常、沖から岸に向かいますが、海の中には「リップカレント（離岸流）」と呼ばれる、岸から沖へ向かう川のような流れがあります。その流れに一度入ってしまうと、泳ぎに自信がある人でも、どんどん沖に流されてしまいます。カレントの位置は毎日少しずつ移動するので、毎朝必ず海に入って確認し、そこを避けて遊泳区域のブイを立て、カレントのそばに監視役を置くなど、万全の準備を整えます。

パトロールは、大体10人くらいで行ないます。1日に数万人の海水浴客が来るので、一人ひとりの行動を見張ることは不可能です。そこで、ビーチに設置された2メートルくらいの高台にのぼり、カレントや海底が深くなっている場所などを重点的に監視します。また、監視役と注意役が2人1組となり、監視役が危険を感じたら、注意役をそこへ急行させます。特に気をつけるのは、お酒を飲んでいる人と泳ぎが苦手な人です。

もし万が一、溺れたり沖に流されたりした人を見つけたら、レスキューボードという大きなサーフィンボードに乗って救助に行きます。そして、レスキューチューブにつかまらせるか、ボードに乗せて陸まで運びます。陸に着いたら意識があるかを確認し、ない場合は人工呼吸や心臓マッサージなど、状況に合わせて心肺蘇生《そせい》術を行ないます。

助けに行くのは一人ですが、救急車を呼んだり溺れた人をタンカで運んだり、人だかりを整理したりなど、みんなで分担して救助活動をするため、チームワークが何よりも大切です。

ライフセーバーになったきっかけ

自分が救助されて知った海の怖さと命の大切さ

水泳との出あいは小学校2年生のとき。僕はぜんそくで体が弱く、鍛えるために始めましたが、泳ぐうちにタイムが伸びて、高校時代は全国大会でも活躍しました。大学では、１９８８年のソウル五輪で背泳ぎの金メダルを取った鈴木大地さんに、コーチをしてもらいました。

水泳だけでなく、子どものころから音楽が好きで、大学時代、夜11時に水泳の練習が終わると、夜中はクラブに通い、ＤＪをしていました。ＤＪの仕事に集中したくて、水泳をやめようと考えたこともありましたが、大学3年生の夏に、自分の人生を決めるきっかけがありました。友だちに誘われて海水浴に行き、初めてライフセーバーを目撃したのです。このとき、「自分の泳ぐ力を活《い》かすのはこれだ！」と確信しました。

ライフセーバーには、日本ライフセービング協会の認定試験に合格しないとなれません。僕は大学を卒業後、1年間は講習会などに参加してライフセーバーの勉強をし、翌年の5月にライセンスを取りました。試験は海の知識を問う問題や心肺蘇生法の実技、そして、「ラン・スイム・ラン」という、人を救助する一連の動作を競技にしたものでスピードを競います。

ライセンスを取ったあとは、海開きに備えて先輩のライフセーバーと一緒に、江ノ島でトレーニングをしました。そのトレーニング中に僕は事故にあったのです。ＤＪの仕事で徹夜をした翌日、そのままサーフスキーに乗ってトレーニングをしていたら、その日は強風で、体力も弱っていたせいか、自力では帰れないほど沖に流されてしまいました。運よくトレーニング中の先輩に助けてもらえましたが、救助がくるまでは孤独感と恐怖心でいっぱいでした。陸に戻っても、しばらくは体が震《ふる》えていましたね。自分が助けてもらって初めて、海の怖《こわ》さや命の大切さ、救助された人を安心させることが、どれだけ大事かわかったのです。同時に自分の未熟さを痛感してＤＪをやめ、ライフセービングの本場・オーストラリアで鍛え直そうと決めました。

　オーストラリアの波は壁のように高く、とてもハードでしたが、おかげで海のカレントを利用して救助に向かう技術を、身につけることができました。日本とオーストラリアを比べて大きな違いは、オーストラリアではライフセーバーが尊敬の

眼差《まなざし》しで見られているということです。日本ではまだ、ライフセーバーの存在を知らない人もいます。そのせいで事故にあい、亡くなってしまう人も多いのです。日本でも、ライフセーバーがもっと認知されるように活動を続けたい。そしていつか、若き日の私を救助してくれた、命の恩人である先輩ライフセーバーを超えられるように頑張っていきたいです。

POINT
この仕事につきたい！

　日本ライフセービング協会が行なっている講習会を受けます。講習会は基本的な体力があれば、誰でも参加できます。そこで海に関する知識やレスキュー機材を使った救助法、応急手当のやり方など、ライフセービングの基礎を学んで、必要なライセンスを取ります。

　その後、各地のビーチにあるライフセービングクラブに参加します。

POINT
10代へのメッセージ

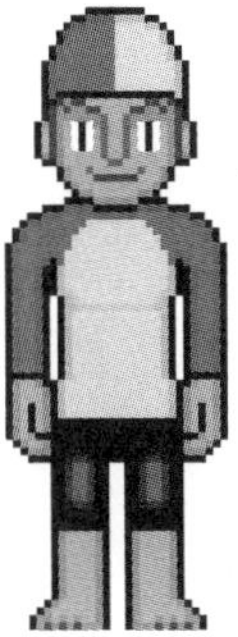

何か目標や夢を持って1日1日を大事にしましょう。目標や夢に向かって一生懸命頑張っている人には、必ず誰かが応援してくれて、力を貸してくれるはず！

職業▶

レスキュー隊員《たいいん》

概要▶ レスキュー隊員とは、消防庁に所属する消防士の中で、特に人命救助を専門とする人たちのこと。火災や交通事故、水難事故、山岳事故などの現場に急行し、人命救助を行ないます。災害現場では救助を求める人たちだけでなく、隊員自身の命も危険にさらされるため、毎日厳しい訓練を積んでいます。特にチームワークが大切なので、コミュニケーション力が問われます。

情報▶

INTERVIEW

氏名▶ 舟生一記《ふにゅうかずき》さん

経歴▶ 舟生さんは1971年、東京都生まれ。大学を卒業後、東京消防庁に入庁し、4年目にレスキュー隊員になりました。現在は、江戸川消防署でレスキュー隊員として活躍しています。

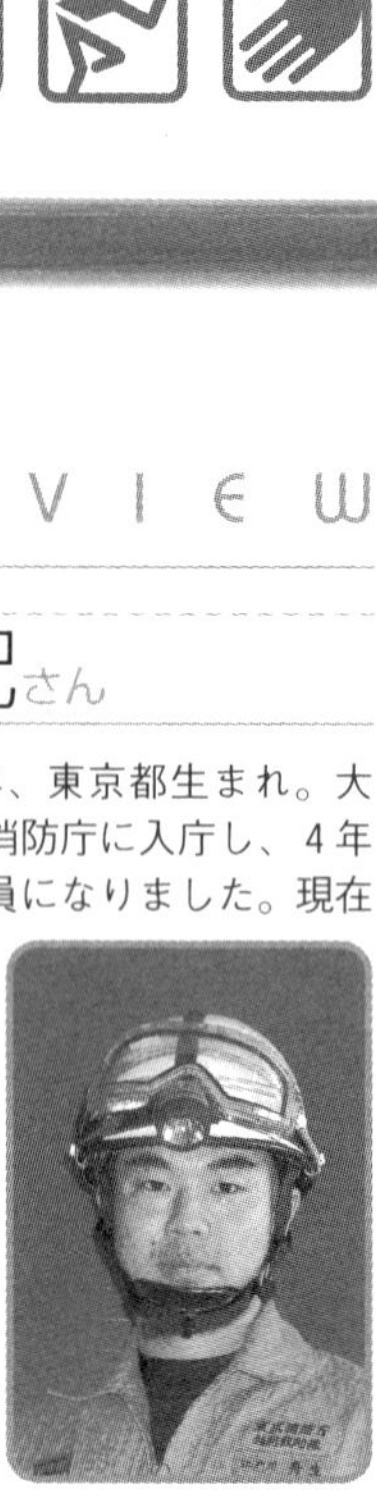

レスキュー隊員の仕事とは?

命がけで人を救助 レスキューのあとには誰もいない

消防署ではレスキュー隊、消防隊、救急隊など、いろいろな部隊が仕事を分担しています。その中で火災に限らず、交通事故や地震などの災害が発生したとき、人命救助に向かうのがレスキュー隊員です。

レスキュー隊員は、レスキュー車という特別な車で出動します。この車には、重いものを持ち上げるクレーンや牽引《けんいん》用ワイヤーなど、人命救助に使う機材が100種類以上も搭載《とうさい》されています。東京消防庁の場合、この車に5~6人のレスキュー隊員が乗って、救助現場に向かいます。

レスキュー隊員が出動するのは、高層ビルの火災や車が何台も玉突き衝突した事故の現場、土砂崩れの現場などさまざまです。何が起こるかわからないので、恐怖を感じることもあります。火災現場で、いったん消火と思って安心していたら、いきなり勢いよく燃え上がったり、化学薬品を積んだ車が横転した事故現場で、急に薬品が爆発したりと、いつも危険と隣り合わせです。

しかし怖いからといって、レスキュー隊員が逃げたら、あとには誰もいなくなってしまいます。危険な状況にある人を救助するのが僕たちの仕事ですから、体力はもちろん、精神的にも強くないとダメですね。

レスキュー隊員は24時間の勤務を、3つの部隊が交代で担当します。勤務中は、いつでも出動できるように外出はしません。多い日には1日に5件も出動することがあります。

出動のないときは、主に訓練をしています。消防署の敷地内に、訓練のための高さ10メートルくらいの施設があります。この施設を高層マンションの一室に見立てて救助の練習をするなど、実戦に即した状況を設定して訓練しています。レスキュー隊員は、一人では救助できません。普段の訓練の中で、チームワークを高めるようにしています。

チームワークと言えば、食事は隊員が持ちまわりで作っています。外出ができないからでもありますが、自分たちが料理を作ることで、隊員同士のコミュニケーションを深める意味もあります。まずいものを出して仲間に文句を言われないように料理を勉強しているので皆、料理が上手です。

レスキュー隊員に最も大切なのは、救助する人はもちろん、仲間からも信頼を得ること。協力して救助するために、自分も仲間を信じますし、仲間にも信じてもらえるように努力しています。

レスキュー隊員になったきっかけ

父の背中を追って消防士へ 本気になれる仕事を見つけた

僕は幼稚園のころ、七夕の短冊《たんざく》に「プロ野球選手か消防士になりたい」と書きました。野球が好きだったことと、父が消防士だったのであこがれたのでしょう。

野球は小学校5年生で野球少年団に入ってから、大学まで本格的に続けました。しかし、父の消防士として誇りを持つ生き方にあこがれて、最終的に僕は消防士の道を選びました。

大学を卒業して公務員試験を受け、東京消防庁に入庁。憧れの消防士になりました。消防士も責任重大なやりがいのある仕事ですが、消防士の中でも選ばれた人だけでチームを組むレスキュー隊員は、輝いて見えました。先輩レスキュー隊員が必死の形相《ぎょうそう》で訓練している顔を見て、「これこそ自分の限界に挑戦できる仕事だ」と思い、僕もレスキュー隊員になることを決意したのです。

レスキュー隊員になるための試験は、1年間に一度あります。僕の1回目の挑戦は、腕立て伏せの試験で落ちてしまいました。これは普通の腕立て伏せではありません。高さ35センチくらいの台に足を乗せ、前傾姿勢で行ないます。2秒に1回のペースで、60回を目安にやるのですが、選抜試験なので何人か脱落するまでやります。結局、合格ラインは100回前後。しかも、ちゃんと腕を曲げて伸ばさないとカウントしてくれないので、相当厳しい試験です。この他に、懸垂《けんすい》や腹筋《ふっきん》、1500メートル走などの試験もあります。

同期の中には一発で合格した人もいて悔《くや》しい思いをしましたが、1年後の試験までにもっと体を鍛えて、次は即戦力として合格してやろうと前向きに頑張りました。それからは消防士の仕事をしながら、毎朝ランニングや筋力トレーニング、その間にレスキュー隊員に必要な資格も取りました。

普通、レスキュー隊員に合格してから必要な資格を取るのですが、僕は事前に取っておこうと思ったのです。密閉《みっぺい》された地下などで安全に作業するための「酸素欠乏危険作業主任者」や「四級小型船舶操縦士」、クレーン車に荷物を掛けるのに必要な「玉掛け技能」などの資格です。

1年後の試験で晴れて合格。念願のレスキュー隊員への道が拓《ひら》かれました。しかし、その後の研修はそれまで消防士として受けた研修とは比べものにならないくらい、ハードなものでした。1カ月半かけて体力、救助技術、そして、何より心を鍛えました。朝、昼、夕方と限界まで体力を鍛え、合間に救助技術を学ぶのですが、一瞬一瞬に気が抜けないのです。12人の教官が常に目を光らせて、気の緩《ゆる》みがあったら厳しく怒られます。

研修中は、学んだことや教官に言われたことを毎日、日記につけました。今でも初心に返るため、たまに読み返して、辛《つら》かった研修を思い出すことがあります。

僕が初めてレスキュー隊員として出動したのは、トラックの事故現場です。緊張して、自分に何ができるのか不安でしたが、先輩の指示通り、あわてることなく救助することができて、自分でも誰かの役に立てると自信が持てました。

レスキュー隊員は体力的にとてもハードなので、35歳が定年です。隊長になれば、45歳まで続けることができます。僕は長く現場で貢献《こうけん》したいので、隊長になりたいと思っています。そのためにこれからも日々、体と心を鍛え抜くつもりです。

POINT この仕事につきたい！

消防署に入って消防士として1年間、現場の経験を積み、レスキュー隊員になるための試験を受けます。試験は救助の知識を問う筆記試験と体力試験、面接試験です。

レスキュー隊員の仕事はとてもハードなので、体力に自信をつけるために、日ごろからのトレーニングが大切です。

POINT 10代へのメッセージ

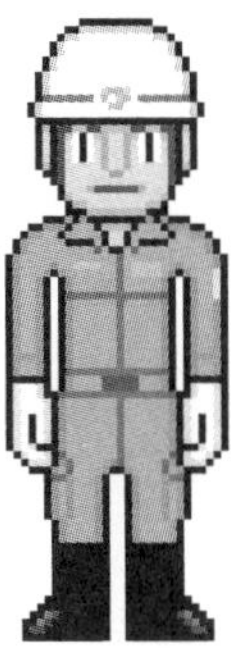

1日を大切に。その瞬間を大切に。自分を産んでくれた人を大切に。お世話してくれる人を大切に。そうすれば、自分が一生懸命できる何かをつかむチャンスに出あえるはずです。そしてそのとき、結果を気にせず挑戦してみてください。たとえ失敗しても、くじけそうになっても、きっとよい人生につながります。

職業▶
プロレスラー

概要▶ プロレスラーとは、プロレス団体に所属し、プロレスの試合に出場して戦う選手のこと。プロレスはロープに囲まれた四角いリングの上で、相手を押さえ込んで3カウントを奪うか、ギブアップを奪うことで勝敗を決めます。プロレスラーには強靭《きょうじん》な体力と精神力と、お客さんを喜ばせるパフォーマンス精神が必要です。

情報▶ 

INTERVIEW

氏名▶ 小島《こじま》　聡《さとし》さん

経歴▶ 小島さんは1970年、東京都生まれ。高校を卒業してサラリーマンとして働いたあと、仕事を辞めてプロレスラーになったという、異色の経歴の持ち主です。全日本プロレスの三冠ヘビー級チャンピオンで、2005年のプロレスラーナンバー1を決めるプロレス大賞のMVPも獲得しました。

プロレスラーの仕事とは?

体ひとつでお客さんに感動と興奮を与える仕事

格闘技には、キックやパンチだけで相手を倒すものや、寝技で相手をギブアップさせるものなどいろいろあります。プロレスは打撃技も寝技もあり、さらには豪快に投げたり、ロープを使って空中から攻撃したりと、派手でスリリングな戦いを繰り広げます。プロレスは総合エンターテイメントと言われ、お客さんに楽しんでもらうことが第一です。タイトルのかかった緊張感のある試合もあれば、笑って楽しめる試合もあります。試合数は年間に約１００試合。2週間連続で試合をして、

２週間休むというのが基本的なサイクルです。

プロレスラーは、必ず自分の得意技を持っています。僕の得意技は、相手の胸元に腕《うで》を叩《たた》きつけるラリアットです。それぞれの体格やレスリングスタイルに合った得意技を、自分で身につけます。

身軽で運動神経がよければ、ロープを使ったアクロバティックな技を考え、筋肉マンはラリアットなど、肉体を相手にぶつける技を考えます。僕はムキムキの肉体で派手に相手にぶつかっていき、お客さんを「ハラハラ、ドキドキ」させる試合をするタイプのレスラー。お客さんを盛り上げるために、「行っちゃうぞ、バカヤロー！」なんて叫びながら技をかけることも。レスラーにはお客さんをあおる、パフォーマンスも必要です。

わざと、相手の技を受けることもあります。技を受けても平気だとアピールすることで、自分がいかに鍛えているかを見てもらうのです。痛そうな技を受けてすぐに立ち上がると、お客さんは「すごい！」と盛り上がります。そのためには体を鍛えるだけでなく、どんな角度からマットに落とされても、ダメージを最小限に抑える「受身」の技術を身につけないといけません。プロレスラーの練習は、受身をマスターすることから始め、相手に技をかける練習はその次です。

僕たちプロレスラーは、リングの上では興奮しているので相手の技を受けても痛みを感じません。しかし試合後、シャワーを浴びているときに急に痛くなることがあります。

試合中に、頭からマットに落ちて意識がなくなってしまうこともあります。そういう過酷《かこく》な試合をこなすためには、普段のトレーニングが何より重要です。ジムで１４０キロのベンチプレスを使ったウエイトトレーニングと腕立て伏せ、腹筋《ふっきん》トレーニングは５００回ずつ、スクワットは１０００回くらい。練習で自分の体をとことんいじめ抜くことは、試合中、どんなに苦しくてもあきらめない精神力を養うトレーニングでもあります。

プロレスラーになったきっかけ

失恋がきっかけでレスラーに　誰かを勇気づける仕事に誇り

僕は子どものころから体も大きく、大のプロレスファンでした。小学校の卒業文集に、「プロレスラーになって、チャンピオンになる」と書いたほどです。高校時代はプロレスラーになるために、柔道部に入って体を鍛えました。本当は、そのままプロレスラーになりたかったのです。しかし、僕は気の弱い小心者で、両親や先生に「お前には無理だ」と言われて自信が持てず、結局、ガス機器の会社に就職しました。ガス機器の修理をする仕事は楽しく、仲間や上司がいい人ばかりで、毎日充実していましたが、20歳のときに、大きな転機が訪れました。

当時大好きだった彼女にフラれてしまったのです。すべてを失った気がして、何もやる気が起こらなくなってしまいました。このままじゃ自分がダメになると不安になり、彼女のことを忘れるためにも、何かに打ち込もうと思い、ジムで体を鍛えることにしたのです。

そして通ったのが、元プロレスラーのアニマル浜口さんのジムです。アニマルさんの鍛え上げられた体を見たとき、「俺も鍛えてあんなふうになりたい！　やっぱりプロレスラーになりたい！」と、かつての夢がよみがえってきたのです。それから本気で鍛え始め、3カ月後にプロレスの入門テストを受けました。

プロレスの入門テストは団体によって違いますが、全日本プロレスの場合、スクワット５００回、腕立て伏せ１００回、腹筋１００回などの体力テストがあります。回数をこなすことも大事ですが、それをやり切ろうとする強い意志も評価されます。

テストに合格して入門したら、まずは練習生として合宿所に入り、先輩の食事を用意したり、会場の準備をしたりしながら、体を鍛えていきます。派手なかっこいい技にあこがれて入門する人が多いですが、現実はスクワットや受身など地味でハードな練習ばかりで、ほとんどの人が辞めてしまいます。僕と一緒に入門した同期の7人は、もう全員辞めてしまいました。

厳しい練習に耐え、デビュー戦を迎えたのは、入門して半年後のことです。四方をお客さんに囲まれたリングに立ったのは、このときが初めてでした。試合は、お客さんの視線に舞い上がってしまってすぐに息が切れ、相手にまったく歯が立ちませんでした。試合内容も覚えていないほど、緊張しましたね。

　初勝利をあげたのが、デビューして8カ月後。それまでずっと勝てなくて、「自分には才能がないんじゃないか」と落ち込みました。それでも頑張れたのは、やはりファンの声援があったから。特にファンレターをもらうのが、何よりの励《はげ》みになりました。今も、「つらいことがあったけど、試合を見て勇気づけられた」とか「励まされた」という内容の手紙がたくさん届きます。

　僕のファイトが誰かを勇気づけたり、励ましたりできるなんて、最高にうれしい。プロレスをすることで、少しでも人の役に立てていることに喜びを感じています。

　僕は、これからも全力で完全燃焼《ねんしょう》するファイトを見せ、そして誰かが僕を見てプロレスラーになりたいとあこがれてくれるようなレスラーになりたいと思っています。「無事《ぶじ》これ名馬《めいば》」という言葉がありますが、大きなケガをしないで、少しでも長い間、現役でファンを元気づけられるように、頑張っていきたいです。

POINT
この仕事につきたい！

　プロレス団体の入門テストを受けて、合格します。入門の条件やテストの内容は団体によって違います。入門後は、過酷なトレーニングに打ち勝たないといけません。アマチュアレスリングの選手からなる人もいれば、まったくの未経験からなる人もいます。

　技術や体力も大切ですが、何よりも、プロレスを愛することが一番大事です。

POINT
10代へのメッセージ

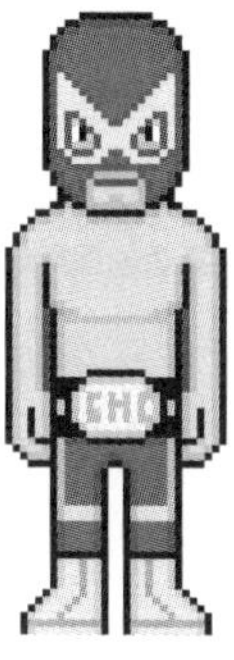

　とても多感な時期だから悩みが多いと思うけど、何かひとつでも夢中になれることを見つけて欲しいと思います。そうすれば、いろいろな道が拓《ひら》けると思います。

この本では、79個の職業を8章に分けて紹介していますが、その職種ごとにアイコンをつけて、さらに細かく示しています。

アイコンの見方は下記の通りです。自分が興味を持っているアイコンがついているページから読み進めるといいでしょう。

あなたの「これから」の参考にしてくださいね。

計画を立てることが好き

人と接するのが好き

人の前で話すのが得意

勉強が好き・資格に興味あり

体を動かすのが好き

子どもが好き

音楽が好き

食べることが好き

ものを作ることが好き

山・川・海などの自然が好き

美しいものが好き

人や動物の役に立ちたい

機械・科学が好き電化製品が好き

つきつめて研究することが好き

ワクワク・ドキドキすることが好き

※インタビューの収録は2004年から2006年にかけて行なわれたものです。
現在とは、内容が異なっている場合もありますが、ご了承ください。

第 8 章
人を感動させる
クリエイティブ系のお仕事

職業▶ 絵《え》本《ほん》作《さっ》家《か》

絵本作家

概要▶ 絵本作家とはその名の通り、絵本を作る人のこと。ストーリーの文章と、その内容に合った絵をすべて１人で書く人もいれば、絵だけを描く人、文章だけを書く人もいます。特に女性に人気の仕事ですが、男性の絵本作家もいます。最近の絵本は子どもだけでなく、若い女性向けのものなどもあり、大人の読者が増えています。

情報▶

INTERVIEW

氏名▶ あだち なみさん

経歴▶ あだちさんは1974年、岐阜県生まれ。美術大学を卒業後、おもちゃメーカーに入社、その後、絵本を出版するプロジェクトに参加し、2003年、『くまのがっこう』（ブロンズ新社）で絵本作家としてデビュー。同シリーズは、10冊で合計約69万部の大ヒット。現在はフリーで活躍しています。

絵本作家の仕事とは？

自分がきれいだと感じる色で細かい部分まで描く

私は『くまのがっこう』シリーズで絵を担当していて、ストーリーの文章は作家のあいはらひろゆきさんが書いていています。この絵本は、12匹のくまたちが暮らす寄宿学校を舞台に、その中で一番年下の女の子、ジャッキーの何気ない1日を描いた作品です。

私の場合はまず、あいはらさんにストーリーを作ってもらってから、そこにどんな絵が必要かを考えて、ラフ（下描き）を描きます。その絵を見ながら、2人で話し合ってストーリーの細部を決めていきます。ラフではいろいろなパターンの絵を描きます。たとえばくまたちがパンを持って歩くシーンなら、パンを抱えて歩く、引きずって歩くなど、5パターンくらいを描き、その中から「パンを地面に引きずるのは汚いから、やめよう」などと話し合って、使う絵を決めるのです。

私は絵本作りの工程で、ラフを描いて話し合う、この作業が一番大事だと思っています。最初は描きながら、「この絵でいいのかな？」と、イメージがはっきりしない部分もあるのですが、話し合っているうちにストーリーが膨《ふく》らんで、何を描くべきかがわかってくるのです。

2人で絵本の内容を決めたら、ストーリーに合わせて下描きの絵を仕上げ、編集者にチェックしてもらいます。変更点があれば話し合って描き直し、編集者のＯＫが出てはじめて、水彩の絵の具で色を塗っていきます。水彩は色が鮮やかで、紙に滲《にじ》む感じが温《あたた》かい印象になるので愛用しています。

この絵本の場合、色を塗った絵は、スキャナーでパソコンに取り込んでプリントアウトし、これで完成です。パソコンに取り込むのは手間がかかるのですが、こうすることで、絵にレトロな質感が出るのです。

一冊の絵本が完成するまでに、大体3カ月くらい。絵本を読むのは主に子どもですが、キレイなものを感じる感性は大人も子どもも一緒なので、子どもの好みを第一に考えて描くのではなく、私自身がかわいいと思う登場人物や、きれいだと感じる色合いにすることを心がけます。

この仕事をしていて何よりうれしいのは、絵本を読んでくれた人の反応がよかったとき。読者アンケートのハガキに、「子どもと一緒に本を読む時間ができてよかった」とか、「いたずら好きなジャッキーがうちの子に似ている」などと書いてあると、やっててよかったなあと思います。

「絵本に登場する服や小物がかわいい」と書いてくれる人もたくさんいて、絵をすごく細かいところまで見てくれていることがわかります。そこで、絵本の中にストーリーとは関係のないネズミの「チェリー」や、小鳥の「ピッピとチッチ」などのキャラクターを小さく描いて、「チェリー」がどこにいるんだろう」と、子どもとお母さんが一緒に探して遊んでもらえるようにしています。描いている私も、「これ、気づいてもらえるかな?」と楽しみながらやっています。

私はストーリーを書く経験がないのですが、絵だけの絵本もよくあるので、いずれ1人で一冊の絵本を作ってみたいとも思っています。

絵本作家になったきっかけ

成り行きで始めた仕事が、今は一生の仕事になった

私は小さいころから絵を描くのが好きで、小学校の休み時間には、いつも友だちと絵を描いていました。特にそのころはオシャレに興味を持ち、かわいい洋服を着た人の絵ばかり描いていて、将来は着せ替え人形の服をデザインする仕事がしたいと思っていました。

大学は好きな絵を学ぶために、美術大学に進学。グラフィックデザインを専攻したのですが、就職はやっぱり着せ替え人形の服のデザインがしたかったので、おもちゃメーカーに入りました。違う部署への配属となりましたが、そこではテディベアと出あい、雑貨のデザインをしていました。

その会社を1年ほどで辞めて、退職後は自分で描いた女の子のイラストやグッズのデザイン画を、いろいろなデザイン会社に持ち込みました。インターネットで送るカードのデザインを描く仕事などもやりましたが、続けて仕事がもらえず、最初の2年間は生活が苦しかったですね。

そんな私にチャンスがきました。ファンだった洋服デザイナーに絵を送ったところ、「仕事を手伝ってほしい」と言ってもらえたのです。そして、洋服の模様などをデザインする仕事を始めました。

仕事が順調に進み、生活が安定してきたころ、また大きな転機がありました。今、一緒に絵本を作っているあいはらさんと知り合い、彼がおもちゃメーカーで絵本のキャラクターを作るプロジェクトを始めるときに、「一緒にやらないか」と誘われたのです。洋服の仕事もあったので迷いましたが、おもしろい仕事ができそうだと思い、あいはらさんのいる会社に転職しました。その後しばらくは、キャラクターグッズのデザインをしていましたが、プロジェクトチームで絵本を作ることになり、そこでただ1人のデザイナーだった私が、絵を描くことになりました。そのときに作った絵本が、『くまのがっこう』です。

　私は絵本を描いたことがなかったので、最初は戸惑いました。特に、絵本が持つみんなに長く愛される世界観を出すには、どうしたらいいかを悩みましたね。そのとき私が参考にしたのは、インテリアの雑誌。雑誌の家具や雑貨を見てイメージを膨らませました。こうして作った初めての絵本は、皆さんから好評をいただいて大成功。

　主人公のくま、ジャッキーのぬいぐるみも製造することになり、そのデザインと着せ替え用の服も私がデザインしました。「着せ替え人形の服を作る」という夢も実現できたのです。

　絵本の魅力は、何年経《た》っても何回でも見てもらえることだと思います。

　最初は成り行きで始めましたが、そういった作品を作ることができる絵本作家という仕事に、今は誇りを持っています。

POINT
この仕事につきたい！

　まずは自分で絵本を描いてみましょう。そして、その作品を出版社の編集部に送って見てもらったり、アマチュア向けのコンテストに応募したりして、きっかけをつかみます。中には、自費で出版する人もいます。

　特に資格などは必要ありませんが、絵は美術系、芸術系の大学や専門学校で基礎を学んだほうがよいでしょう。

POINT
10代へのメッセージ

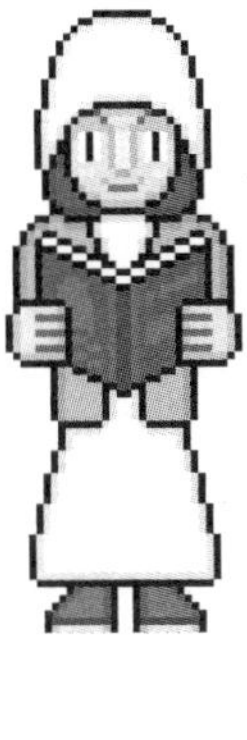

自分が立ちたい位置へ、自分で自分を持っていって欲しいなぁと思います。その間には、大変なこともたくさんありますが、その分、楽しいことやうれしいこともいっぱいあります。楽しいことを見つけて、頑張ってください。

職業▶

シューズクリエイター

概要▶ シューズクリエイターは、靴をデザインし、さらに工場での生産から店頭に並ぶまで、靴作りのすべての工程を管理します。各工程には専門の職人さんがいて、職人さんに靴のデザインを伝え、話し合いながら靴を作っていくのです。いいデザインを考えるために、流行には敏感でないといけません。自分ならではの靴を作りたいという人も多く、人気のある仕事です。

情報▶

INTERVIEW

氏名▶ 高《たか》山《やま》雅《まさ》史《し》さん

経歴▶ 高山さんは1972年、兵庫県生まれ。実家が靴メーカーで、高校を卒業後、靴作りの専門学校に通いました。家の仕事を手伝ったあと、27歳で独立。自分のブランドを立ち上げました。高山さんの靴は地元の神戸だけでなく、東京や大阪などの店頭にも並び、若い女性に支持されています。

シューズクリエイターの仕事とは?

常に流行を先読みし、自分のアイデアを形にする

僕は、パンプスやサンダル、ブーツなど、20代の女性を対象にした靴を作っています。甲の部分にリボンを付けたものなど、かわいい系の靴が多いですね。

靴作りは、デザイン画を描くことから始まります。シューズクリエイターの主な仕事が、このデザイン描きで、靴を上から見た図と、正面から見た図を手描きします。そして、使う革や生地などを指定したあとに、このデザイン画をもとにして、職人さんに靴の木型《きがた》を作ってもらいます。これは、紙に描いた平面のデザインを立体的な形にする重要な作業。つま先のカーブひとつ取ってみても、いざ立体的にしてみると、たった数ミリの違いで靴の形や印象がまったく違ってきます。僕のイメージ通りの木型がなかなかできず、これだけで何カ月もかかることがあるんです。

　木型ができたら型紙《かたがみ》を作り、その型紙を使って革や生地《きじ》を裁断します。それを縫製《ほうせい》して、最後に靴底を付ければ完成です。デザインしてから、靴ができるまでに、大体1カ月くらいかかります。

　靴作りは分業制で行なっています。工程ごとに熟練した技術を持つ職人さんがいて、彼らが靴を作るのです。僕が直接やるのは、デザイン画を描くことだけですが、各工程の職人さんたちと話し合いながら、靴作りの全体をチェックしています。

　靴は1年くらい先に販売するものを、先取りして作ります。だから、常に流行を先読みしないといけません。

　僕は外出するとき、必ずデジタルカメラを持ち歩き、お店のショーウィンドーの洋服やバッグを撮ります。靴は洋服とのコーディネートで選ぶもの。洋服の色合いや生地の柄、ボタン、バッグなどのデザインが、靴のデザインの参考になります。また、洋服の色から、今後の流行色がつかめるので、流行を読むためにも重要です。

　時には読みが外れることもありますが、自分の勘《かん》を信じて素材やデザインを決めます。だから、非常にセンスが問われる仕事なのです。

　また、デザインだけではなく、靴は毎日履《は》くものなので、履き心地にも気をつけます。見た目がいくらかわいくても、歩いて足が痛くなるようではダメです。デザインと履き心地のバランスをうまく取るのが難しいところで、靴のサンプルを実際に女性に履いてもらい、いろいろと意見を聞きます。履き心地《ごこち》のいい靴を作るためには、人の足の構造も知っておかなくてはいけません。

　この仕事の一番の魅力は、自分の考えたデザインが形になること。靴はある程度形が決まっているので、その中でオリジナリティを出して、さらに多くの人がかわいいと思ってくれるデザインを作るのは難しいです。でも、その分、やりがいはありますね。

シューズクリエイターになったきっかけ

いつも身近にあったものを作る

　僕の実家は、靴を作る会社を経営しています。だから、小学生のころから、仕事を手伝わされていましたが、自分が将来、この仕事に就《つ》くとはまったく思っていませんでした。熱中していたのはプラモデル作り。さらに、木で椅子や棚などもよく作っていました。そのころから、もの作りが好きだったんですね。

　高校生のころからオシャレ好きで、将来は洋服や小物のお店を経営したいと思っていました。高校を卒業後、経営を学ぶための専門学校へ進学しました。勉強していく中で、自分が持つ店では、やはり自分で作ったものを売りたいと思うようになり、僕には何が作れるのかと考えたとき、それはいつも身近にあった靴だったのです。

　しばらく実家の会社で靴作りの勉強をし、基本をしっかりと学んだほうがいいという父のすすめで、東京にある靴の専門学校に入りました。専門学校では、1年間で靴のデザインから縫製して組み立てるまで、靴作りのすべてを学びました。

　卒業後は神戸へ戻って、実家で靴作りをしていましたが、僕は世界の靴のデザインも学びたかったので、イギリスへの留学を考えていました。ところが、そんな矢先に阪神大震災にあったのです。自宅が全壊して、工場も半壊。留学どころではなくなり、家の仕事を立て直すために全力を注ぎました。このとき、やっぱり神戸で頑張っていこうという気持ちが強くなりましたね。

　僕が初めて作った商品は、革のパンプスです。手作り感のある靴にしようと、革にチューリップやツバメなどの絵を型押しして、職人さんに手作業で色づけしてもらいました。これが好評で、いくつかの展示会に出展するきっかけとなり、それ以降、取引先が増えました。

　しかし初めのころは、靴作りの経験も知識も少なく、失敗も多かったです。特に素材や革のことをよく知らなかったので、華奢《きゃしゃ》な感じの靴を作るとき、革を見た目だけで選んでしまい、イメージとまったく違う靴になってしまったことがあります。そのとき先輩の職人さんに、華奢な靴には薄くて、ハリがあって、柔らかい革を使えばいいと教わりました。素材選びは難しく、作りたい靴に合ったものを選ぶには、いろいろな素材の特徴を知っておかないといけないのです。その知識を身につけるために、毎日必死で勉強しました。

僕は、他の人が使わないようなおもしろい素材を使って、オリジナリティを出すようにしています。以前、カーテンの生地で靴を作ったこともあるんですよ。そのとき使ったのは、70年代にアメリカ向けに作られたカーテン生地なのですが、大きな花の模様がついているため、これを小さな靴にするときにはデザインのバランスが難しかったですね。生地自体がすごくよいものだったので、それをシンプルに活《い》かすための発想がなかなか出てこなくて、すごく悩みました。

僕は靴を作るとき、洋服とのコーディネートを楽しめ、「女の子が幸せになれる靴」をテーマにしています。また、今作っている靴は、かわいいものが多いですが、これからは「女性の足を美しくせる靴」や、「色気のある靴」など、少し大人の感じのものも作っていきたいと思っています。僕が作った靴を、日本中、いや世界中の女性たちに履いて欲しいと思います。

POINT
この仕事につきたい！

靴作りの専門学校があるので、そこでデザインから組み立てまで、すべての工程を学びます。また技術だけでなく、靴の素材の知識や、足の構造なども勉強します。そして靴メーカーに就職し、経験を積むのが一般的です。

靴は職人さんとのチームワークで作っていくので、人間関係を大切にして、コミュニケーション能力を養っておきましょう。

POINT
10代へのメッセージ

人との出会いが将来の自分への財産となるので、多くの出会いを大事にしてください。

職業▶

特殊《とくしゅ》メイクアップアーティスト

概要▶ 特殊メイクとは、映画やテレビの撮影などで俳優の体に傷口を作ったり、ゾンビや動物のような顔にしたり、若い人をお年寄りに見せたりするなど、一般的なメイクでは難しい表現を実現する大がかりなメイクのこと。これを専門に行なう人が特殊メイクアップアーティストです。リアリティーのあるメイクをするためには、人間の体やメイクに使うさまざまな材料に関する専門知識が必要です。

情報▶

INTERVIEW

氏名▶ 中《なか》田《だ》彰《あき》輝《てる》さん

経歴▶ 中田さんは1974年、埼玉県生まれ。高校を卒業後、特殊メイクの専門学校に通い、特殊メイクアップアーティストになりました。31歳にしてこの道10年というベテランで、これまでに数多くの映画やテレビ、舞台などの現場で活躍してきました。

特殊メイクアップアーティストの仕事とは?

実際にはないものをリアルに作る

ひとことで特殊メイクと言っても、「傷口のメイク」「ホラー系のメイク」「動物の顔メイク」「老人メイク」など、いろいろあります。映画やテレビの撮影に必要だけど、実際にはできない、難しい、というものを何でも作るのが、特殊メイクアップアーティストです。

では、老人メイクを例に仕事の流れを説明しましょう。まず、撮影の1カ月くらい前に、メイクする俳優さんの顔の型を取ります。歯医者で歯の型を取るものと同じ材料で型を取り、取った型の中へ石膏《せっこう》を流し、その人の顔の像を作ります。次に、できた顔の像に粘土《ねんど》を乗せ、老人に見えるようなシワや皮膚のたるみを、彫刻《ちょうこく》の要領で粘土を削って作っていきます。粘土で老人のような顔にしたら再びその顔の型を取り、粘土で作った部分の型にゼラチンを流し込んで取り出します。これが人工皮膚と呼ばれるものです。

人工皮膚は、1〜2週間かけて作ります。撮影当日、人工皮膚を俳優さんの顔にフィットさせ、肌とのつなぎ目がわからないようメイクで隠します。これで老人メイクは完成です。このメイクは1時間以上かかるので、メイク中に俳優さんはDVDを観《み》たり、仮眠を取ったりしています。

特殊メイクの難しいところは、俳優さんが誰だかわかるようにしなくてはダメだということ。単におじいさん、おばあさんに見せるだけなら、顔をシワだらけにしてしまえば簡単なのですが、映画やドラマの撮影の場合、その俳優さんが歳《とし》を取ったらこうなるだろうと、見ている人にわかるようなメイクにしなくてはなりません。

そのため、目のまわりはあまりメイクせず、もとの目の印象を残すなどの工夫をしています。傷口や動物のメイクも作り方は老人メイクと同じです。時々、着ぐるみを作ることもありますが、着ぐるみの場合は全身の型を取って作ります。

この仕事をしていて一番緊張するのは、撮影当日、監督に作品を見せるときです。「何かイメージと違うな」と言われたら、現場で色味を直すなど微調整をします。色を変えるだけで、結構イメージが変わるのです。

特殊メイクはハリウッドから取り寄せた高価な材料を使うことが多く、手間もかかるので試作はほとんどできません。一発勝負の世界です。また、俳優さんの顔や身体に直接当てるものを作るので、刺激の強い材料は避け、メイクで使う筆やヘラを清潔に保つなど、特に気を使っています。

メイクには長い時間がかかるので、メイクを落としたあとは、疲れた俳優さんの体をマッサージすることもあります。人工皮膚は熱に弱く、太陽の熱や汗ではがれてしまうことがあり、撮影中にはがれたらすぐに応急処置をするのも仕事です。

一回の撮影のためだけに人工皮膚を作っていま

すが、女優の濱田マリさんはボコボコに殴られた顔のメイクのまま帰宅して家族を驚かせるなど、すごく喜んでくれました。俳優さんが喜んでくれると、うれしいですね。

　よりリアルな特殊メイクを作る参考にするため、いろいろなところに足を運んだりもします。老人メイクなら東京・巣鴨《すがも》に行って、お年寄りに「写真を撮らせてください」とお願いしますし、動物メイクなら動物園に行きます。顔だけでなく、筋肉や骨格など全身のことを知るために、僕の工房にはガイコツの模型まであります。

特殊メイクアップアーティストになったきっかけ

きっかけはマイケル・ジャクソン 日本の映像業界を変えたい

　子どものころから、映画が好きでした。友だちに観《み》せてもらった『ジョーズ』のビデオがきっかけでサメが大好きになり、サメを研究する学者になりたいと思っていました。初めて特殊メイクの存在を知ったのが、小学校4、5年生のころ。親《しん》戚《せき》のおばさんが持ってきてくれた、マイケル・ジャクソンの『スリラー』のメイキングビデオを見たときでした。そして、大好きだった『ジョーズ』のサメも作り物だとわかったのです。それ以来、学者になる情熱は冷め、特殊メイクに興味を持つようになりました。

　高校を卒業して特殊メイクの専門学校に入学し、2年間で女性がする普通のメイクから彫刻、材料の使い方、撮影の技法、ダミー人形の作り方などを学びました。その中で、特に難しかったのが彫刻です。思い描くような形に削るのも難しいのですが、それ以前に、使いやすい道具を自分で作らなくてはいけません。糸鋸《いとのこ》を丸めて削るなど、いろいろな工夫をするのに苦労しましたが、その分楽しかったですね。

　専門学校2年生のとき、僕の作品を気に入ってくれた先生に、「仕事を手伝わないか」と誘われ、弟子入りしました。この先生は今、ハリウッドで活躍している日本人特殊メイクアップアーティストの1人です。先生からは皮膚や骨格だけでなく、毛穴まで再現するくらいの丁寧《ていねい》な仕事や、皮膚の色のつけ方、しみ・赤みの入れ方など、メイクの方法を教わりました。先生はすぐにハリウッドへ行ってしまったので、一緒に仕事をしたのは1年半だけ。先生がいなくなってからは1人で仕事を続けました。その後、2000年に公開された『千年の恋』という映画で私が手がけた、天海祐希さん、風間トオルさんの老人メイクが話題になり、それ以降は仕事がコンスタントに入ってくるようになりました。

　この仕事をしていて、特に大事だと思うのは、他の人とは違う、自分ならではのものを作ること。僕は小学校4年生のとき先生に、「中田君はひょうきんだね」と言われてから、「僕には人とは違う何かがあるんだ！」と自信を持つことができました。今の僕を支えている、大切な言葉ですね。

特殊メイクアップアーティストは地道な作業が多く、きつい部分もあるので、ちょっとしたあこがれだけではやっていけません。続けている人はみんな情熱を持ってやっています。そういう仲間と出会えて、一緒に大変な作業を乗り越えたときが一番うれしい。

　僕の先生はハリウッドで活躍していますが、僕は日本に残って、日本の映像業界を変えていきたい、と思っています。

POINT

この仕事につきたい！

　特殊メイクの専門学校や美術大学で、彫刻や型抜きなどの技術を学び、特殊メイクを作る会社に就職するか、フリーの特殊メイクアップアーティストに弟子入りします。専門学校は、高校を卒業してすぐに入る人もいれば、大学を出た人や社会人もいます。

　石膏まみれになる地道な作業が多いので、好きでないとやっていけない、「継続は力なり」の世界です。

POINT

10代へのメッセージ

　とにかく自分の好きなものを追求してください。若いうちは何も恐れずに、何にでもチャレンジしたほうが、あとになって絶対後悔しません。

職業▶

スポーツカメラマン

概要▶ カメラマンには、美しい風景やアイドル、事件の現場などの被写体によって、いろいろなタイプがあります。その中で、野球やサッカーなどのスポーツ選手や試合の様子を撮影するのが、スポーツカメラマンです。臨場感あふれる写真を撮るために、試合の流れや選手の動きを予測し、一瞬のシャッターチャンスに反応して、撮影する技術が必要です。

情報▶

INTERVIEW

氏名▶ 岸《きし》本《もと》　勉《つとむ》さん

経歴▶ 岸本さんは1969年、東京都生まれ。高校を卒業してスペインに留学中の21歳のとき、サッカーのワールドカップを観戦、スポーツの写真に興味を持ちました。その後、知り合いのカメラマンに頼んで、ヨーロッパのスポーツイベントを撮影して腕を磨き、現在はフリーで活躍しています。

スポーツカメラマンの仕事とは?

白熱した闘いの一瞬を切り取る　その一瞬のためにすべてをかけて

僕はサッカーをメインに、陸上競技などいろいろなスポーツを撮影しています。オリンピックやサッカーのワールドカップなど、大きなスポーツイベントには、欠かさず行っています。

スポーツ写真の撮影は、普通の写真とは違う難しさがあります。スポーツ選手は常に動いているし、選手に声をかけることもできないので、激しい動きの中で狙い通りの写真を撮るのが難しいからです。いいスポーツ写真を撮るには、次の瞬間に起こることを予測し、シャッターチャンスを狙うことが大事です。そのためには、競技を好きになることが一番。好きになれば、もっとその競技について知りたくなり、いろいろと勉強するようになります。勉強すると選手のクセを発見したり、次の瞬間どうなるかを予測できるようにもなるのです。

　たとえば、サッカーのゴールシーンを撮影するときは、ゴールキーパーの動きに注目します。ゴールキーパーは必ずボールを取りに行くので、その動きを追うと、シュートする選手やその瞬間をとらえやすいのです。他の競技でも、演技の構成が決まっていることが多いフィギュアスケートや体操なら、どんな構成かを事前に覚え、フィニッシュのシーンを狙って撮影します。スポーツカメラマンは、いろいろなスポーツのことをよく勉強しておかなければ、いい写真が撮れません。

　撮影には、プロ仕様のデジタルカメラを使います。これには連続で撮影する機能があり、シャッターを押しっ放しにすれば、1秒間に約8・5回シャッターを切ることができます。ピントも、動いているものに対して自動で合わせる機能があるので、これを使えばシュートシーンなど、ほんの一瞬の場面も逃さずに撮影できるのです。ただし、このカメラは慣れるまでは扱いが難しいですよ。

　スポーツカメラマンならではの撮り方に、「流し撮り」という技術があります。ボブスレーなど、猛スピードで動くものを撮るときは、シャッタースピードを遅くしてカメラを振りながら被写体を追って撮ると、ボブスレー自体は止まって見えるものの、まわりの景色は流れている、といった写真が撮れます。

　僕はアルペンスキーの撮影で一度、大変な目にあったことがあります。アルペンスキーの撮影は、現場までスキーで行くのですが、デコボコな急斜面を進むのは難しく、現場に着くまでにヘトヘトになりました。さらに、より迫力のある写真を撮ろうと、カメラマンは急斜面に陣取るので、立っているだけで精一杯。写真を撮る余裕がないくらい、辛《つら》い状態でした。

　現場でカメラマンが撮影する場所取りは、早い者勝ちです。撮影できる範囲が決められていて、その中で自分がいいと思った場所に陣取ります。

僕は他のカメラマンと違った個性的な写真を撮りたいと思っているので、皆とはやや離れた場所に行きます。また、選手の後ろにわざと背景を入れた写真を撮ったり、昼間や夕方の試合なら、選手に反射する太陽の光を利用したりして、写真の中に自分の個性を出すように工夫しています。

スポーツカメラマンになったきっかけ

サッカーのワールドカップで変わった人生

実は、僕の父親もスポーツカメラマンなのです。しかし僕は、子どものころからカメラに興味があったわけではありません。自分で写真を撮ったのは、中学校の修学旅行くらいです。ただ、今に通じるものがあるとすれば、中学校で剣道部、高校でサッカー部と、スポーツに打ち込んでいたこと。学校以外でも、友だちと自転車でツーリングに出かけたりするなど、活動的な子どもでした。

僕は少年のころ、建築士にあこがれたことがあります。うちは姉2人、弟2人の5人兄弟で子ども部屋は共同。ずっと自分の部屋がある家を設計したいと思っていましたが、勉強が苦手だったので、すぐにあきらめてしまいました。

その後は自分がやりたいことを見つけられず、高校1年生のときに3週間、交換留学生としてアメリカのサンディエゴ（カリフォルニア州）に行きました。そこで英語に興味を持って、高校を卒業後、カナダに1年半の語学留学。カナダでメキシコ人の友だちができたことで、スペイン語に興味を持ち、次にスペインに留学したのです。

スペイン留学中の1990年、イタリアで行なわれたサッカーのワールドカップを観《み》に行ったことがきっかけで、僕の人生が変わりました。アルゼンチン代表のマラドーナ選手のプレイに感動し、そのときスポーツカメラマンがグラウンドで撮影しているのを見て、「自分もカメラマンになって、もっと近い所で見たい」と思ったのです。

機会があり、父のカメラマン仲間にフランスの自転車レースの撮影に連れて行ってもらったのですが、初めての現場が最高に楽しくて、スポーツカメラマンになることを決意したのです。

その後、父が経営する会社に就職し、スペインで先輩カメラマンから撮影の技術を学びました。初めのうちは、フィルムが感光して、せっかく撮った写真を台無しにしてしまったり、データを保存することを忘れて全部消してしまったりと、失敗を繰り返しながら、経験を積んでいきました。

僕の写真が初めて雑誌に掲載されたのは、1992年のバルセロナオリンピックです。「活躍する10代」という特集で使われた、谷亮子選手の写真でした。自分が撮った写真を実際に雑誌で見たときは、すごくうれしかったですね。その後もサッカーの専門誌で表紙に採用されるなど、仕事は軌道に乗っていきました。

カメラマンの仕事は、ただ写真を撮ればいいのではなく、撮った写真をたくさんの人に見てもらって、見た人に何かを感じてもらうことです。そのため、自分が撮った写真が表紙になったり、写真が掲載された雑誌がたくさん売れたりすれば、充実感があります。ただ雑誌だと、僕の写真を見た人の感想を聞くことができないので、いつかは写真展を開いて、皆さんの感想を聞いてみたいと思っています。

POINT この仕事につきたい！

写真学科のある大学や短期大学、専門学校、または大学の写真部などで写真の技術を身につけ、プロのカメラマンのスタジオで助手をしながら腕を磨きます。

師弟関係は厳しいので忍耐強くなくてはいけませんし、体力も必要です。その他、新聞社や雑誌社に入ってから、カメラマンの部署に配属されてカメラマンになる道もあります。

POINT 10代へのメッセージ

何でも一生懸命、夢中になってください。スポーツ、音楽、ファッション、映画……。何でもいいから好きなことを、とことんやってください。そこで得たものがいつかきっと、役に立つ日がきますよ！

職業▶ 原《げん》型《けい》師《し》

原型師

概要▶ 原型師とは、アニメキャラクターの人形や、食玩と呼ばれるお菓子に付いたオマケ、おもちゃ屋さんの前にある「ガチャガチャ」の人形などを作るときに使う原型を作る仕事です。最近、若い人に人気があります。原型を作るのに使う材料は、粘土のように自由に形を作れて、簡単に固まる「パテ」と呼ばれるもの。細かいところまで精密に作るため、非常に神経を使う仕事です。

情報▶ 

INTERVIEW

氏名▶ 若《わか》島《しま》あさひさん

経歴▶ 若島さんは1968年、茨城県生まれ。大学生のころから模型雑誌のライターをするなど、模型に熱中していました。卒業後、機械メーカーに就職しましたが、趣味で模型作りを続け、1997年に原型師として独立しました。

原型師の仕事とは?

平面のキャラクターを、立体に想像する楽しさにのめり込む

僕が依頼を受ける仕事の内訳は、お菓子のオマケが3分の1、ガチャガチャが3分の1、おもちゃメーカーの商品のデザインや試作が3分の1です。

たとえば、フィギュアと呼ばれる模型を作るには、まず粘土のようなもので、作りたいフィギュアの形を作ります。これが原型です。人型をした大きなものになると手や足、胴体といったパーツごとに分けて作ります。次に原型をシリコンなどで型抜きし、できた型に石膏《せっこう》のようなものを流し込んで複製します。そしてパーツを組み立て、塗装すればフィギュアの完成です。

食玩《しょくがん》やガチャガチャなどの商品の場合は、原型を業者に納めるまでが原型師の仕事で、あとは業者が原型を工場に持って行き、大量生産します。業者に納める原型は一度でＯＫが出ることは少なく、細かな部分の直しがあり、ひとつの作品が完成するまでに数カ月かかることもあります。

模型にはロボット、人間、乗り物など、いろいろなジャンルがありますが、僕が得意なのはロボットやバイクなどマシン系の模型です。でも、最近は女の子のフィギュアが流行しているので、そちらのほうにも力を入れたいと思っています。

たまに、おもちゃ以外の原型を頼まれることがあります。キャンディの形など、食べものの原型です。これまでにゲームキャラクターの形をしたキャンディや、果物の形をしたグミを作ったことがあります。

おもちゃとキャンディの原型で違うところは、おもちゃの場合は細かく精密に作りますが、キャンディは細かすぎると型がうまく抜けないので、大雑把《おおざっぱ》に作るということです。

いろいろな原型を頼まれますが、基本的に作れないものはありません。

原型師は最近流行《はや》っている仕事ですが、仕事自体は昔からあります。昔はおもちゃメーカーや工場に所属して、会社の指示で原型を作る人が多かったのですが、数年前から続く食玩ブームで、それまで趣味で模型を作っていた人がフリーのプロとして活躍するようになり、新しいタイプの原型師が生まれました。僕もその１人です。

原型師の仕事が知られてきて、なりたい職業に、「原型師」と言う小学生が増えてきたのはうれしいことです。原型を作るための道具も安いし、コツさえつかめば誰でも原型から模型を作れます。初めは失敗することもありますが、失敗を繰り返しながらうまくなればいいのです。僕もそうでした。

最初のうちは、マンガのキャラクターを作るのに戸惑《とまど》うかもしれません。平面のキャラクターを立体にするのは難しいからです。特に、背中の部分が描かれていなかったりすると、どう作っていいのか困ります。でも、そんなときは想像して勝手に作ればいいのです。想像して作ることが、模型作りの一番おもしろいところ。ここがおもしろいと思えるかどうかが、原型師に向いているかどうかの分かれ道だと思います。

このように想像して作ることもあるので、同じキャラクターを作っても、原型師によってまったく違うものができます。その違いを、「ああでもない、こうでもない」と話し合うのが、模型作りの醍醐《だいご》味《み》です。模型は友だち付き合いをするときに、いい道具になりますよ。

原型師になったきっかけ

趣味がいつの間にか本業に 技術を磨いて一生続けたい

やっぱり、子どものころから模型作りが大好きでした。小学校3年生のとき、細かい作業が必要な戦闘機の模型を作っていました。飛行機の形を調べるために、よく図書館にも通いましたね。

中高校生になると、まわりの友だちは模型作りをやめてしまったのですが、僕は作り続けました。

初めて原型からフィギュアを複製したのは、高校2年生のときで、それを雑誌に投稿して賞をもらいました。その後、大学生になって模型のイベントにも参加。アマチュア模型の世界では有名になり、大学時代から模型雑誌のライターをしていて、時々業者から原型作りの仕事を頼まれました。

当時はまだ、今のようにフリーで活躍する原型師はいなかったので、アルバイト感覚でしたね。大学卒業後は、原型作りは趣味にして、普通に就職するという考えしかありませんでした。そこで、子どものころから好きだった飛行機のジェットエンジン関係の会社に就職。夜や週末を使って模型作りに明け暮れ、副業として雑誌のライターや原型の仕事を続けました。

そんな中、食玩ブームが到来。次々に原型作りの仕事を依頼されるようになり、独立を決意しました。

ところが、この仕事は依頼があってナンボの世界。定期的に依頼があると決まっているわけではないので、転職したからといって、すぐにたくさんの仕事があるとは限りません。実際、独立後しばらくは、ほとんど仕事がない状態が続きました。

何とか仕事を増やそうとして利用したのが、インターネット。自分のホームページを作って作品を公開し、おもちゃメーカーに売り込んだのです。そのうちに原型師やおもちゃメーカーの仲間ができて一緒に仕事をするようになり、いろいろな仕事が舞い込むようになりました。

インターネットのいいところは、日本だけでなく世界中の人が僕のホームページを見られること。おかげで、世界各国から仕事の依頼がくるようになりました。海外のおもちゃメーカーに仕事を頼まれたこともありますが、今まで行ったこともない国の人と仕事をするなんて、すごい時代になったものです。

今はまだ、模型ブームが続いています。でも、これが永遠に続くとは限りません。ブームが去ったあとでも、原型師の仕事がなくなることはありませんが、仕事を続けられる人は減ると思います。もしそうなっても、僕は最後の1人になれるだけの技術を身につけるため、努力を続けています。

POINT
この仕事につきたい！

まずは模型を作ってみよう。最近はアマチュアの人がたくさんいますし、情報誌もたくさんあるので、話を聞いたり、調べたりして自分で作ることが大事です。そして、模型イベントに自分の作品を出してみて、作品が評価されればイベントで業者から声をかけられることもあります。

僕は今、模型の学校を開いています。他にも学校はたくさんあるので、調べて行ってみるといいですよ。

POINT
10代へのメッセージ

ある種の人にとっては、オトナの世界はコドモの世界よりも随分生きやすく魅力的です。今、居心地が悪い人も、オトナの世界へ向かって人知れず舵《かじ》を取ってみる、自分を鍛えてみるのもアリだと思います。

職業▶

ギター製作者《せいさくしゃ》

概要▶ ギター製作者は、木に新しい命を与え、美しい音を鳴らすギターという楽器を作り出す職人です。質の高いギターを作るには、木材を見分ける目と熟練した技術、わずかな音の違いも聞き分ける確かな耳が必要です。ギター作りは、ギターの素材である木材選びから組み立て、弦を張るところまで、たくさんの細かい工程があります。さらに、ギターの修理を行なう業者もいます。

情報▶

INTERVIEW

氏名▶ 黒澤《くろさわ》哲郎《てつお》さん

経歴▶ 黒澤さんは1976年、茨城県生まれ。高校を卒業後、ギター製作者の父親にギター作りの基礎を学び、20歳でスペインに渡って2年間の修業を積みました。帰国後、本格的に仕事を始め、これまでに100本以上のクラシックギターを作っています。

ギター製作者の仕事とは?

工程は200以上! こだわりの手作りギター

ギターには、電気を使う「エレキギター」、鉄線の弦を張った「フォークギター」、ナイロンの弦の「クラシックギター」と大きく分けて3種類あります。

僕が作っているクラシックギターは木が持つ深い響きのある音が特徴です。弦を弾《ひ》くことで、弦の振動がコマを通ってギター内部に響き、共鳴して中央にある穴から外へ音が出てきます。ギターの中には、工場で大量生産されたものもありますが、僕は手作りにこだわっています。手作りのギターには美しい音の響きだけでなく、木のぬくもりまで感じられると思いますよ。

　ギター作りはまず、木材を切り出して、ギターのパーツを作ることから始まります。ギターの胴板（ひょうたん型の部分）や、左手で持つネック（棒の部分）材をカンナ等で削り出します。使う表材は、20～30年乾燥させた杉や松です。胴体の側面の板はひょうたん型になるよう熱を加え曲げて、形を固定させます。パーツ作りの要《かなめ》は、丸い穴の開いたギターの表板の裏側に、力木《ちからぎ》と呼ばれる細長い木の棒を何本か貼り付けることにあります。

　実は、この力木が音の共鳴に大きく影響します。力木の付け方は職人によって違うので、よい音を出せるかどうかの腕の見せどころなのです。力木を付けたら、胴体のパーツを組み立て、ネックを付けてギターの形が見えてきます。

　次は塗装です。僕はスペイン伝統技法のセラック塗装なのですが、工程は塗って乾かし、塗って乾かしを繰り返すので1週間はかかります。塗装の終盤に、オリーブオイルを馴染《なじ》ませて塗り重ね光沢《こうたく》を出し、最後に弦を張って完成です。

　細かい作業を入れると200以上もの工程があり、1本のギターを作るのに1カ月半はかかります。最近、これほど手間をかけてギターを作っている職人さんは少ないでしょうね。

　ギターの音は、完成するまでわかりません。板を削りながら、何度も指で板を叩《たた》いて、音がどう響くかをチェックし、完成したときの音を予想しながら作るしかありません。

　少し削っては叩いて音を聞き、また削っては音を聞き、の繰り返しです。板が、「G＃（Gはソの音）」の高さの音を出すよう心がけ、音の響きとバランスをとります。これは絶対音感がないと、大変難しい作業です。

　何度も音を確認しながら作っても、毎回うまくいくとは限りません。思った通りの音が出ないこともあります。しかし、一度完成したものをバラバラにして、作り直すことはできません。だからこそ、1本1本、心を込めて作っています。

　ギターはどれも同じような形に見えるかもしれませんが、一つひとつにオリジナリティを出すために、デザインにこだわっています。僕はギターの顔とも言えるヘッド（弦を張る頭の部分）に特にこだわっていて、彫刻《ちょうこく》のようなデザインを取り入れることもあります。しかし、ギターは楽器全体が振動して音を出すので、ヘッドが重すぎてギターのバランスが悪くなると、良い音が出ません。音とのバランスを考えながら、デザインしなくてはいけないのです。

　僕は他の製作者が作ったギターの修理もしています。元の音が出るようにギターを直すのは作るよりも難しい作業ですが、修理は他の製作者の技術を知ることができ、勉強にもなります。

ギター製作者になったきっかけ

父の跡を継ぎギター製作者に 自分ならではのギターを作る

　父がギター製作者で、小さいころはよく父の工房に行っては、木の切れ端《はし》を積み木にして遊んでいました。父の仕事をずっと見ていましたし、2人姉弟なので、将来は自分が父の跡《あと》を継いでギター作りをするのだろうと思っていて、小学校の卒業文集にも「父の跡を継ぐ」と書きました。そのために、嫌《いや》だったピアノ教室にも小学校の6年間通い続け、ギター作りに必要な絶対音感を身につけるために、いつも聴く音楽はクラシックばかり。小学校5年生のとき、当時流行《はや》っていた光ＧＥＮＪＩの曲さえも知らず、ブラスバンド部の演奏で初めて聴いたと友だちに言って、すごく驚かれたものです。

　高校は、デザインについて学ぶため、都立工芸高校に進学。金属工芸科で、指輪や壺《つぼ》などの工芸品の制作技術を勉強しました。そして高校を卒業後、本格的に父の工房でギター作りを習い始めたのです。高校を卒業したとき、すぐに仕事を始められるようにと、父が手作りの作業机を用意してくれたのが、うれしかったですね。

　父には、「楽器は自分が死んだあとも残る。だから、いつも自分の最大限の力で作れ」と教えられました。

　父からギター作りの基礎を学び、さらにステップアップするために、クラシックギターの本場・スペインで2年間修業。いくつかの工房でギターの作り方と塗装を学びました。言葉が通じないころは、スペイン語学校と工房を往復する毎日で、忙しかったですね。板を叩いて音を確認しながら作る方法はそこで学びましたが、叩き方が工程ごとに微妙に異なるので、当時は、「叩き方が違う！」とよく怒られたものです。

今は、日本で、父と一緒にギター作りをしています。僕も一人前になったと思うのですが、たまにどうしたらよいか悩むこともあります。でも父に、「そんなことも知らないのか」と思われたくないので相談しにくく、こっそり知り合いの先輩職人にアドバイスをもらったりしています。親子だと変なプライドが邪魔するんですよ。

けれど、父とはよくギターのコンサートに行きます。コンサートでいい音楽を聴くのも仕事の一環です。特に、自分が作った楽器を使ったコンサートには、必ず足を運んでは、その音を聴いて、「あのころは未熟だったな」と、自分を見つめ直し、次への参考にしています。

僕の夢は、世界中の人に使ってもらえるギターを作ることです。世界で仕事をするために、英会話教室にも通っていました。そして、いつか父を超えるギター製作者になりたいと思っています

POINT この仕事につきたい！

海外にはギター作りを教えてくれる学校がありますが、日本にはないので、工房に入って修業するのが一般的。最近は、いきなり本場のスペインやドイツの工房で修業を始める人もいます。手作りでギターを作る職人は日本では減っていますが、どんな人がいるかを探して、実際に話を聞いてみると参考になります。10代のうちはジャンルを問わず、いい音楽をたくさん聴いておきましょう。

POINT 10代へのメッセージ

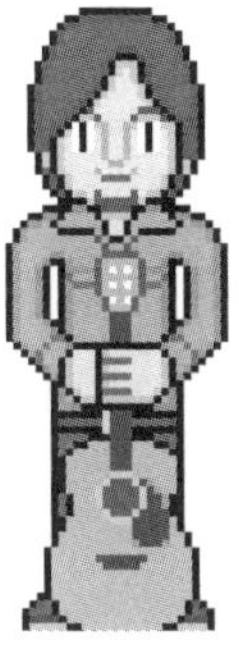

夢は落としてしまうことはない。だから、どこへでも持ち歩いて、いろいろなことにチャレンジしよう！

職業▶

まんが雑誌《ざっし》の編集者《へんしゅうしゃ》

概要▶ まんが雑誌の編集者は出版社に勤務し、雑誌にどんなまんがを掲載するかを考えたり、新しいまんがの企画を立てたり、漫画家と話し合ってストーリーを決めるなど、漫画家と一緒に作品を作る仕事です。読者が読みたいのはどんなまんがか、世の中の動きを見る目が必要です。また、できた作品にストーリーの矛盾や誤字、脱字がないかのチェックも行ないます。

情報▶

まんが雑誌の編集者の仕事とは？

編集者は最初の読者であり作品作りに大きく関わる存在

雑誌に連載されているまんがには、担当の編集者がついています。編集者は大体、一度に1～2本のまんがを担当します。編集者の主な仕事は、漫画家さんと一緒にまんがを作ることです。まず、漫画家さんとストーリーの展開を決める打ち合わせを行ない、ある程度の中身が決まったら、漫画家さんがネーム（下書き）を描きます。それを編集者がチェック。このとき、まんがの構成やコマ割り、セリフなどの細かい部分まで話し合い、それを受けて、漫画家さんが原稿を描きます。原稿

INTERVIEW

氏名▶ 袖崎友和《そでさきともかず》さん

経歴▶ 袖崎さんは1975年、東京都生まれ。大学を卒業後、小学館に入社。週刊少年サンデーの『MAJOR』や『金色のガッシュ!!』を担当しています。

の締め切り間際には、漫画家さんに催促《さいそく》の電話を入れることもあります。

原稿が上がったら、編集者が作品タイトルや作者名などのロゴを入れ、誤字、脱字をチェック。そして、最終的に編集長のチェックを受けて、印刷所に入れます。発売の1週間前には印刷所から試し刷りが届くので、それを最終確認します。何も問題がなければ、印刷されて雑誌になるのです。打ち合わせから完成までが1週間。週刊誌ならこれが毎週続くので、いつも締め切りに追われる生活です。

まんが作りで特に大事なのは、ネームのチェック。最初の下書きで、キャラクターの姿や表情、大きさ、セリフなどがすべて決まってしまうので、その作品で表現したいテーマがちゃんと強調されているかなどを、注意して見ていきます。

強調したいテーマは、大きなコマで描くのがまんがの手法です。たとえば、野球まんがの『ＭＡＪＯＲ』の場合、「勝負のおもしろさや迫力」を表現したいので、勝負のシーンは大きなコマで主人公の顔をアップにしたり、セリフを大きくしたりして迫力を出します。

僕たち編集者は最初の読者なので、編集者のアドバイス次第で作品の方向性が決まってしまいます。だからとても責任重大な仕事です。たったひとつの表情やセリフについても、あれこれ意見を闘わせ、漫画家さんと編集者が一緒にアイデアを出し合っておもしろい作品を作り上げるのです。

一《いち》から新しいまんがを立ち上げるのも編集者の醍醐味《だいごみ》。僕は以前、週刊ヤングサンデーで、『ＲＡＩＮＢＯＷ　二舎六房の七人』と『レヴォリューションＮＯ．3』という作品を立ち上げましたが、新しいまんがをスタートさせるときは、まず企画書を作って編集長に見せ、賛成してもらわなくてはなりません。

企画書には企画意図と作品の説明、キャラクター設定などを付けて、数話分の下書きを用意します。下書きは漫画家さんと一緒に作り、その中に、「読者に伝えたいこと」や「作品のおもしろさ」を詰め込みます。これがなかなか難しく、頭を悩ませるところでもあります。

新しいまんがを作るときに大事なのは、いかに読者を感情移入させられるかです。そのために、主人公の設定について漫画家さんと徹底的に話し合います。主人公の話し方、特技、好きな食べもの、将来なって欲しい職業など、まんがの中では描かれないかもしれない設定まで、細かく決めていきます。そうすることによって、より魅力的な主人公になり、その活躍や逆境を乗り越える姿に、読者が感情移入してくれるのです。

まんが編集者のもうひとつ大事な仕事が、新人漫画家の発掘。漫画家志望者が編集部にまんがを持ち込んでくるので、編集者が分担して読み、アドバイスをします。どんなわずかな才能もちゃんと見つけて育てるのが、編集者の仕事です。

まんが雑誌の編集者になったきっかけ

好きなものを仕事に 絵が苦手でも、まんがが作れる

僕は人としゃべるのが好きなので、子どものころはアナウンサーや、野球が好きで野球選手にあこがれたこともありました。高校生のとき、本気でやりたいことが見つからず、大学は読書が好きだからという単純な理由で文学部に入りました。

就職活動のとき、どうせなら好きな本に関わる仕事がしたいと、雑誌の編集に興味を持ったのです。当時愛読していたヤングサンデーを作りたいと思って、小学館の採用試験を受けたら、合格。しかも、希望していたヤングサンデーの編集者になれたのです。

編集者は出版社に就職するので、まんがの担当になるか、他の雑誌の担当になるかはあくまで会社が決めること。就職面接のとき、「ヤングサンデーがやりたい！」と熱意を持って言い続けたのがよかったのかもしれません。皆さんも本気でやりたいことが見つかったら、熱意を持って訴えてみましょう。

新人編集者はまず、編集部の掃除やおつかいなどの雑用係をしながら、先輩の仕事を見て覚えていきます。しばらくすると、先輩が漫画家さんとの打ち合わせに連れて行ってくれるのですが、新人のころはいいアイデアが出せず、先輩に「作品に対する真剣さが足りない」とよく怒られました。また、「世界中で、漫画家の次に作品について考えるのが編集者だから、四六時中、担当作品について考えろ」と教えられました。

初めて連載の担当を持ったのは、入社後6カ月経《た》ってからのことです。そのときの担当は、4コマまんがでした。その後、連載を3本担当しましたが、ヒットせずに終わってしまい、自分はこの仕事には向いていないのかもしれないと、逃げ出したい気分になったこともあります。そんなとき、先輩に相談しても、何をおもしろいと思うかは人によって違うと言われ、やはり自分を信じてやっていくしかないと、腹をくくりましたね。

そして僕が立ち上げたのが、『ＲＡＩＮＢＯＷ　二舎六房の七人』でした。過去の反省から、「辛《つら》い」「悲しい」「うれしい」などの感情を、セリフではなくキャラクターの表情だけで伝えることを心がけると、読者がうまく感情移入してくれて、初のヒット作になりました。

まんが編集者は、まんがを描く技術がなくても、大好きなまんがを作ることができます。それに、自分がおもしろいと思って世に出した作品が、読者に受け入れられると、気持ちがいいものです。

次は、小学生に感動の涙を流させるようなまんがを大ヒットさせたいと、計画を立てています。

POINT
この仕事につきたい！

大学を卒業して、まんが雑誌を発行している出版社に就職します。まんがには、ファンタジーだけでなく恋愛、格闘、医学、科学などいろいろなテーマの作品があるので、まんがを読むことも大事ですが、スポーツや勉強、恋愛など、いろいろな体験をしておくことが、編集者になって役に立つはずです。

将来、どんなまんがを作りたいか考えておきましょう。

POINT
10代へのメッセージ

好きなことをやり続けるのは、とても幸せなことですが、しんどいことでもあります。ぜひ、そんなしんどいことに挑戦してください。

職業▶ おもちゃ作《さっ》家《か》

概要▶ おもちゃ作家とは、新しいおもちゃの遊び方やデザインを考え、作る人です。おもちゃは小さい子どもが遊ぶものなので、単におもしろいだけではなく、安全に遊べるものを考えなくてはいけません。今までにない形のおもちゃの遊び方を提案するためには、「こんなことができたら楽しいだろうなぁ」と常に考え、発想する力が必要です。

情報▶ 

INTERVIEW

氏名▶ 小《こ》松《まつ》和《かず》人《と》さん

経歴▶ 小松さんは1980年、埼玉県生まれ。2年前に自分の工房を作り、おもちゃ作家になりました。現在、日本各地のおもちゃ屋さん約40店で、自作のおもちゃを販売しています。手がける作品は積木など伝統的なものだけではなく、オリジナルものも得意です。

おもちゃ作家の仕事とは?

子どもがおもしろいと思う新しい遊びを作る

僕は木のおもちゃを専門に作っています。積み木やミニカー、紐《ひも》を引っ張って遊ぶプルトイなど、昔からあるおもちゃだけでなく、オリジナルのものも生み出しています。

オリジナルのおもちゃは、コンセプトから全体のデザインまで、すべて自分で考えたものです。たとえば、「どんぐりころころ」は、ドングリ型に削った木の中にビー玉を入れてコロコロ転がるようにしたものを、丸い穴がいくつもある板の上で転がし、その穴に落ちないように、板を動かしたら、坂道をゴトゴトと降りていくおもちゃです。

　このアイデアは、お椀《わん》がきっかけで生まれました。お椀を横に回すと、おもしろい回り方をします。この動きを人の形をしたおもちゃに応用できないかと考えたのですが失敗。捨てるのがもったいなかったので、パソコンのマウスをヒントに、お椀の下にビー玉を入れて、転がして遊べるものを作ってみました。しかし、試しに自分の子どもに遊ばせてみたところ、あまり興味を示しません。ところがこれをお盆に乗せ、お盆を傾けて転がしたら、子どもがおもしろがってくれたのです。そこで、ドングリコロコロの歌をヒントに、板に池に見立てた穴を開け、その上を穴に落ちないように転がして遊ぶ形にしました。

　おもちゃ作りにはマニュアルがなく、自分の好きなように作ることができます。そこがおもしろいところであり、難しいところです。

　自分だけの考えで作った結果、大失敗した作品もあります。たとえば、ベッドを指で叩《たた》くと子どもの模型が起き上がる、というおもちゃ。自分としては傑作だと思っていたのですが、子どもにやらせてみたら難しすぎて、遊べませんでした。

　自由に作るといっても、常に子どもの目線で考えることが必要です。

　そのほか、僕がおもちゃを作るときに気をつけていることは、やはり安全性です。おもちゃは対象年齢が決まっています。小さいおもちゃは、幼い子どもだと過《あやま》って飲み込んでしまう可能性があるので、対象年齢を少し高く設定します。対象年齢は、単にそのおもちゃを扱えるかどうかという基準だけでなく、ケガをしないよう安全に遊べる年齢を考えて決めます。おもちゃの細かい部分にも、気を配《くば》ります。どのおもちゃもヤスリをかけて角をなくし、ネジなど金属の部品は表に出ないように、木で隠しています。

　おもちゃ作家の仕事は、おもちゃを作るだけではありません。自分が作ったおもちゃを売ってもらうために、お店をまわらないといけないのです。

　僕は日本各地のおもちゃ屋さんを車でまわって、飛び込みで営業をしています。成功する割合は5軒に1軒くらいですね。自分の作品をもっとたくさんの人に楽しんでもらえるよう、地道な営業活動にも力を入れています。

おもちゃ作家になったきっかけ

三輪車作りでおもちゃ作りのおもしろさに目覚める

　僕の父親は、鋳物《いもの》の木型を作る職人です。子どものころ、父親の工房に行っては木の破片《はへん》で積み木をして遊んでいました。夏休みの自由研究で、工房の一角を借り、お金が貯まるとドアが開く家型の貯金箱を作って、賞を取ったこともあります。

　工作は好きだったのですが、父の仕事を継ごうとは思っていなかったので、高校も普通科に行き、部活のテニスに熱中しました。

　高校では自分の将来を決めることができず、卒業後フリーターになり、コンビニやゲームセンター、レストランなど、いろいろなところでアルバイトをしました。

　そんな僕に転機が訪れたのが20歳のとき。バイト先の女性と結婚したのです。いつまでもフリーターではいられないと思い、定職に就《つ》こうとしました。そして、不動産会社で働くことがほぼ決まったのですが、結局、父に弟子入りし、木型職人の道に入りました。

　父親にはカンナやノコギリ、ノミの使い方から叩き込まれましたが、木型作りは難しく、なかなかうまくいきません。木型は0・1ミリの誤差があったら使いものにならないのです。僕は工作が得意だと思っていましたが、木型職人の世界は厳しかったですね。それに、木型の注文が減ってきて、父親一人分の仕事はあったのですが、僕の代まで仕事が続くのかという不安もありました。

　そんなとき、僕に長男が生まれました。この子のために木で三輪車を作ったのですが、それがすごく楽しかった。

　このとき、注文通りに寸分違《たが》わず作る木型に対して、自由に考えたアイデアを形にするという楽しさを知ってしまったのです。そして、「もっといろいろなおもちゃを作りたい」とおもちゃ作家を目指し、木型の仕事の合間に工房の機材を使って、たくさんのおもちゃを試作しました。

「おもちゃコンサルタント」という民間資格を取るためセミナーに参加し、そこで現役のおもちゃ作家と出会って、いろいろなアドバイスをもらいました。おもちゃ作家になるにあたって、まず、おもちゃを商品化しても、自分1人だけで作る数では商売として成り立たないので、大量生産を任《まか》せられる工場を探しました。20軒以上の工場に電話したのですが、まだ商売になるかわからないような僕の話に、耳を傾けてくれるところはなかなかありません。根気強く探していく中で、少しでも興味を持ってくれた工場におもちゃを持ち込み、必死で説得しました。

その甲斐《かい》があってか、協力してくれる工場がやっと見つかったとき、おもちゃ作家としてやっていけると自信が持てました。

時々、僕のおもちゃを購入した人から、お礼の手紙やメールをもらうのですが、「子どもの手にピッタリの大きさで、喜んで遊んだ」なんて書いてあるのを読むと、本当にうれしいです。昔からあるコマやけん玉といったおもちゃは、誰が作り出したものかはわかりませんが、ずっと受け継がれ、今に残っています。僕も100年後までずっと残っていくようなおもちゃを、作っていきたいですね。

POINT

この仕事につきたい！

おもちゃ作家に弟子入りするか、おもちゃ会社に就職するのが一番早い方法。自分でオリジナルのおもちゃを作りたいなら、美術大学や専門学校、職業訓練校などで木工の勉強をし、おもちゃを作ってみることが大事です。

おもちゃを作ったあとは、それを売る方法を見つける必要もあります。接客のアルバイトをしておくと、販売店や工場を探すときの営業に役立つかもしれません。

POINT

10代へのメッセージ

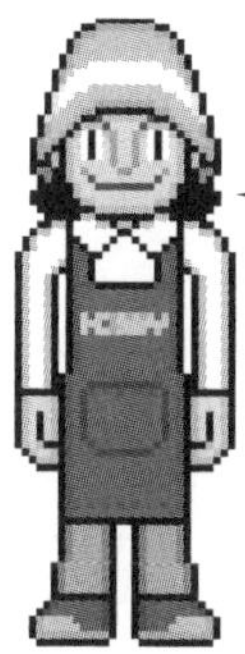

やりたいことが見つかっている人は、それに向かって全力で走ってください。見つかっていない人も多いと思いますが、常に何かをやり続けることで、必ず興味を持つことに出あえると思います。

職業▶

CGクリエイター

概要▶ CGとは、「コンピュータグラフィックス」の略語で、コンピュータを使って画像を作り出し表示する技術や、その技術で作った作品のこと。主にテレビ番組や映画、ゲームなどに使われています。そのCGを使って作品を作る人がCGクリエイターです。コンピュータを使いこなす技術力だけでなく、アイデアを生み出す発想力や映像の知識などが必要で、専門性の高い仕事です。

情報▶

CGクリエイターの仕事とは?

豊かな表情や人間らしい動きをコンピュータで作り出す

　CGは、テレビ番組で使われる建物や乗り物などの立体的な映像や映画、テレビゲームに登場する恐竜《きょうりゅう》や爆発シーンなど、実写で描けないものを表現するときに使われます。中には全編CGの映像作品（CGアニメーション）もあります。

　CGが広まった一番の理由は、1人で作れるということ。実写やアニメで映像作品を作るには出演者や他のスタッフが必要ですが、CGならコンピュータのソフトの使い方さえ勉強すれば、誰でもたった1人で作れます。自分の作品を作りたい

INTERVIEW

氏名▶ 小野《おの》　修《おさむ》さん

経歴▶ 小野さんは1976年、神奈川県生まれ。大学を卒業してCGの専門学校で学び、卒業制作の『タナバタ』というCG作品で、一躍注目を集めました。2004年に自分の会社を作って活躍中です。

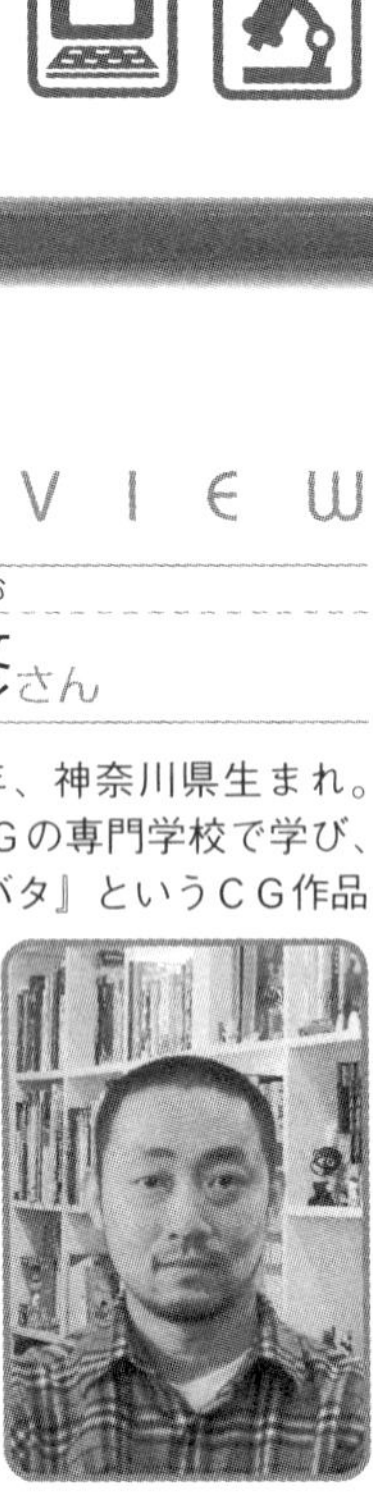

と思う人にとって、ＣＧは非常に魅力的なんですね。

ＣＧを作るためのソフトは、プロ用は値段が高いですが、初心者向けには無料で配付されているものもあります。

ＣＧを作るのは、大変時間がかかる作業です。僕の代表作品である「タナバタ」は、2分ほどのＣＧアニメーションですが、完成させるのに3カ月もかかりました。ストーリーは七夕《たなばた》の夜、父親が自分の娘たちの子ども時代を映した8ミリフィルムを見ながら昔を懐《なつ》かしんでいると、いつの間にか、その時代にタイムスリップしてしまうというお話です。

ＣＧには、本物の人間のようにリアルなものもありますが、僕が作るキャラクターはコミカルでかわいらしい感じのものが多いです。姿形《すがたかたち》がいくらリアルでも、ＣＧの人間には感情移入できない気がしたので、キャラクターをデフォルメし、表情の豊かさや生き生きとした人間らしい動きに重点を置こうと思っています。

ＣＧ作りはまず、アイデアをまとめて絵コンテを書くところから始まります。次にＣＧのキャラクターを作るソフトを使った、キャラクター作りです。

コンピュータの中で粘土《ねんど》をこねるようにキャラクターの形を決めていき、関節の場所を指定して、自由に動かせるようにします。このとき、直線的なロボットのような動きではなく、人間らしく滑《なめ》らかな動きにするために、細かくデータを入力していきます。

たとえば、ボールを投げる動きをＣＧで表現するとき、投げる前に振りかぶって力をためる動作を入れます。ただ投げるだけでなく、振りかぶる動作を入れることで、人間らしい動きにすることができるのです。実際に自分で物を投げてみて、どういう動きが必要か考えながら作っていきます。

なかなかうまくいかず、ひとつの動きをつけるのに、丸1日かかるなんてこともあります。一つひとつの動作をつなげて、自分が作ったキャラクターが人間らしく動くところを見ると、すごくうれしく、充実感がありますね。

CGクリエイターになったきっかけ

自分が伝えたいことについて悩んだ日々

小学生のころ、父親に連れられてよく映画を観《み》に行ったのですが、その中で小学校3年生のときに観た『天空の城ラピュタ』に衝撃を受けました。映画の中の世界観に圧倒され、自分もこんなすごい作品を作りたいと思ったのです。そのときは、映画監督やアニメ制作者になりたいと思っていました。

ところが中学校に入って、ぱったりと映画を観なくなりました。パソコンでゲームを作ることに夢中になってしまったからです。その後もパソコンにはまり、大学でコンピュータプログラムを学ぼうと工学部を目指したのですが、落ちてしまいました。

浪人時代、たまたま本屋さんで読んだ本に、コンピュータを使った映像作品が勉強できる大学の学科が紹介されているのを目にし、それを読むうちに、子どものころに持っていた映画やアニメへのあこがれが甦《よみがえ》ってきたのです。

そして志望校を変え、その大学に入学することにしました。

大学では、コンピュータで作るアニメ作品に取り組みました。14分くらいの作品を3本作りましたが、絵が下手でまわりからは不評でした。当時はちょうど、ＣＧの技術が格段に進歩している最中で、僕はＣＧを取り入れたアニメも作ったのですが、先生から、「技術を追いすぎて、何を表現したいのかわからない」と言われました。

自分に足りないことは何か、伝えたいことは何か、どうすれば伝わるのかを毎日悩みました。

そのころに観た映画『トイ・ストーリー』が、僕の悩みを解消するひとつのきっかけとなりました。ＣＧなのに人間のような豊かな表情と、滑らかな動きが印象的で、これを見て僕は「人間味」や「人の温《あたた》かさ」を表現したいと思うようになったのです。

その後、大学を卒業してアニメ会社に就職しましたが、日々進歩するＣＧの技術にひかれていたので、すぐに会社をやめて、ＣＧの専門学校に通いました。そこでは授業だけでなく、夜中に学校のパソコンを使ってＣＧを作る練習もしました。そして、卒業制作で作ったＣＧ作品が、『タナバタ』です。

『タナバタ』もそうですが、僕の作品にはよく子どもが登場します。子ども好きだということもありますが、キャラクターを作るとき、顔の大きい子どものほうが、可愛く描きやすいのです。でも、『タナバタ』で最初に子どもの動きを作ったときは、うまくイメージできずに困りました。

そこで、子どもの動きを研究するために足を運んだのが動物園。動物園は広くて、子どもはいろいろな動物を見ようと走りまわったり、うれしくて飛び跳《は》ねたりします。そういう子どもの何気ない動きを観察するには、動物園が一番だったのです。僕は動物には見向きもせず、子どもばかり見ていました。

その甲斐《かい》あって『タナバタ』ではパタパタと少しぎこちない、子どもの走り方がよく表現できたと思います。

僕には夢があります。全編ＣＧで90分くらいの映画を作りたいのです。そのために毎日、今以上に技術を磨《みが》こうと、努力しています。

POINT この仕事につきたい！

最近は入門者用のソフトがあるので、まずは自分で作ってみてください。そして、コンテストにも応募してみましょう。コンテストで認められれば、多くの人に知ってもらえ、仕事がきます。

他には理工系、芸術系の大学や短期大学、専門学校で勉強し、会社に入るという道もあります。CGでもデッサンが必要になるので、絵の勉強もしておいたほうがいいでしょう。

POINT 10代へのメッセージ

とりあえず、やってみる。あまり考えず、やってみる。いろいろ見たり聞いたり体験したりして、自分を広げていってほしい。

職業 建《けん》築《ちく》家《か》

概要 建築家の仕事は、依頼主の希望に沿って、建物のデザインや構造、予算なども考えながら、建物を設計することです。工事の現場に立ち会い、設計通りに工事が進んでいるかのチェックもします。建物を設計するには、建物の構造だけでなく、建築基準法という法律を勉強しないといけません。最近は、ひとつの街全体の設計に携わる建築家もいて、活動の幅は広がっています。

情報

INTERVIEW

氏名 中《なか》山《やま》　薫《かおる》さん

経歴 中山さんは1967年、兵庫県生まれ。高校生のときにお父さんの転勤でイギリスに行き、イギリスの大学で建築学を学びました。帰国後は設計事務所で建築家として活躍し、2003年に独立しました。

建築家の仕事とは？

建物を設計し、依頼主に引き渡すまでが仕事

建築家は、設計の依頼を受けると、まず大まかな図面を描いて建物のイメージを作ります。そして、その内容で依頼主に了解を得てから、くわしい設計図を描きます。

昔は手で描いていましたが、最近はコンピュータを使う人が多いですね。また、よりわかりやすくするために、平面的な図面だけではなく、建物の模型を作ったり、CGなどで立体的な図を描いたりもします。

次に、「実施設計図（工事の現場で使う細かい設計図)」を描き、建物を建てる場所の自治体に「こういう建築を建てますよ」という確認申請書類を出します。

工事が始まったら、定期的に現場へ行って工事の進み具合をチェックします。こうして完成した建物を依頼主に引き渡すまでが、建築家の仕事です。

最近は建物以外にも、テーブルやソファなど家具のデザインを頼まれることがよくあります。今は家を建てるのにたくさんのお金がかかるので、昔に比べて狭い家が多くなってきました。そのためか、市販の家具では大きすぎる場合があり、それぞれの家にマッチした大きさやデザインのものを希望する人が増えているのです。私は家に関するものであれば、犬小屋でも何でもデザインしますよ。

しかし、時には無理な注文を受けることもあります。一番困ったのは、「車輪がついた家が欲しい」という依頼です。

建築家は依頼主の希望通りの建物をデザインすることが基本ですが、家の基礎が地盤にしっかりとついていなければ家は建てられないので、このときばかりはお断りしました。

私がこれまでにデザインした建物の中で、一番大変だったのは、私自身の家です。好きなようにデザインできるので、こだわりにこだわって、どんどん手を入れました。地上3階、地下1階建てで、地下は事務所として使っています。プライバシー保護のため、窓は極力作らず、代わりに天井を窓にして、太陽の光を取り入れる「トップライト」を採用。晴れた夜には、星空が楽しめるんですよ。

家具も自分でデザインしました。一番こだわったのは外壁で、多少割高になるのですが、アルミの板を使っています。私の家のテーマは、「エコ住宅」。アルミにしたのは、あとでリサイクルできるからで、地下の事務所の天井にはアルミの廃材を使っています。

人に優《やさ》しいだけでなく、環境にも優しい家を作りたかったのです。

私が設計するときに、よく依頼主にアドバイスするのは、子ども部屋の位置を、お父さんやお母さんがいるダイニングを通らないと出入りできない場所にするということ。そうすることで、家族が顔を合わせる機会が増えます。その家に住み続ける家族の暮らしのことも考えて、設計しているのです。

依頼主の希望通りの間取りができて、建物が完成したときは、すごく充実感を感じます。逆に辛《つら》いのは、建物を作る途中で、「キッチンの位置を変更したい」「もうひとつ、トイレが欲しい」といったいろいろな追加の要望が出され、すべてをかなえることが難しいとき。

それだけに、最初から依頼主に納得してもらい、途中で修正されない会心の図面ができたときは、最高にうれしいですね。

建築家になったきっかけ

シンプルで人が快適にすごせる それが美しい建物

私は小学生のときから工作が得意で、運動会ではクラス全員分のゼッケンを作ったこともあるほどです。とにかく、何かものを作るのが大好きでした。

10代のころは、もの作りができる仕事がいいと思い、コップや掃除機などの形を考えるインダストリアルデザイナーにあこがれたこともありましたが、人に身近で、より大切なものということで、自然と家作りに興味を持ちました。

高校生のとき、父の転勤でイギリスに行き、イギリスの大学で建築学を学びました。最初は英語がわからずに苦労しましたし、建築学の勉強がすごく難しくて、学校を辞めたいと思ったことも度々《たびたび》でしたね。

しかし、勉強が少しずつ身についてきて、自分の思い描いたような建物が設計できるようになると、辛いことが全部吹き飛ぶくらいおもしろくて、熱中しました。

大学卒業後、イギリスの設計事務所に就職。設計を始めたばかりのころは、家の階段を昇り切った目の前に壁があるような、あり得ない図面を描くなど失敗の連続でした。しかし、失敗から多くのことを学ぶことができ、やはり学校で学ぶ知識よりも、実際に仕事の中で得られる知識が重要だと感じました。

その後、私の先生に当たる人が、「日本で仕事をやらないか」と誘ってくれ、日本の会社で働くことにしました。そして2003年に、会社の方針を気にせず、もっと自由に自分のアイデアを実現したいと思い、会社を辞めて独立しました。

独立すると、本職以外に経営のことも考えなくてはならず、すごく大変ですが、毎日が充実しています。

新しい設計のアイデアは、すぐに頭に浮かぶわけではありません。身近なものにヒントが隠れているので、それを見つけ、じっくり考えてアイデアを出します。私が美しいと思う建物は、シンプルでわかりやすいもの。とにかく、人が快適にすごせる空間というのを第一に考えて、設計しています。

今は住宅やマンションなどを設計する仕事が多いのですが、将来的には美術館や劇場など、大きな施設の設計や、街作りにも参加してみたいです。

人がいるところには、必ず何らかの建物があります。建築家はその建物の数だけ、幅広く活躍できる仕事です。

私もどんどん活動の場を広げていきたいと思っています。

POINT

この仕事につきたい！

大学の建築学科や専門学校で勉強し、建築士の資格を取って、設計事務所で働くのが一般的です。建築士の資格は、扱う建物の規模や構造によって「一級」「二級」「木造」とありますが、「一級」ならどんな建物でも扱えるので、活躍の幅が広がります。

日ごろからテーブルの高さやイスの座り心地、居心地のいい空間とはどんなものかを考えておくといいでしょう。

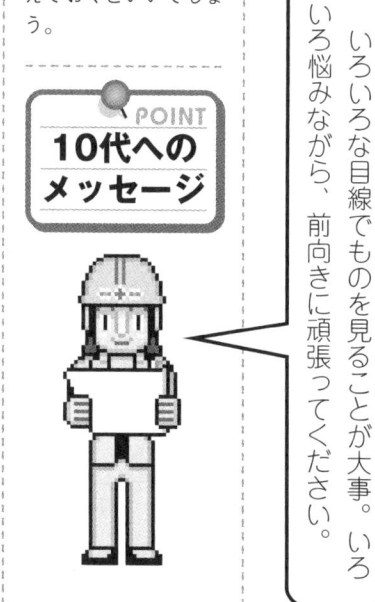

POINT

10代へのメッセージ

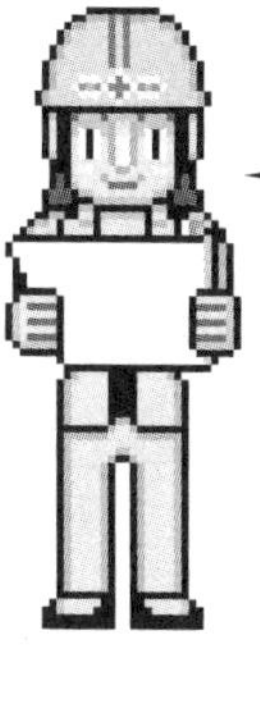

いろいろな目線でものを見ることが大事。いろいろ悩みながら、前向きに頑張ってください。

読んでいただいた皆さんへ

この本に登場した79人の仕事人は、すべて熱い人たちでした。この本からもその熱気が伝わったでしょうか。放何送前の取材、そして生放送のスタジオと、常に熱いマグマのような熱気がありました。それをどうまとめれば、本の中に封印できるのか。そして読者の皆さんがページを開いたとき、冷めずに熱く感じられるだろうか。そんなことを思いながら編集しました。

本の中には、同じ言葉がたびたび登場します。特に「10代へのメッセージ」では、多くの仕事人が「好奇心」「好きなこと」「やってみる」を連呼《れんこ》しています。

「好奇心」は、何でもいいから興味を持って、知ろうという気持ちを大切にしてほしい。

「好きなこと」は、好きなことがあったら、どんなことでもやればいいし、極《きわ》めればいい。

「やってみる」は、とにかくやってみる、やらずに後悔するな。

と、仕事人たちは10代に語っています。

この3つの言葉に、「あこがれの仕事」に熱中している仕事人たちの極意《ごくい》のようなものを感じます。特に「好きなこと」は、進路を迷っていた人や、あこがれていた仕事につけなくて挫折感を持った人が、本当に自分のやりたい仕事は何かを考えたとき見つけた言葉でした。

「好きなことは何か」

それを突き詰めていった結果、見つけたのが、今の仕事だったのです。
もうひとつ、よく登場した言葉に「修業」があります。

今どき死語では？　と思った言葉が、まだ現役で生きていました。しかも、自ら選んで厳しい修業をした人たちばかりです。しかし、現代の仕事人たちは、「とにかくやってみる」という軽いノリで、ひと昔前までの悲壮感はありません。ただ、そこにあるのは「好きだから」です。「好きだったから我慢できた」と、仕事人たちは告白しています。

また、この本には、大企業や公務員の専門職の人たちも多く登場しています。しかし、彼らは決して組織に入ることが目的ではなく、その職種でないとできない仕事がやりたくて、倍率の高い就職試験を突破した人たちです。この仕事人たちも就職したことで満足せず、組織内の研修を受けたり新たな資格を取得したりして、今も仕事のスキルを上げる努力をしています。

日本が豊かになり、フリーターでも生活が成り立つ時代。なぜ、そこまでして仕事人たちは仕事にこだわるのでしょうか。それも「好きなことだから」という答えが出てきます。もしかしてこの本は、79人の「あこがれ仕事百科」ではなく「好きなこと百科」なのかもしれません。

この本は、最初から順番に読んでもいいし、気になる仕事から読んでもかまいません。そして、もし進路に迷ったら、何度でも本棚から取り出して、読み直してください。

最後に、忙しい中、ご協力いただいた79人の仕事人の皆さんにお礼を申し上げます。皆さんの熱い思いが、この本を通して10代に届くことを願っています。

あこがれ仕《し》事《ごと》百《ひゃっ》科《か》

2006年7月19日　初版第 1 刷発行
2022年4月 6 日　初版第10刷発行

編　者●NHK《エヌエイチケイ》ラジオ第《だい》1「きらり10代《だい》!」制作班《せいさくはん》
発行者●岩野裕一
発行所●株式会社実業之日本社
〒107-0062　東京都港区南青山5-4-30
emergence aoyama complex 2F
電話　(編集)03-6809-0452　(販売)03-6809-0495
実業之日本社のホームページ●https://www.j-n.co.jp/
印刷・製本●大日本印刷株式会社

ISBN978-4-408-32314-5　(第二)